中公新書 2517

坂井孝一著

承久の乱

真の「武者の世」を告げる大乱

中央公論新社刊

はじめに

「承久の乱《じょうきゅうのらん》」といえば、朝廷の最高権力者たる後鳥羽院《ごとばいん》（上皇《じょうこう》）が鎌倉幕府を倒す目的で起こした兵乱、というのが一般的なイメージであろう。確かに、乱を境に朝廷と幕府の力関係は大きく変わった。この点だけを取り上げれば、朝廷が幕府を倒そうとして失敗した事件ということになる。ただ、そこには、朝廷と幕府を対立する存在とみなす先入観が働いているように思われる。また、ほぼ百年後、倒幕を企てた後醍醐《ごだいご》天皇が、後鳥羽の配流《はいる》地である隠岐島《おきのしま》に流されたという事実も影響しているかもしれない。

しかし、研究の進展によって、朝廷と幕府の関係は対立の構図だけで捉《とら》えられるものではなく、後鳥羽が目指したのも執権北条義時《しっけんほうじょうよしとき》の追討であって倒幕ではなかったことが明らかになってきた。高校日本史の教科書も、後鳥羽は「北条義時追討の兵をあげた」「義時追討の命令を諸国に発した」と叙述し、「倒幕」「討幕」という表現は少なくなっている。

さらに、後鳥羽の人物像も誤解されてきた。無謀にも幕府にたてつき、返り討ちにあって島流しになった、時代の流れが読めない傲慢《ごうまん》で情けない人物といったイメージを抱く人が多

後鳥羽院画像　伝藤原信実筆．水無瀬神宮所蔵

いのではないか。おそらくこれも、先に述べた承久の乱の一般的理解や、朝幕関係に対する先入観に負うところが大きい。しかし、後鳥羽は中世和歌の極致ともいえる『新古今《しんこきん》和歌集』を自ら主導して編纂《へんさん》した優れた歌人であり、諸芸能や学問に秀でた有能な帝王であった。一般には、こうした面に考慮が払われることはほとんどないように思う。

　同様のことは、鎌倉幕府三代将軍 源実朝《みなもとのさねとも》の人物像にもあてはまる。従来、実朝は万葉調の雄大な和歌を詠み、家集『金槐《きんかい》和歌集』を自撰《じせん》した天才歌人ではあるが、それがゆえに荒々しい東国武士の間で孤立した政治的には無力な将軍、若くして甥《おい》の公暁《くぎょう》に暗殺された悲劇の貴公子というイメージで捉えられてきた。しかし、これもまた先入観に基づく誤解である。幼少の頃はともかく、長じてからの実朝は将軍として十分な権威・権力を保ち、幕政にも積極的に関与していたことがすでに明らかにされている。しかも、後鳥羽の朝廷と実朝の幕府は、対立どころか親密な協調関係を築いていた。実朝の暗殺事件は幕府だけでなく朝廷にも衝撃を与え、乱の勃発《ぼっぱつ》に重大な影響を及ぼしたのである。

本書は、こうした先入観に基づく一般的イメージを払拭《ふっしょく》し、研究の進展に即した「承久の乱」像を描きたい。論述にあたっては二つの視角を重視した。第一は、院政および鎌倉幕府の成立・発展という大きな歴史の流れの中に乱を位置づけることである。承久の乱は院が起こした兵乱であり、乱後には三人の院が流罪《るざい》となった。当時、朝廷政治の中心にいたのは院であり、院政という政治形態を抜きにして論じることはできない。また、後鳥羽が意図したのは北条義時追討であったが、そもそも義時は鎌倉幕府の執権である。鎌倉幕府の成立と発展に目を配ることなくして乱を論じることもできない。

第二は、一般の読者にも理解しやすいよう、現代社会との比較、現代であればどのような事象に相当するかといった点を意識しつつ歴史像を描き出すことである。むろん現代日本は自由・平等の民主的な法治国家であり、承久の乱が起きた八百年前の中世日本とは根本的に異なる。しかし、八百年前に生きていた人々にとっては八百年前のその時が現代であり、どのような未来が訪れるのか予想もできない中に生きていたという点では、現代人と変わらない。また、日本社会、日本人、さらには人間の持つ変わらぬ本質もある。八百年前の過去を理解するために、過去と現代の対話を試みることは無駄なことではない。

もうひとつ、本論に入る前に史料の問題について述べておきたい。承久の乱に関しては、九条道家《くじょうみちいえ》の『玉蘂《ぎょくずい》』、藤原定家《ふじわらのさだいえ》の『明月記《めいげつき》』のような、貴族たちが自身の見聞を書き記した日記、すなわち事件と同時並行的に生《なま》の情報を記した同時代史料（一次史料）がほとんどない。『承久三年具注暦《ぐちゅうれき》』という、陰陽師《おんみょうじ》がメモを書き込んだカレンダーのような史料もあるが、乱の最中と直後の記事には幕府を憚《はばか》って抹消が施されている。日記類の欠失も同様の理由によるかもしれない。他には、仁和寺《にんなじ》の僧侶《そうりょ》が記した日記と考えられる『承久三年四年日次記《ひなみき》』がある。比較的信用度の高い史料であるが、記事の量は多くない。

となると、後世に成立した著作物・編纂物・軍記物語に依拠することになる。著作物では、摂関家出身の天台座主《てんだいざす》（比叡山延暦寺《ひえいざんえんりゃくじ》の住職で天台宗を統括する最高職）慈円《じえん》が乱の前年に書き上げ、乱後二度にわたって追記した『愚管抄《ぐかんしょう》』がある。同時代性の強い史料であり、乱に至る過程を探る好史料であるが、乱自体に関しては追記部分に若干みえる程度である。

編纂物では、鎌倉幕府が編纂した歴史書『吾妻鏡《あずまかがみ》』が最も重要である。乱自体の記事も詳細かつ豊富である。ただ、幕府が知り得た情報を幕府の立場から記した史料、という面があることは否めない。しかも、執権北条氏の嫡流得宗家《とくそうけ》が権力を握っていた十三世紀末に編纂されたことから、北条氏を擁護・顕彰する傾向が強い。他には、仁和寺の僧侶による記録『仁和寺日次記』、鎌倉後期成立の編年体の歴史書『百錬抄《ひゃくれんしょう》』、歴代の天皇紀を中心とした年代記『皇代暦《こうだいれき》』などがある。いずれも日記類をもとにしていると考えられ、史料的価値は低くないが、記事はおおむね簡略である。

一方、軍記物語の『承久記』は、承久の乱を描いた作品だけあって、記事は最も詳細かつ豊富である。現存するテキストは「慈光寺本《じこうじ》」、「流布本」、「前田家本《まえだけ》」に大別され、『承久軍物語《じょうきゅういくさものがたり》』などの異本もあり、内容や表現にかなりの異同がみられる。最古態とされるのが題簽《だいせん》（題名を書いて表紙に貼《は》る紙片）に「承久記慈光寺全」と記された「慈光寺本」で、史料的価値が高いとされる。ただ、激しい戦闘が展開された宇治《うじ》・瀬田《せた》の合戦に関する叙述がないという難点がある。「慈光寺本」をもとに作られたのが「流布本」で、慶長《けいちょう》・元和《げんな》の二種類の「古活字本《こかつじ》」と、製版本、内閣文庫蔵写本などがある。「前田家本」は近年の研究によって「流布本」を抄出したものであることが明らかにされた。『承久軍物語』は「流布本」をもとに『吾妻鏡』の記事を取り入れて作られた異本である。『承久記』は最古態の「慈光寺本」を中心に、「流布本」の慶長「古活字本」を必要に応じて用いたい。しかし、文学作品ならではの虚構・脚色がみられ、史料として扱う上で注意が必要であることはいうまでもない。

なお、中世では皇位継承を「践祚《せんそ》」といい、その後、新天皇が高御座《たかみくら》と呼ばれる玉座に登って、皇位についたことを内外に表明する「即位」の儀と区別した。本書では皇位につくことを「践祚」という語に統一したい。では、「上皇」すなわち「院」が政治の中心に立った「院政」の成立から、本論を始めることにしよう。

承久の乱　目次

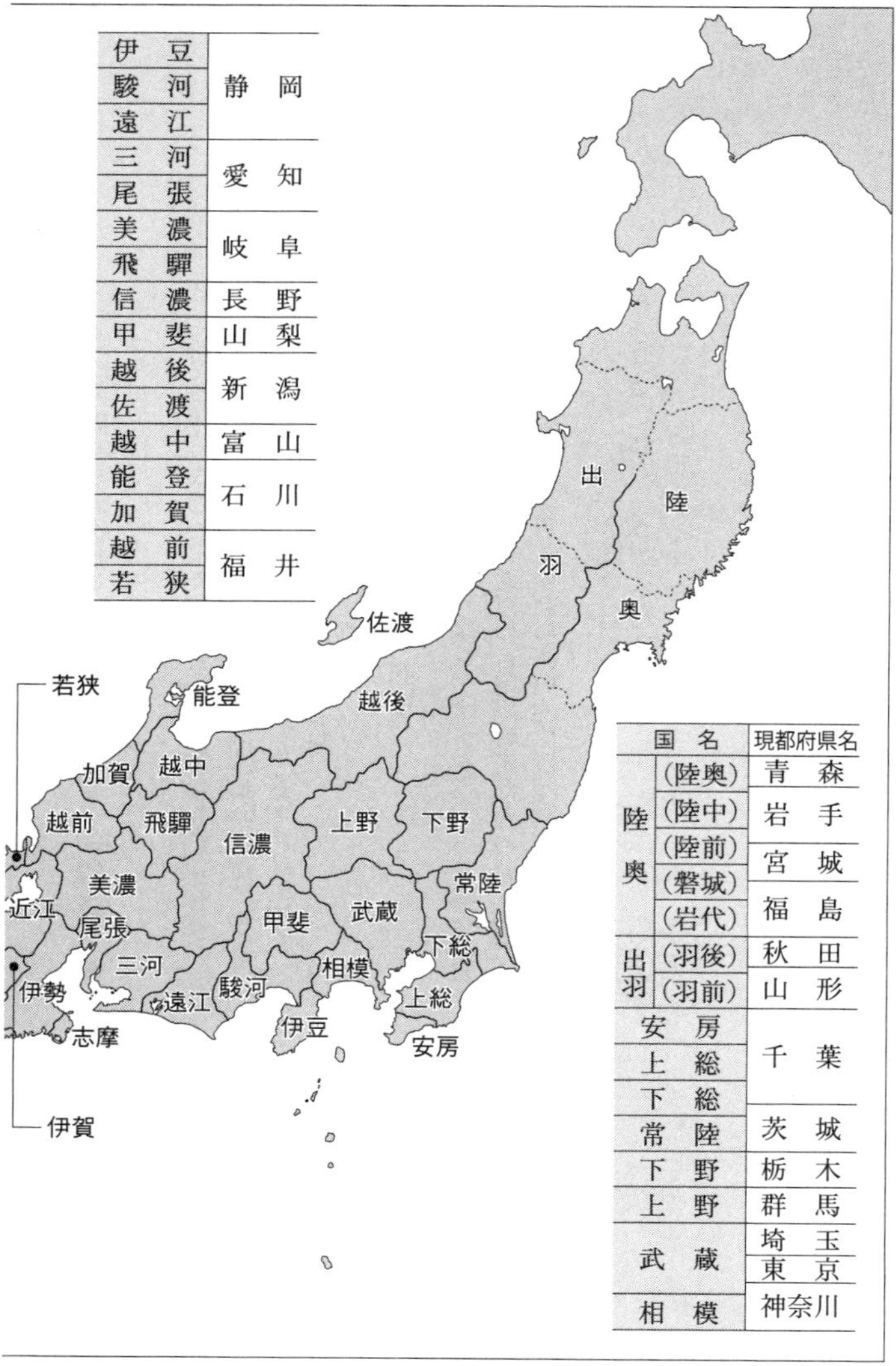

伊豆	静岡
駿河	
遠江	
三河	愛知
尾張	
美濃	岐阜
飛騨	
信濃	長野
甲斐	山梨
越後	新潟
佐渡	
越中	富山
能登	石川
加賀	
越前	福井
若狭	

国名		現都府県名
陸奥	(陸奥)	青森
	(陸中)	岩手
	(陸前)	宮城
	(磐城)	福島
	(岩代)	
出羽	(羽後)	秋田
	(羽前)	山形
安房		千葉
上総		
下総		
常陸		茨城
下野		栃木
上野		群馬
武蔵		埼玉
		東京
相模		神奈川

筑前	福岡
筑後	
豊前	
豊後	大分
日向	宮崎
大隅	鹿児島
薩摩	
肥後	熊本
肥前	佐賀
壱岐	長崎
対馬	

阿波	徳島
土佐	高知
伊予	愛媛
讃岐	香川
備前	岡山
美作	
備中	
備後	広島
安芸	
周防	山口
長門	
石見	島根
出雲	
隠岐	
伯耆	鳥取
因幡	

近江	滋賀
山城	京都
丹後	
丹波	
但馬	兵庫
播磨	
淡路	
摂津	
和泉	大阪
河内	
大和	奈良
伊賀	三重
伊勢	
志摩	
紀伊	和歌山

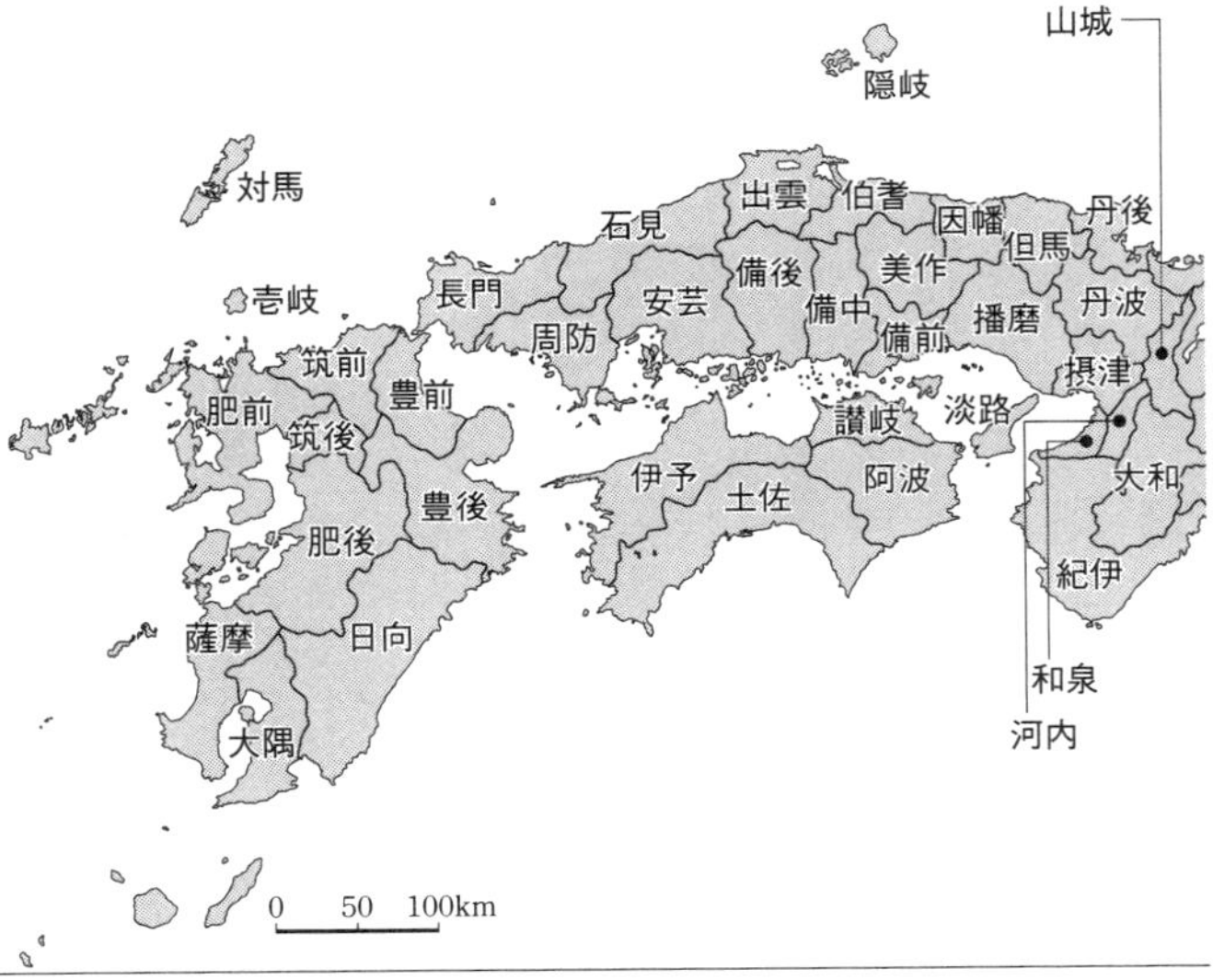

承久の乱

序章　中世の幕開き

1　院政の成立

摂関政治から院政へ

平安時代中期の十世紀から十一世紀にかけて、藤原氏が天皇の外戚《がいせき》として政治の主導権を握り、摂政《せっしょう》・関白《かんぱく》の職に就いて摂関政治を展開したことはよく知られている。十一世紀初頭には、藤原道長《みちなが》が「この世をば　わが世とぞ思ふ　望月《もちづき》の　欠けたることも　なしと思へば」という歌を詠むほど、藤原氏は全盛を極めた。しかし、道長の子で、平等院鳳凰堂《びょうどういんほうおうどう》を建立《こんりゅう》したことで知られる頼通《よりみち》の代に、藤原氏を外戚としない尊仁《たかひと》親王が践祚《せんそ》し、後三条《ごさんじょう》天皇になると転機が訪れた。後三条は藤原氏から政治の主導権を取り戻し、延久《えんきゅう》の宣旨枡《せんじます》を定めて荘園整理を進めるなど、各種の政策を自ら積極的に推進したのである。

延久四年（一〇七二）、後三条は貞仁《さだひと》親王に譲位して上皇つまり院となった。そして、その後も践祚した白河《しらかわ》天皇ではなく、院である後三条が政治を主導した。ただ、後三条は半年ほどで死去したため、譲位が院政開始を意図したものであったか否か不明である。通説では、院政は応徳《おうとく》三年（一〇八六）、天皇親政を続けていた白河が八歳（数え年。以下同様）の善仁《たるひと》親王を皇太子に立て、即日、譲位して始まったとされる。本書は通説に従いたい。とはいえ、白河の譲位も自らの皇統確立のためであり、当初は院政開始を目的としていたわけではなかった。

実は白河には実仁《さねひと》親王・輔仁《すけひと》親王という異母弟がいた。後三条は、白河に譲位すると実仁を皇太子に立て、白河の後は実仁、次は輔仁という皇位継承順を決めた。元木泰雄氏によれば、摂関家《せっかんけ》藤原師実《もろざね》の養女で、白河の中宮《ちゅうぐう》（皇后とほぼ同格の天皇の后《きさき》のこと）となった賢子《けんし》所生の皇子が皇位につけば、摂関家が外戚として再び力を持つ恐れがあり、後三条はこれを阻もうとしたのだという。

しかし、白河にとって後三条の決定は、自身の子孫への皇位継承の道が断たれることを意味した。容易には受け入れ難かったに違いない。しかも、寵妃《ちょうひ》賢子が善仁を産んだ五年後、若くして世を去った。白河の悲嘆はたとえようもなく、鎌倉初期の説話集『古事談《こじだん》』によれば、死の穢《けが》れに触れるという禁忌を犯して賢子の遺骸《いがい》にすがりついたという。賢子の産んだ皇子善仁に皇位を継がせたいという思いが、次第に白河を強く捉えていったことであろう。

　むろん父の後三条が定めた皇太子実仁がいる以上、簡単に事は運ばない。ところが、応徳二年（一〇八五）、疱瘡《ほうそう》（天然痘）にかかった実仁が亡くなる。ここで白河が動いた。実仁の次には輔仁を、という後三条の遺志を無視して善仁を皇太子に立てると、即日、譲位を敢行

王家・藤原氏関係系図（数字は皇位継承の順序）

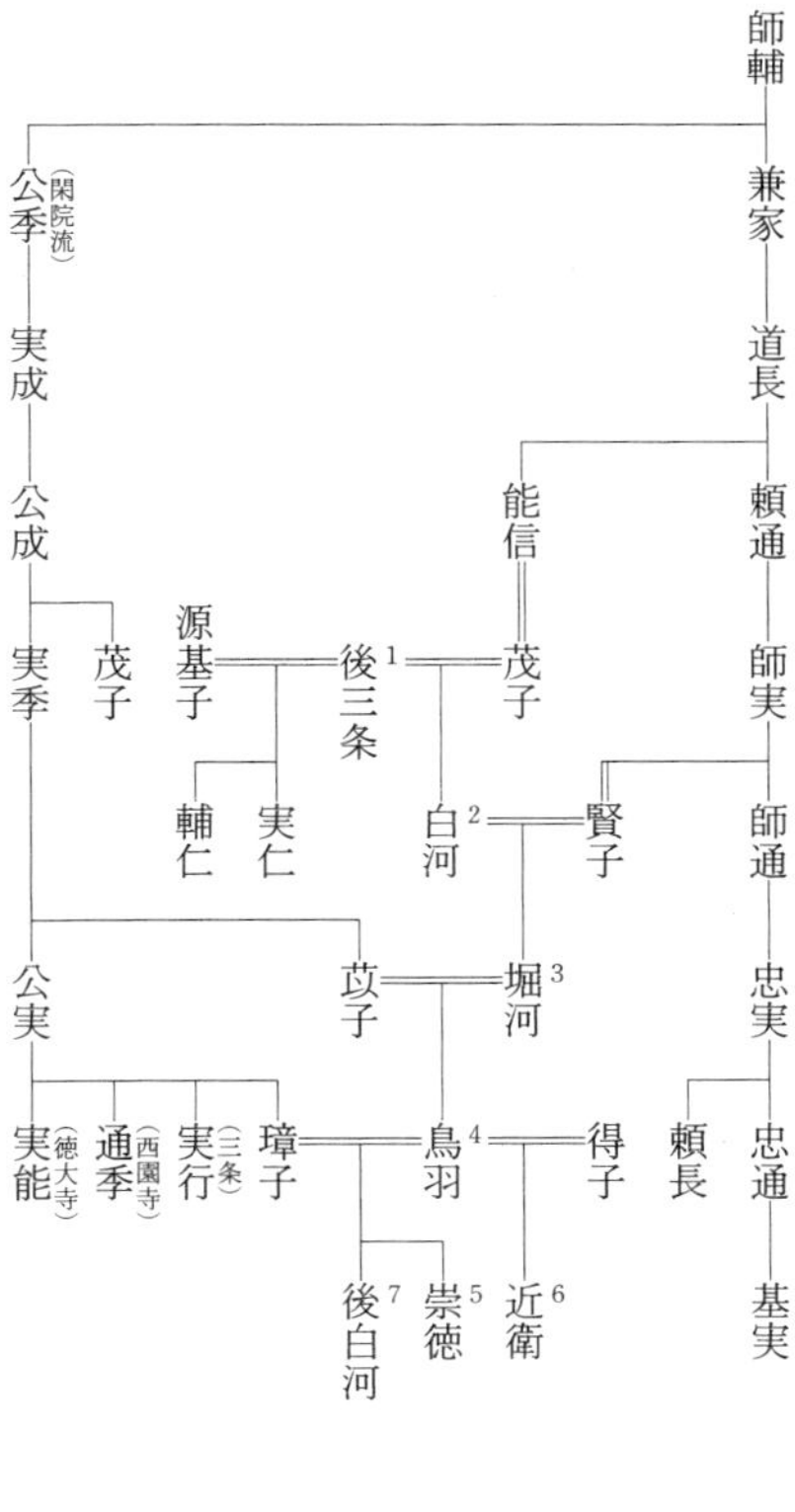

した。堀河《ほりかわ》天皇の践祚である。立太子《りったいし》、即日譲位という事態の背景にはこうした事情があった。

かくして幼帝堀河の父院たる白河が親権を行使し、政務を執ることになった。院政への道が開かれたのである。賢子の養父にして新帝の外祖父《がいそふ》師実は摂政に任じられ、両者は協調しつつ、最終決定は白河が行うという政治がしばらく続いた。

白河院政の確立

しかし、堀河が十六歳に達した寛治《かんじ》八年（一〇九四）、師実が賢子の兄にあたる嫡子の師《もろ》通《みち》に関白職を譲ると状況が変わった。三十三歳という壮年で、意気軒昂《けんこう》な師通は、優れた能力と強固な意志により外伯父《がいはくふ》として天皇を補佐し、白河に諮《はか》ることなく政務を執行した。関白職も父から直接継承しており、白河に遠慮する必要がなかったのである。

それればかりではない。平安末期の歴史物語『今鏡《いまかがみ》』によれば、師通が白河を「おりゐの帝《みかど》」、すでに退位した天皇にすぎないとみなし、院の御所の前でも下車の礼を取らなかったという。師通は、国制機構上の公式な王はあくまでも天皇であり、それを補佐するのが摂関、院は非公式な存在と考えていたのである。現代の会社組織にたとえれば、引退した社長は経営に口を出さず、現役の社長と役員に任せておけということである。

ところが、承徳《じょうとく》三年（一〇九九）六月、師通が三十八歳で急死する。跡を継いだのは二十二歳の嫡子、権大納言《ごんのだいなごん》忠実《ただざね》であった。白河は若い忠実を内覧《ないらん》（天皇に奏上する文書に前もって目を通す地位）にとどめ、再び自ら政務を執るようになった。忠実が白河から関白に補任《ぶにん》されたのは長治《ちょうじ》二年（一一〇五）十二月であった。両者の力の差は明白である。

ただ、堀河も成年に達すると、積極的に政務に関与し始めた。当時の貴族社会には、天皇親政こそ正式な政治形態とする考え方が根強かった。その上、堀河は帝王としての優れた資質に富み、「賢王」の親政に期待を寄せる人々も少なくなかった。その結果、天皇である堀河と父院である白河が対立することすらあった。

ところが、嘉承《かしょう》二年（一一〇七）七月、堀河が二十九歳で死去する。白河は、後三条が皇位を予定していた輔仁を無視し、堀河の皇子で自身の孫にあたる五歳の宗仁《むねひと》親王を践祚させた。鳥羽《とば》天皇である。さらに、鳥羽の外伯父として摂政補任を求める閑院《かんいん》流《りゅう》藤原氏（藤原四家《しけ》で最も栄えた北家《ほっけ》の傍流）の権大納言公実《きんざね》を退け、摂関は天皇との外戚関係の有無に関わりなく道長の子孫が父子相承する職《しき》とみなし、関白忠実を摂政にスライドさせた。ここに摂関を継承する家「摂関家」が成立した。同時に、白河は忠実に恩を売り、摂政を院のもとに従属させるに至った。こうして天皇の直系尊属たる白河は、専制君主として本格的な院政を展開し始める。

院政の特徴

以上の経緯は院政の特徴の一面を如実に示している。院・天皇・摂関の関係である。一般には院政は院による専制政治と理解されている。確かにそうした面は強い。しかし、天皇を国制機構上の公式な王とする考え方があり、院は非公式の存在とみなされていたことも事実である。井原今朝雄氏は、院政期の政治形態は天皇・摂関・院の三者による共同執政というべきもので、その時々の三者の力関係によって左右されたとする。関白師通が強硬な政治姿勢を貫き、堀河が親政を推進しようとすれば、院である白河は一歩引かざるを得ない。しかし、師通・堀河が世を去り、幼い鳥羽と若い忠実が天皇・摂政になれば力関係は逆転する。白河は院という非公式な立場ながら、位階《いかい》を定める叙位《じょい》や官職《かんしょく》に補任する除目《じもく》、さらには皇位選定のような重要案件に介入し、朝廷政治の実質的な指導者、最高権力者として振舞うことができる。こうした地位を「治天《ちてん》の君《きみ》」という。

ここで注意しなくてはならない点がある。院が開設する機構、院庁《いんのちょう》の役割である。かつては院政期には院庁が政治の中心機構であったと理解されていた。しかし、院庁が関与できたのは院の家政問題だけであり、政務自体は相変わらず朝廷の太政官《だいじょうかん》で執行されていた。元木泰雄氏は、太政官を白河が自身の意向に沿って運営できたのは、恩を売った若い摂政の忠実を意のままに操ることができたからであるとしている。

また、美川圭氏によれば、摂関政治期、後三条・白河親政期、堀河天皇在位中の白河院政前期には、政務は、内裏《だいり》の近衛陣座《このえのじんのざ》（内裏警固の武官の詰所に設けられた公卿《くぎょう》の座）で開かれる「陣定《じんのさだめ》」（仗議《じょうぎ》ともいう）、清涼殿《せいりょうでん》（天皇が日常住んだ御殿）の昼御座《ひるのおまし》前で天皇臨席のもと開かれる「御前定《ごぜんのさだめ》」、清涼殿の殿上間《てんじょうのま》で開かれる「殿上定《てんじょうのさだめ》」といった公卿会議（公卿は三位《さんみ》以上の高い位階を有する者、四位の参議《さんぎ》も含む）で審議されたが、白河院政後期では、重要案件の審議の場が院御所《いんのごしょ》に移り、院御所における会議が「最高審議機関」になったという。

こうした院を支えるのが院近臣《いんのきんしん》である。醍醐《だいご》源氏の源俊明《としあき》のような側近公卿や当代随一の碩学大江匡房《せきがくおおえのまさふさ》もいたが、多くは非公式ながら白河が人事に介入して登用した人々であった。彼らは生産力の高い大国《たいごく》の受領《ずりょう》を歴任し、その財力で官職を買う成功《じょうごう》を繰り返して院の経

末茂流藤原氏略系図

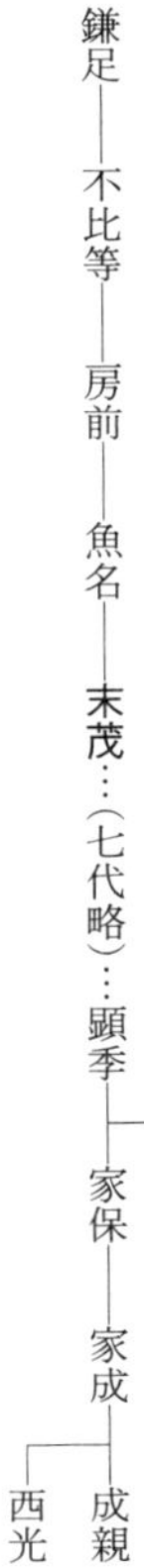

済力の一翼を担った。末茂流《すえしげりゅう》藤原氏（藤原北家の傍流）で、白河の乳母子《めのとご》（乳母の実子）であった藤原顕季《あきすえ》もその一人である。顕季の子長実《ながざね》・家保《いえやす》、家保の子家成《いえなり》も院近臣となり、院の力を背景に権勢を誇った。一方、数は少ないが、有能な実務官僚として活躍した院近臣もいた。藤原為房《ためふさ》・顕隆《あきたか》父子や顕隆の子の顕頼《あきより》などである。なかでも顕隆は、昼に関白以下の公卿が出した結論を、夜になって院御所に参上して覆したこともあり、「夜の関白」との異名をとった。

院政期の武士と寺社

さらに、院政期の特徴として忘れてはならないのが武士の台頭と寺社の強訴《ごうそ》である。武士では、河内《かわち》源氏（清和《せいわ》源氏の一系統）の源義家《よしいえ》が前九年《ぜんくねん》の役《えき》・後三年《ごさんねん》の役を戦って武名を上げた。義家は朝廷から私戦と認定された後三年の役の後、私財を投じて従軍した東国武士たちに報いたため、その名声はいよいよ高まった。白河も院の昇殿《しょうでん》を許す破格の待遇をしたが、嫡子の義親《よしちか》が濫行《らんぎょう》事件を起こし、立場を急速に悪化させた。

一方、義親の追討使となって抜群の武勇を示したのが、伊勢《いせ》平氏（桓武《かんむ》平氏の一系統）の平正盛《たいらのまさもり》である。正盛は恩賞として但馬守《たじまのかみ》という等級の高い国の受領に任じられ、源平両氏の明暗はくっきりと分かれた。ただ、彼らはまだ地方武士を組織化する段階にはなく、都を拠点として活動する軍事貴族「京《きょうの》武者《むしゃ》」であった。そして、院御所の北面《ほくめん》に祗候《しこう》して「北面の武士」となり、院の軍事力を担った。

寺社では、南都《なんと》北嶺《ほくれい》すなわち興福寺《こうふくじ》・延暦寺が、春日社《かすがしゃ》の神木《しんぼく》・日吉社《ひえしゃ》の神輿《しんよ》という宗教

河内源氏略系図①

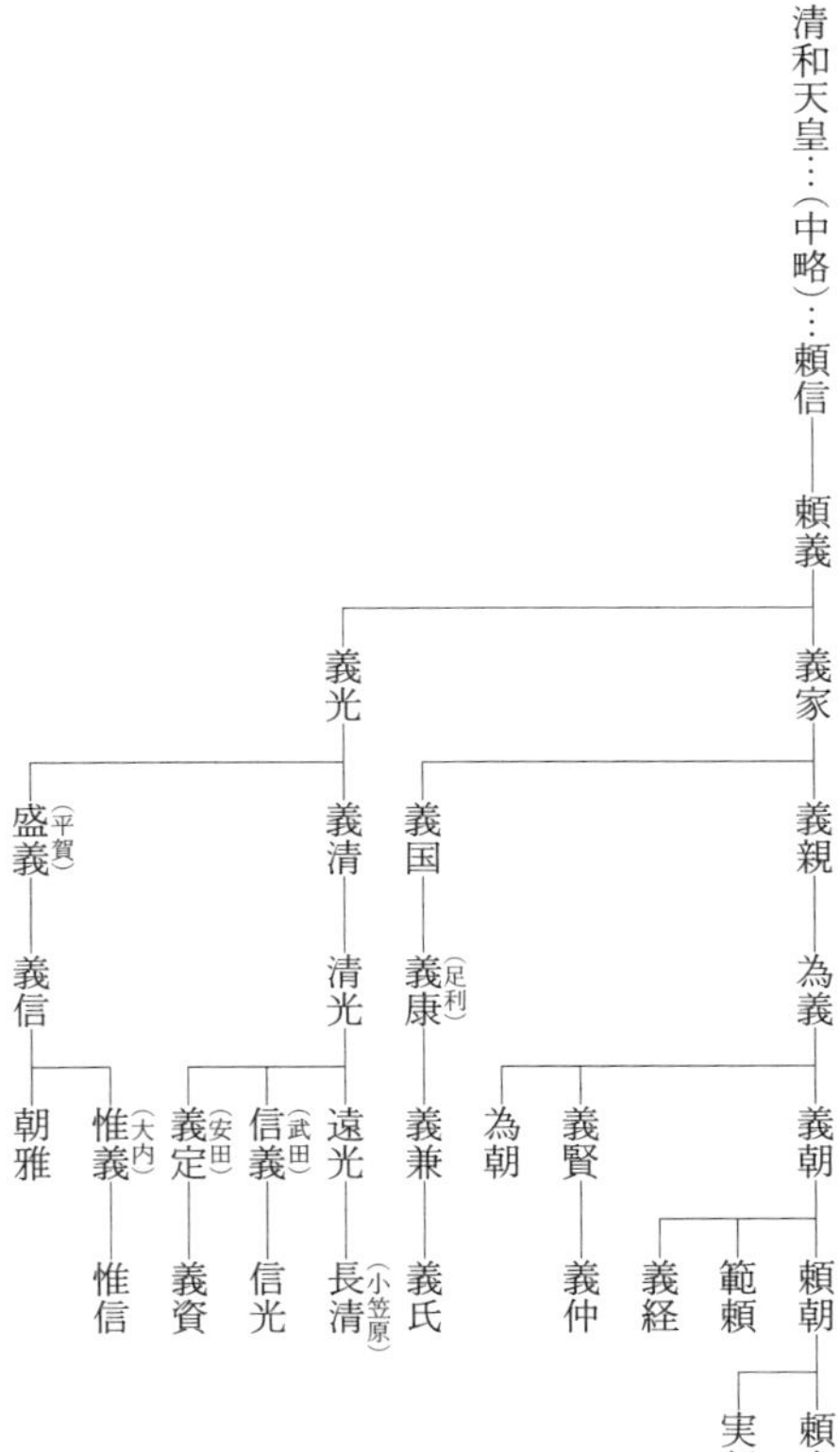

的権威を振りかざし、武装した僧兵とともに理不尽な要求をする強訴を繰り返した。武士たちは内裏（天皇の居所）・院御所（上皇の居所）などを防御するためにたびたび動員されたが、神木・神輿・神人《じにん》（神社の雑役に奉仕した下級神職）への攻撃は許されず、防御線が破られると朝廷も強訴の要求をのまざるを得なかった。『古事談』は、白河の「天下三不如意《さんふにょい》」、つまりこの世で思いのままにならないのは鴨川《かもがわ》の水（洪水）、双六《すごろく》の賽《さい》（博奕《ばくち》の流行）、山法師《やまほうし》（延暦寺の僧兵）の三つであったという話を挙げている。寺社の強訴の頻発が院政に多大な影響を及ぼしたことがわかる。

白河の個性と院政

とはいえ、「天下三不如意」は、既成の秩序や制法にとらわれない白河の強烈な個性を物語る話でもある。と同時に、非公式な立場であるがゆえの自由さを院が持っていたことを示すものでもある。『古事談』には、金泥一切経《こんでいいっさいきょう》（金泥を用いて書写した大蔵経《だいぞうきょう》）の完成を祝う供養会《くようえ》のたびに雨が降り、法会《ほうえ》が中止されて激怒した白河が、雨水《うすい》を容器に取って牢獄《ろうごく》に入れさせたという「雨水の禁獄」、死穢《しえ》に触れる禁忌を犯して寵妃賢子の遺骸を抱きしめたという、先にも挙げた話がみえる。

また、白河は熊野詣《くまのもうで》を九回も行った。熊野詣とは紀伊国《きいのくに》に鎮座する本宮《ほんぐう》・速玉《はやたま》・那智《なち》の熊野三山への参詣《さんけい》である。白河は院となってからは永久《えいきゅう》四年（一一一六）を皮切りに、毎年のように公卿・殿上人《てんじょうびと》（内裏清涼殿の殿上間に昇ることを許された人。四位・五位の中でとくに許された者および六位の蔵人《くろうど》）らを率いて熊野に出かけた。何かと制約の多い天皇とは異なる、院ならではの自由を享受したわけであり、院政期に盛行する熊野詣の先鞭《せんべん》をつけた。

こうした白河の強烈な個性と自由さ、そして専制性が最も端的に表れたのが人事である。注目すべきは鳥羽の后妃《こうひ》選定に関わる一連の人事である。永久元年（一一一三）、白河は関白忠実の娘、十九歳の勲子《くんし》（のちに泰子《たいし》と改名）を十一歳の鳥羽天皇に入内《じゅだい》させようと動いた。当初は天皇の外戚になるチャンスを得て喜んだ忠実であったが、やがて態度を硬化させ、入内はご破算になった。変心の理由は定かではないが、白河の女性関係の奔放さを懸念した可能性がある。五十人以上のご落胤《らくいん》がいたともいわれる白河である。うら若い勲子を求めているのが白河自身なのではないか、と疑心暗鬼に陥ったのかもしれない。

永久五年（一一一七）、閑院流藤原氏の公実の娘、十七歳の璋子《しょうし》が十五歳となった鳥羽に入内すると、それは現実のものとなった。父の病没後、白河の養女として育てられた璋子は、入内しても鳥羽と同衾《どうきん》せず、すぐに白河の御所に戻ってしまったのである。ほどなく璋子は鳥羽の第一皇子顕仁《あきひと》を産む。しかし、顕仁は白河の子だという噂《うわさ》が絶えなかった。『古事談』も、鳥羽が顕仁を「叔父子《おじご》」（祖父の子なので自分にとっては叔父のような子という意味）

と呼んだという話を伝えている。永久五年当時、白河は六十五歳の老齢であった。噂が事実だとすれば衝撃的である。白河は顕仁を溺愛《できあい》し、保安《ほうあん》四年（一一二三）、五歳で皇太子に立て、即日、鳥羽に譲位させた。崇徳《すとく》天皇である。

一方、忠実は三年前の保安元年（一一二〇）、白河によって関白の根幹となる権限、内覧を停止《ちょうじ》されていた。翌年、二十五歳の嫡子忠通《ただみち》に関白職を譲った忠実は宇治に退いた。『愚管抄』は、白河の熊野詣の留守中、忠実が鳥羽の意向に従う形で勲子の入内に動き始めたことが白河の逆鱗《げきりん》に触れたと記す。ただ、事はそれほど単純ではない。美川圭氏は、成人した鳥羽と忠実が提携すれば、堀河・師通の時代の二の舞になるという危惧《きぐ》が白河にあったからであろうとみる。さらに、忠実は荘園の集積・拡大に励み、摂関家を権門《けんもん》（権力・権勢を有する門閥）として成長させた。ここに王家《おうけ》（天皇家）と摂関家という二大権門の軋轢《あつれき》が生じた原因があるとする。

大治《だいじ》四年（一一二九）、さしもの白河も七十七歳で死去した。その治世は、天皇在位も含めると約五十七年の長きにわたった。その結果、本来は白河の強烈な個性に負うところが大きかった専制性が院政のあり方として定着し、次代以降に受け継がれることになる。

2　武者の世の到来

鳥羽院政

白河の死後、院政を開始した鳥羽は白河と逆の人事を行った。忠実の復権および泰子と名を改めた勲子の入内である。長承《ちょうしょう》二年（一一三三）の入内時、泰子は三十九歳。皇子の出産を望めないにもかかわらず入内させたのは、鳥羽と忠実の協調関係をアピールするためであった。泰子は皇后となり、やがて高陽院《かやのいん》という女院号《にょういんごう》の宣下《せんげ》を受ける。

また、忠実は大殿《おおとの》（摂関、のちには将軍の経験者に対する尊称）として隠然たる力を発揮し、宇治に籠居《ろうきょ》中、英才教育を施した次男頼長《よりなが》を政界にデビューさせた。長男忠通からみれば二十三歳も若い異母弟である。父の期待を一身に背負った頼長は、抜群の意志の強さで四書《ししょ》・五経《ごきょう》など政務に必要な学問（漢学）を修めた。『愚管抄』が「日本第一ノ大学生《だいがくしょう》、和漢ノ才ニトミテ」と評したほどである。こうして磨いた合理的精神で政務にあたった頼長は、自分にも他人にも厳しい態度を貫き、やがて人々に畏怖《いふ》されるようになる。

一方、鳥羽は璋子（女院号は待賢門院《たいけんもんいん》）との間に崇徳の後、三人の皇子をもうけた。二《にの》宮《みや》・三宮《さんのみや》は早逝したが、四宮雅仁親王《しのみやまさひと》（のちの後白河《ごしらかわ》天皇）は気ままに成長した。二人の治天の君の心を捉えた璋子が魅力的な女性だったのは間違いない。ただ、寵愛は院近臣で末茂流藤原氏の長実の娘得子《とくし》（女院号は美福門院《びふくもんいん》）、この若くて野心に満ちた女性に移る。保延《ほうえん》五年（一一三九）得子が皇子体仁《なりひと》を産むと、二年後の永治《えいじ》元年（一一四一）、鳥羽は崇徳を説得し、わずか三歳の体仁に譲位させた。近衛《このえ》天皇である。『愚管抄』によれば、鳥羽は体仁を崇徳の猶子《ゆうし》（他人の子を自らの子のように遇して社会的な後見をするもの。養子と違って実の親との関係や名乗りに変更はない）とし、「皇太子」に譲位する形を取れば崇徳が院政を主宰できると説得したという。しかし、譲位の宣命《せんみょう》（天皇の命令を伝える文書の一種）には「皇太弟《こうたいてい》」に譲ると書かれていた。院政を主宰できるのは天皇の直系尊属（父・祖父・曽祖父《そうそふ》など）という先例が定着していた時期であり、謀略だと気づいた時には遅かった。鳥羽と崇徳の確執は決定的になる。

同じ頃、摂関家でも確執が進んでいた。跡継ぎのいない忠通は頼長を養子にしていたが、康治《こうじ》二年（一一四三）、嫡子基実《もとざね》が誕生すると兄弟の間に懸隔が生じたのである。久安《きゅうあん》六年（一一五〇）、頼長が養女多子《たし》（待賢門院璋子の甥藤原公能《きんよし》の娘）の近衛への入内を画策すると、忠通は美福門院得子に接近して養女呈子《ていし》の入内を図り、多子が皇后、呈子は中宮という形で入内した。久安五年、左大臣に昇った頼長は関白職を望んだが、基実に継がせたい忠通は首を縦にふらない。業を煮やした父の忠実は、久安六年、忠通を義絶、藤原氏全体の統率者の地位「氏長者《うじのちょうじゃ》」と家産を頼長に与える荒療治に出た。翌年、鳥羽も忠通の不孝をとがめて頼長に内覧の宣旨（天皇の命令を下達する公文書）を与え、関白と内覧が並び立つ異常事態となった。

保元の乱

ところが、久寿《きゅうじゅ》二年（一一五五）七月、近衛は皇子をもうけることなく、十七歳で死去してしまった。悲嘆に沈む鳥羽の耳に嫌な噂が届く。近衛の死は頼長の呪詛《じゅそ》によるものだというのである。厳格な政治姿勢で「悪左府《あくさふ》」（左府は左大臣の中国風の呼称）と畏怖され、院近臣藤原家成の邸宅を破却して鳥羽の不興を買ったこともある頼長である。その立場は一気に悪化した。

鳥羽は新天皇に二十九歳の雅仁親王を選んだ。後白河天皇である。雅仁は今様《いまよう》（民衆の流行歌謡）に熱中するなど気ままに暮らしていた。しかし、その子守仁《もりひと》親王の評判が高く、守仁への中継ぎとして践祚することになったのである。選定の陰には鳥羽が信頼する当代随一の学者、雅仁の乳母夫《めのと》（乳母《めのと》の夫）である信西《しんぜい》の力があったという。ここに我が子重仁《しげひと》の皇位継承の夢を断たれた崇徳と、追い込まれた頼長が結びつく回路ができた。

翌保元《ほうげん》元年（一一五六）七月二日、鳥羽が死去した。白河が治世の後半に本格化させた院政を、朝廷の政治形態として確立した治天の君であった。鳥羽は亡くなる前、新天皇を守るための手を打っていた。源義朝《よしとも》・平清盛《きよもり》・足利義康《あしかがよしやす》（足利氏の祖）という有力な京武者や、検非違使《けびいし》（京の警察・裁判を司《つかさど》る職）・衛府《えふ》（宮門の警固を司る役所）などを天皇の陣営に糾合していたのである。これに対し崇徳・頼長・忠実の陣営は、義朝の父為義《ためよし》と弟の為朝《ためとも》、清盛の叔父忠正《ただまさ》ら院や摂関家に仕える私兵に頼るしかなかった。七月十一日未明、天皇方が院方の白河殿《しらかわどの》に奇襲をかけた。保元の乱である。しかし、兵力の差は歴然、院方の豪傑為朝が奮戦したものの勝敗は数時間で決した。

この結果、崇徳は讃岐国《さぬきのくに》に配流、頼長は戦死、忠通は氏長者に復帰し、忠実と和解して頼長の所領を除く摂関家領を確保した。政治的な対立が武力によって一気に清算されたのである。また、為義は義朝に、忠正は清盛の手で斬首《ざんしゅ》され、長らく都で執行されていなかった死刑が復活した。かくして武士たちは、王城《おうじょう》の地で自分たち独自の論理と力をみせつけ、人々に大きな衝撃を与えた。『愚管抄』は、鳥羽の死後、保元の乱を経て「ムサノ世ニナリニケルナリ」と記している。まさに「武者の世」が到来したのである。

信西政権

保元の乱後、政治の主導権を握ったのは信西であった。俗名藤原通憲《みちのり》、祖父季綱《すえつな》は大学《だいがくの》頭《かみ》、父は大江匡房《おおえのまさふさ》の談話を記録し『江談抄《ごうだんしょう》』にまとめた実兼《さねかね》という学者の家系である。ただ、父が早逝し後ろ盾を失ったため、出家して身分的制約から自由になろうとしたといわれる。そして、妻の紀二位朝子《きのにいちょうし》が雅仁の乳母になったことを機に、政権の中枢へと食い込んだのである。

保元元年（一一五六）閏《うるう》九月、信西の主導により「そもそも九州の地は一人の有なり。王命のほか、いずくんぞ私威をほどこさん（日本の地はすべて王一人のものであり、王の命令には必ず従わなくてはならない）」という王土《おうど》思想を標榜《ひょうぼう》した七ヵ条の新制が発布された。さらに、荘園の整理・訴訟に関わる記録所の興隆、王権の象徴である大内裏《だいだいり》の再建、朝廷儀礼の復興、京中の整備など、信西は後白河親政のもと王権の高揚を意図した政策を次々と打ち出した。莫大《ばくだい》な費用がかかる大内裏復興では造内裏行事所《ぞうだいりぎょうじじょ》を設け、造営費用を諸国に分割して請け負わせる方式を取った。これは、以後、特別な事業の費用調達方式として定着していく。本郷恵子氏は、信西を「優れた学才」「合理的な実務能力」「傑出した構想力」によって「中世社会のグランドデザインを描いた人物」と高く評価する。

信西は、保元三年（一一五八）八月、守仁を養子とする美福門院の要請により後白河から守仁への譲位を実現させた。二条《にじょう》天皇である。後白河は院政を開始したが、中継ぎであっただけに治天の君としての権威が足りない。天皇親政に意欲を示す二条も弱冠十六歳、同年齢の関白基実と美福門院の後見では力不足であった。院政派・親政派ともに決め手を欠き、政局が不安定になる中、後白河の近臣で二条にも影響力を及ぼし、急速に台頭してきた信西に両派から批判が集中する。その急先鋒《きゅうせんぽう》が後白河の院近臣藤原信頼《のぶより》であった。

平治の乱

藤原信頼は妹が後白河の乳母であったことから近臣となり、後白河との男色関係を利用して昇進を重ねた。中世社会には時折みられることである。一方、末茂流の藤原成親《なりちか》、為房流の藤原惟方《これかた》ら伝統的な院近臣たちも、院政派・親政派の枠を超えて反信西で結束した。さらに、主要な軍備である馬を管理する院御厩《いんのみうまや》の別当《べっとう》（長官）となった信頼は、保元の乱後、同じく馬の管理を行う左馬寮《さまりょう》の頭《かみ》を兼ねた源義朝の武力に目をつけ、配下に取り込んだ。

平治《へいじ》元年（一一五九）十二月九日、信頼・義朝は、平清盛が熊野詣で都を留守にした隙《すき》をついて院御所に夜襲をかけ、信西を排除するクーデターを敢行した。平治の乱である。信頼は後白河とその姉上西門院統子《じょうさいもんいんとうし》を内裏の一本御書所《いっぽんごしょどころ》と呼ばれる書庫に幽閉し、二条の身柄も掌握した。逃亡を図った信西は、南都に向かう途中で自害、その首は都大路を渡された上、獄門にさらされた。信頼が二条に行わせた臨時の除目で義朝は播磨守《はりまのかみ》に昇進、義朝の嫡子で初陣《ういじん》を飾った十三歳の頼朝も従五位下《じゅごいのげ》、右兵衛権佐《うひょうえごんのすけ》に叙任された。

しかし、清盛が帰洛《きらく》すると、信西排除で協力していたクーデター側の足並みが乱れ始める。十二月二十六日丑《うし》の刻（午前二時頃）、親政派の経宗《つねむね》・惟方の手引きで二条が清盛の六波羅《ろくはら》邸に、後白河も仁和寺に逃れた。賊軍となった信頼は六条河原《ろくじょうがわら》で斬首、東国で再起を図ろうとした義朝も、尾張国内海荘《おわりのくにうつみのしょう》で源家《げんけ》累代の家人《けにん》（貴族の家や武士の棟梁《とうりょう》に隷属する侍）である長田忠致《おさだただむね》に裏切られて殺された。

一方、捕縛された頼朝は、清盛の継母《ままはは》池禅尼《いけのぜんに》の懇請により命を救われた。『平治物語』は、早くに亡くした子の家盛《いえもり》と頼朝が似ていたため、池禅尼が助命に動いたとする。ただ、話はそれほど単純ではない。実は、頼朝の母の実家熱田大宮司《あつただいぐうじ》家は、待賢門院璋子やその子の後白河・上西門院とのつながりが強かった。頼朝自身も前年には上西門院蔵人になっていた。母の実家が後白河・上西門院を通じて、待賢門院に仕えてきた池禅尼に対し、頼朝の助命を清盛に嘆願するよう働きかけた可能性が高い。ともあれ頼朝は一命を救われ、永暦《えいりゃく》元年（一一六〇）三月、伊豆国《いずのくに》の伊東《いとう》に配流された。

為房流藤原氏略系図

鎌足―不比等―房前…（十一代略）…為房―顕隆―顕頼―┬光頼―光雅―光親
　　　　　　　　　　　　　　　　　　　　　　　　　└惟方

後白河院政開始

崇徳が流罪となった保元の乱、後白河・二条が略取された平治の乱、都を舞台とした兵乱によって王権が大きく動揺する中、存在感を高めたのは平清盛であった。源義朝らライバルの軍事貴族が消え、国家的な軍事・警察権を独占するようになったからである。永暦元年（一一六〇）、清盛は公卿に列する。六月に正三位《しょうさんみ》、八月には参議に任官したのである。翌年一月、検非違使別当を兼ね、九月には権 中納言《ごんのちゅうなごん》に昇任する出世ぶりであった。

一方、公式な王たる二条は、二十歳となった応保《おうほう》二年（一一六二）頃から親政を強化し始める。もともと帝王としての資質に期待を寄せられていた二条である。中継ぎにすぎない父院の後白河は一歩引かざるを得ない。院政期特有の院・天皇・摂関の関係である。妻の時子《ときこ》が二条の乳母《めのと》であった清盛も親政を支持し、愛娘盛子《まなむすめせいし》と関白基実を結婚させた。

ただ、清盛はなかなかのしたたか者であった。すでに応保元年（一一六一）九月、時子の妹平滋子《しげこ》（のちの建春門院《けんしゅんもんいん》）が後白河の寵愛を受けて憲仁《のりひと》を産んでいたこともあり、後白河への心遣いも忘れなかった。千体の千手観音像《せんじゅかんのんぞう》を安置した蓮華王院《れんげおういん》本堂、いわゆる三十三《さんじゅうさん》間堂《げんどう》を後白河のために造進したのである。『愚管抄』が「ヨクヨクツツシミテ、イミジクハカラヒテ、アナタコナタシケルニコソ（十分に慎重に考えて、たいそう巧みに振舞って、あちらにもこちらにも〔後白河にも二条にも〕お仕えした）」と記したように、清盛は二人の王の間で微妙にバランスを取りつつ、政治基盤の強化に努めたのである。

　ところが、永万《えいまん》元年（一一六五）六月二十五日、二条が病のため皇子順仁《のぶひと》に譲位、七月に二十三歳で死去した。新天皇はわずか二歳の六条《ろくじょう》である。祖父後白河が院政を敷き、治天の君としての権威を確立するべく、寵妃平滋子との間にもうけた憲仁の皇位継承へと動く。憲仁の外伯父にあたる清盛も後白河との協調へと舵《かじ》を切った。その結果、同年八月十七日、清盛は公卿以外の血統で、初めて権大納言に昇任することになる。

　翌仁安《にんあん》元年（一一六六）、関白から摂政にスライドしていた基実が二十四歳で死去した。幼少の嫡子基通《もとみち》に代わって基実の弟松殿基房《まつどのもとふさ》が摂政となる。そうした中、仁安三年、後白河は六条から憲仁への譲位を実現した。高倉《たかくら》天皇、八歳の践祚である。皇位選定を主導し、幼帝の父となった後白河は治天の君の権威を手に入れ、本格的な院政を開始する。

平家の姻戚関係（数字は皇位継承の順序）

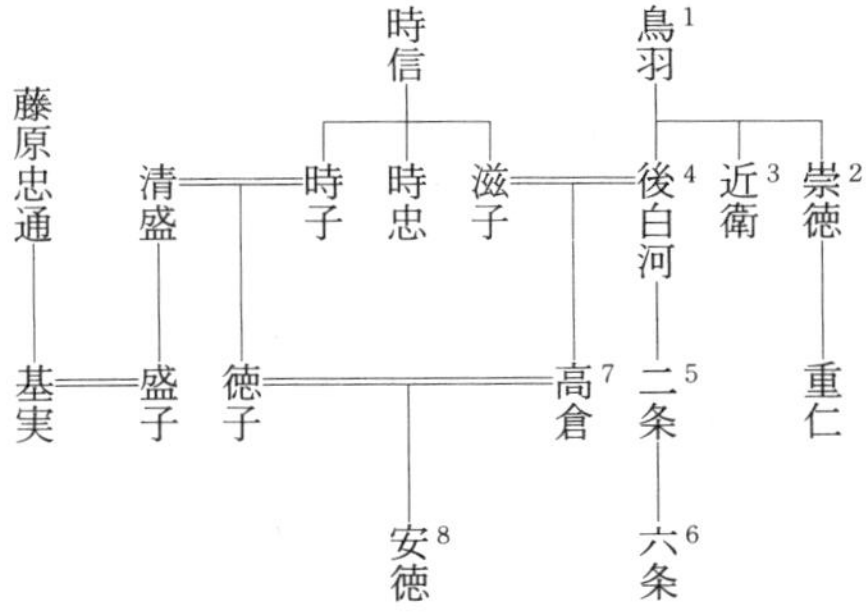

併行して清盛は、仁安元年（一一六六）十一月に内大臣、翌二年二月には従一位《じゅいちい》、太政大臣《だいじょうだいじん》へと異例の昇進を遂げた。あまりの異例さに、清盛は白河のご落胤だという説まで生まれた。勲子の入内問題で忠実が白河の女性関係に疑惑を持ったように、人々はあり得ないことではないと感じたのであろう。元木泰雄氏は、公卿も破るのが難しい大臣昇進の壁を、清盛がいとも容易《たやす》く破ったことに皇胤《こういん》説の真実味があるとみるが、真偽はわからない。

清盛の太政大臣補任と同時に権大納言に昇任した長男重盛《しげもり》は、五月、賊徒追討の宣旨を受けて平氏軍政の中心に立った。清盛は名誉職的意味合いの太政大臣を辞し、翌仁安三年、病気を機に出家した。その後は摂津《せっつ》福原《ふくはら》を拠点として日宋《にっそう》貿易に力を注ぎ、改築した摂津の大輪田泊《おおわだのとまり》、安芸《あき》の厳島《いつくしま》、筑前《ちくぜん》の博多津《はかたのつ》を結ぶ海運と貿易で莫大な富を築いた。本格的な院政を開始した後白河も日宋貿易に関心を示し、両者の協調は深まった。承安《じょうあん》元年（一一七一）、娘徳子《とくこ》を高倉に入内させた清盛は栄華を謳歌《おうか》するに至る。

しかし、安元《あんげん》二年（一一七六）、清盛と後白河の紐帯《ちゅうたい》であった建春門院滋子が三十五歳で急死すると、両者の間の亀裂《きれつ》、平家一門に対する院近臣の不満が表面化してくる。翌安元三年、「太郎焼亡《たろうじょうもう》」と呼ばれた大規模な火事や、山門の強訴などが続く中、藤原成親《なりちか》・西光《さいこう》・俊寛《しゅんかん》ら院近臣による平家打倒の謀議が発覚した。鹿ヶ谷《ししがたに》事件である。多田行綱《ただゆきつな》の密告を受けた清盛は、ただちに成親・俊寛らを流罪、西光を斬罪に処した。

とはいえ、反平家の動きを封殺することは難しかった。治承《じしょう》三年（一一七九）十一月、清盛は自ら数千騎を率いて福原から上洛、後白河を鳥羽殿《とばどの》に幽閉して院政を停止する挙に出た。治承三年の政変である。順調に復興を続けていた王権は傷つき動揺し、かつてない危機にさらされた。故建春門院が産んだ天皇（高倉）のもと、多数の院近臣が解官《げかん》され、反平家の立場を取った関白基房も流罪に処された。後任の関白は基実の嫡子で清盛の娘を正室とする基通であった。翌治承四年二月、高倉と清盛の娘建礼門院《けんれいもんいん》徳子の皇子、言仁《ときひと》親王が践祚した。安徳《あんとく》天皇、時に三歳である。天皇の外戚となった清盛は主要な官職や知行国主《ちぎょうこくしゅ》（一国の収益を得る権利を持ち、国守《くにのかみ》を推挙することができた有力者）を一門で固め、その栄華は頂点に達した。平氏政権の成立である。ただ、頂点は下り坂の始まりでもある。全国的な内乱の足音がすぐそこまで迫っていた。

3　豪奢にして多彩なる文化

知と財の濫費・独占

ここで文化についてもみておこう。院政期には、強大な権威・権力と豊かな財力を持つ治天の君という新たな王により知と財が濫費・独占され、豪奢《ごうしゃ》にして多彩なる文化が創出された。ハード面では、巨大なモニュメントの造立《ぞうりゅう》、それに伴う都市建設が注目される。

まず白河は、藤原師実から、摂関家の別邸白河殿《しらかわどの》のあった風光明媚《めいび》な地を献上されると、ここに金堂《こんどう》・講堂・五大堂・阿弥陀堂《あみだどう》・法華堂《ほっけどう》・経蔵《きょうぞう》・釣殿《つりどの》などを備えた大寺院法勝寺《ほっしょうじ》を創建した。なかでも八角九重《はっかくきゅうじゅう》の塔は未曽有《みぞう》の巨大モニュメントであった。西大門から南に進む道は逢坂関《おうさかのせき》に通じており、東国から都に上る人々は巨大な塔を目にして驚愕《きょうがく》し、圧倒された。その後、尊勝寺《そんしょうじ》・最勝寺《さいしょうじ》・円勝寺《えんしょうじ》・成勝寺《じょうしょうじ》・延勝寺《えんしょうじ》のいわゆる六勝寺《ろくしょうじ》、白河北殿《きたどの》・南殿《みなみどの》といった院御所が造営され、白河地区は都市的な発展を遂げる。

また、鴨川と桂川《かつらがわ》が合流する洛南《らくなん》の鳥羽にも、白河は譲位直後から鳥羽南殿・北殿・馬《ば》場殿《どの》・泉殿《いずみどの》といった院御所と広大な苑池《えんち》・築山を造営し、南殿には証金剛院《しょうこんごういん》を造営した。鳥羽の一帯は、歌会・観月会・舟遊び・管絃《かんげん》・競馬《くらべうま》・騎射《うまゆみ》など、院の遊興の場となった。続く鳥羽院政期には、安楽寿院《あんらくじゅいん》・勝光明院《しょうこうみょういん》・金剛心院《こんごうしんいん》などの寺院や白河・鳥羽の墓所、院に供奉《ぐぶ》した近臣たちの宿所である直廬《じきろ》などが造られ、都市として整備された。

後白河は、七条大路・八条大路が鴨川を越えた一帯に法住寺殿《ほうじゅうじどの》、その北側に七条殿《しちじょうどの》という院御所を造営した。清盛が後白河のため、法住寺殿の西隣に蓮華王院いわゆる三十三間堂を造進したことは先に述べたが、蓮華王院の南隣には建春門院滋子の御願《ごがん》で最勝光院《さいしょうこういん》が造立された。その障子絵《しょうじえ》（障子は現代の襖《ふすま》にあたる）は院・女院の寺社参詣図で、宮廷絵師の常磐源二光長《ときわげんじみつなが》が全体を描き、似絵《にせえ》の名手藤原隆信《たかのぶ》が面貌《めんぼう》を担当したという。

以上にみた数々の御所、大寺院、苑池や宝蔵、それらを中心とした都市建設では、膨大な知と財が惜しげもなく費やされた。強大な権力と豊かな財力を持つ院政の主宰者、治天の君という新たな王の出現がそれを可能にしたのである。しかも、院は様々な宝物や文化的所産を宝蔵に収めて独占し、自身の権威を高めることに利用した。

ただ、白河・鳥羽両地区の御所も大伽藍《だいがらん》も八角九重の塔も、長い時間の流れの中で姿を消した。現在は普通の市街地に変貌している。建物跡の記念碑を探すのにも苦労するほどである。鳥羽地区を訪れた際、鳥羽東殿の地に安楽寿院が残っていてホッとした記憶がある。また、南殿の一帯は鳥羽離宮跡公園として保存されているが、往時を偲《しの》ぶものは何もない。豪奢な文化も、残念ながらハード面はもろいものである。

和歌の興隆

巨大なモニュメントを次々と生み出した膨大なエネルギーは、文化のソフト面にも注ぎ込まれた。後鳥羽の子の順徳《じゅんとく》が著した故実書『禁秘抄《きんぴしょう》』で、王が修めるべき教養とされた学問・音楽・和歌の三分野に著しい興隆がみられた。

まず、和歌をみてみよう。白河は天皇在位中の承保《じょうほう》二年（一〇七五）、『後拾遺和歌集《ごしゅういわかしゅう》』（『後拾遺集』と略記）の編纂を命じ、応徳三年（一〇八六）十月に奏覧を受けた。天皇が下命する勅撰《ちょくせん》和歌集（勅撰集と略記）は、十世紀初頭の延喜《えんぎ》五年（九〇五）、『古今《こきん》和歌集』（『古今集』）が醍醐《だいご》天皇に奏上されたのが最初である。十世紀半ばに『後撰《ごせん》和歌集』（『後撰集』）、十一世紀初頭に『拾遺《しゅうい》和歌集』（『拾遺集』）が編纂されたが、その後は途絶えていた。これを白河が約八十年ぶりに再興したのである。

ただ、『後拾遺集』は撰者藤原通俊《みちとし》の力量不足もあり、歌壇の重鎮源経信《つねのぶ》が『難後拾遺《なんごしゅうい》』を著すなど批判が多かった。白河は院となってから経信の子源俊頼《としより》に『金葉《きんよう》和歌集』（『金葉集』）の編纂を命じた。『金葉集』も三度目の奏覧で嘉納《かのう》されるというゴタゴタがあったが、その治世で勅撰集編纂を二回も命じたのは白河だけである。王権を重々しく厳かに飾り立てるアイテムとして、勅撰集が本格的に機能するようになったのは白河からといえよう。

ただ、和歌の内実という点では堀河の役割が大きかった。「賢王」と称された堀河の周囲には、源顕仲《あきなか》・同俊頼・藤原顕季《あきすえ》・同公実《きんざね》・同基俊《もととし》・僧永縁《ようえん》・女房歌人ら文化人が集まり、歌壇を形成した。そして、標準的・典型的と考えられる百種類の歌題を選んで組題《くみだい》とし、十数人の歌人に百首ずつ詠進させるという画期的な試み『堀河院御時百首和歌《ほりかわいんおんときひゃくしゅわか》』、いわゆる『堀河百首』を行わせた。その歌題や和歌表現は、題詠《だいえい》を基本とする中世和歌の規範となり、また勅撰集編纂前に応制百首《おうせいひゃくしゅ》を作って撰集資料とする慣例を生んだ。

音楽・学問の興隆

堀河は音楽にも堪能で、儒教の礼楽《れいがく》思想に基づき国家統治のために音楽の興隆を図った。天皇の楽器として笛を重視し、鳥羽もこれを受け継いだ。鳥羽の子後白河は音楽的才能に恵まれ、終生、今様に耽溺《たんでき》した。後白河が編纂した『梁塵秘抄《りょうじんひしょう》』は今様の姿の一端を伝える貴重な文化遺産である。後白河の子二条は琵琶《びわ》に長じ、霊力を持つとされる宝器玄上《げんじょう》（玄象）を弾奏した。二条が早逝したため、この段階で琵琶が天皇の楽器とみなされることはなかったが、天皇と琵琶を結びつける端緒を開いたのは二条であったといえる。

また、声に出せば消えてしまう今様を、後白河が『梁塵秘抄』という目にみえる形にしたように、院政期には音声を書記化・記号化する動きが活発になった。和歌も本来は声に出して詠ずるもので、音声によって神仏と交感する芸能であった。それを勅撰集や百首和歌の形に書記化したのである。音楽でも、『龍鳴抄《りゅうめいしょう》』のような楽書《がくしょ》や『管絃譜《かんげんふ》』『三五要録《さんごようろく》』『仁智要録《じんちようろく》』のような楽譜が作られ、音声を書記化・記号化するようになった。

学問すなわち漢学・漢詩文では大江匡房と信西が特筆に値する。匡房は後三条・白河・堀河・鳥羽に仕え、ブレーンとして活躍した。朝廷の政務・行事・仏神事に関する儀式書『江《ごう》家次第《けしだい》』や、『遊女記』『傀儡子記《くぐつき》』『本朝神仙伝《ほんちょうしんせんでん》』のような記録、漢詩や願文《がんもん》など、その著作は膨大で多岐にわたる。『江談抄』は自身の知識・経験を藤原実兼に筆録させたもので、実兼の子が信西（藤原通憲）である。その著作には鳥羽の下命により著した六国史《りっこくし》（『日本書紀』に始まる六つの正史）に次ぐ史書『本朝世紀《ほんちょうせいき》』、古来よりの法令・判例を集成した『法曹類林《ほっそうるいりん》』がある。「日本第一ノ大学生《だいがくしょう》」と評された頼長も信西を師と仰いだ。ただ、のちの順徳や後鳥羽のように、学問に関する著作を残した天皇・院はいなかった。

蹴鞠・絵巻の興隆

院政期の文化は多彩である。庶民の芸能田楽《でんがく》に院や貴族が熱狂した永長《えいちょう》の大田楽《おおでんがく》（一〇九六年）、奥州《おうしゅう》藤原氏の絢爛《けんらん》豪華な中尊寺《ちゅうそんじ》・毛越寺《もうつうじ》、寺院大衆《だいしゅ》（いわゆる僧兵）の政治的デモンストレーションでもあった初期の延年《えんねん》（法会の後などに演じる芸能）、贅美《ぜいび》を尽くした装飾経の平家納経《へいけのうきょう》など、注目すべきものは多い。ここでは院が深く関わった文化として蹴鞠《けまり》と絵巻を取り上げたい。

蹴鞠は、八人の鞠足《まりあし》（プレーヤー）が鞠を蹴ってサッカーでいう円陣パスを行い、蹴り続けた鞠数《まりかず》を数え、技量を披露する芸能である。本来は下﨟《げろう》（身分の低い者）の遊戯であったが、白河が天皇在位中の承暦《じょうりゃく》四年（一〇八〇）、初めて内裏で鞠会《まりかい》を催したことで、師実・

師通のような上﨟《じょうろう》の貴族たちも愛好するようになった。下﨟の文化である蹴鞠を白河が王権のもとに組み込んだのである。

白河・鳥羽院政期は、下﨟の名足《めいそく》が技術を駆使して鞠数を競う下﨟鞠から、静かで上品な上﨟鞠に移行する過渡期であった。そうした中、「蹴聖《しゅうせい》」「鞠聖《まりせい》」藤原成通《なりみち》が上・下﨟の鞠を止揚《しよう》した延足《のびあし》の蹴鞠を創出し、弟子の藤原頼輔《よりすけ》が成通の口伝《くでん》を書記化した『蹴鞠《しゅうきく》口伝集』を撰述した。こうして蹴鞠は単なる遊戯から作法・故実を備えた芸能へと進化した。

蹴鞠の図　『年中行事絵巻』より

初めて鞠場《まりば》に立ってプレーした院は後白河である。その技量は成通が称賛するほどであった。好奇心旺盛《おうせい》で既成概念にとらわれない王、後白河らしい。安元二年（一一七六）三月五日には五十歳御賀《おんが》の正式行事として鞠会を催し、蹴鞠の格を晴儀《せいぎ》（朝廷で行われる晴れがましい儀式）の芸能へと引き上げた。

今様・蹴鞠に天賦の才を発揮した後白河は、『承安五節絵《じょうあんごせちえ》』『年中行事絵巻』『彦火々出見尊《ひこほほでみのみこと》絵巻』など、全長が十数メートルに及ぶ絵巻の制作にも力を入れた。後白河は、王の権威・権力と富を文化に注ぎ込んだ芸術家にしてプロデューサーであった。『承安五節絵』は承安元年（一一七一）の内裏における五節行事を描いた絵巻、『年中行事絵巻』は保元の乱後に復興された内裏・儀礼・祭礼を活写した絵巻、いずれも王権の繁栄を視覚化するためのアイテムといえる。これを後白河は蓮華王院の宝蔵に所蔵し独占した。

ところで、絵巻は長大な巻物とはいえ縦幅は数十センチ、両手で広げられる程度の横幅で鑑賞する絵画である。障子・屏風《びょうぶ》全面に描かれる大規模絵画の障屏画《しょうびょうが》とは違う。池田忍氏はジェンダー論の立場から、大画面絵画の障子絵・屏風絵は公的な「男性性」を担うメディア、絵巻・冊子などの紙絵《かみえ》は私的な「女性性」を担うメディアと位置づけた。後白河は最勝光院の障子絵に院・女院の寺社参詣図を描かせてはいるが、最も好んだのは絵巻であった。この「女性性」メディアに公的な役割を付与した王だったのである。

以上、白河院政の成立から鳥羽院政・後白河院政について概観してきた。こうした政治的な経緯を経て、また文化的達成を前提にして後鳥羽の時代が到来する。次章では、平氏が栄華の頂点を極めた直後に勃発した全国的な内乱の様相からみていくことにしよう。

第一章　後鳥羽の朝廷

1　源頼朝の幕府草創

源頼朝の挙兵

治承四年（一一八〇）五月、後白河の第二皇子以仁王《もちひと》と摂津源氏の源頼政《よりまさ》による平家打倒計画が発覚した。以仁王の乱である。追討を受けて南都を目指した以仁王と頼政は、宇治で合戦となり敗死した。しかし、全国に雌伏する源氏に決起を促す以仁王の令旨《りょうじ》（皇太子や親王、皇后・女院などが下す命令書）がすでに発せられていた。永暦元年（一一六〇）三月、伊豆の伊東に配流され、その後、北条時政《ときまさ》の本拠付近、蛭《ひる》ケ《が》小島《こじま》に移った源頼朝にも、四月二十七日、令旨が伝えられた。

一方、清盛は治承四年（一一八〇）六月、摂津国福原への遷都を強行した。そして、京都

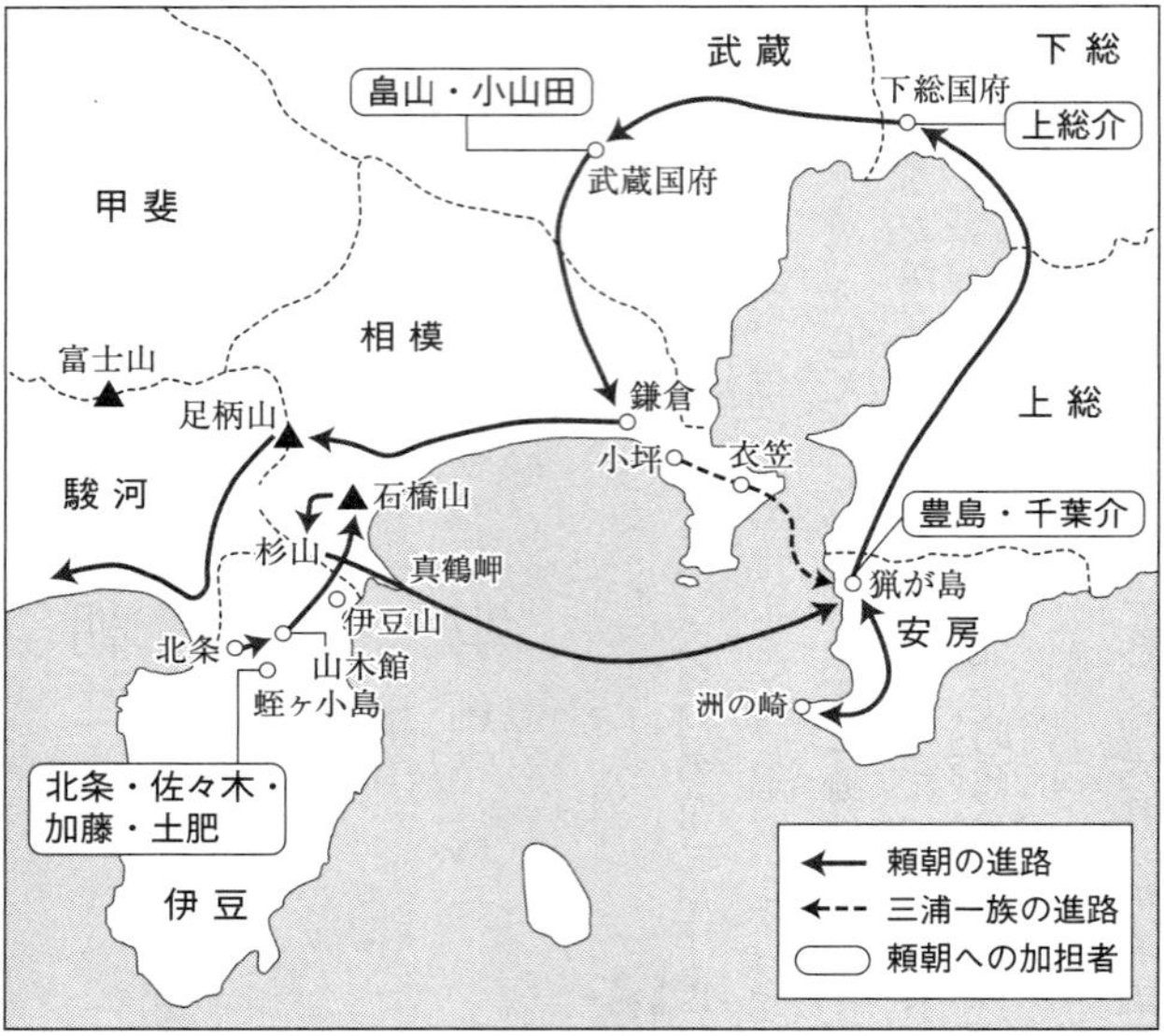

頼朝の進路　『新編日本古典文学全集　曾我物語』（小学館）をもとに作成

周辺の反平家勢力を叩《たた》くと、源家の嫡流頼朝に矛先を向けた。母親が頼朝の乳母《めのと》の妹だった三《み》善康信《よしやすのぶ》から急報が届く。挙兵の決意を固める時が来た。八月十七日、頼朝は平氏一族の山木兼《やまきかね》隆《たか》に夜襲をかけ、血祭りにあげた。治承・寿永《じゅえい》の内乱の勃発である。

ただ、この時の頼朝の戦力は、北条時政・義時父子、狩野茂《かのうもち》光《みつ》・親光《ちかみつ》父子、土肥実平《どひさねひら》、大庭《おおば》景義《かげよし》、三浦《みうら》一族の岡崎義実《おかざきよしざね》など伊豆・相模《さがみ》の一部の武士や、個人的事情で頼朝に従った安達盛《あだちもり》長《なが》、佐々木《ささき》四兄弟（二一九～二二〇頁参照）などわずかであった。頼朝は三浦氏本隊との合流を目指し相模に進んだ。ところが、石橋山《いしばしやま》で大庭景親《かげちか》・伊東祐親《いとうすけちか》ら平氏方三千余騎に大敗を喫してしまう。命からがら逃れた頼朝は房総《ぼうそう》半島の安房《あわ》に渡海した。

ここから奇跡的な再起が始まる。安房で三浦氏と合流を果たし、千葉《ちば》氏・上総《かずさ》氏・畠山《はたけやま》氏も糾合した頼朝は、十月六日、源家ゆかりの鎌倉に入ったのである。さらに、平清盛の孫維盛《これもり》を追討使とする追討軍を、十月二十日、駿河《するが》の富士川《ふじがわ》で迎え撃った。ただ、平氏軍は追討使任命までに無駄な時間を費やした上、東国に下向する道すがら宣旨を示して徴兵しようとしたが、思惑通りいかず不安を抱えていた。そのため、急に飛び立った水鳥の羽音に驚いて総崩れとなり、退却した。富士川合戦の有名なエピソードである。

その後、配下の武士たちの諫言《かんげん》を容《い》れて進軍して上洛することを思いとどまり、鎌倉に戻った頼朝は、建久《けんきゅう》元年（一一九〇）に多数の御家人《ごけにん》（鎌倉の主《あるじ》「鎌倉殿《かまくらどの》」＝「将軍」と主従関係を結んだ武士のこと）を従えて上洛するまで、鎌倉を動かなくなる。そして、密使を派遣して後白河と政治交渉を進め、平氏追討の大軍を派遣し、その存在感を増していった。

神器なき践祚

治承四年（一一八〇）十一月、清盛は不評の福原から京都に還都した。しかし、直後の十

王家略系図①（数字は皇位継承の順序）

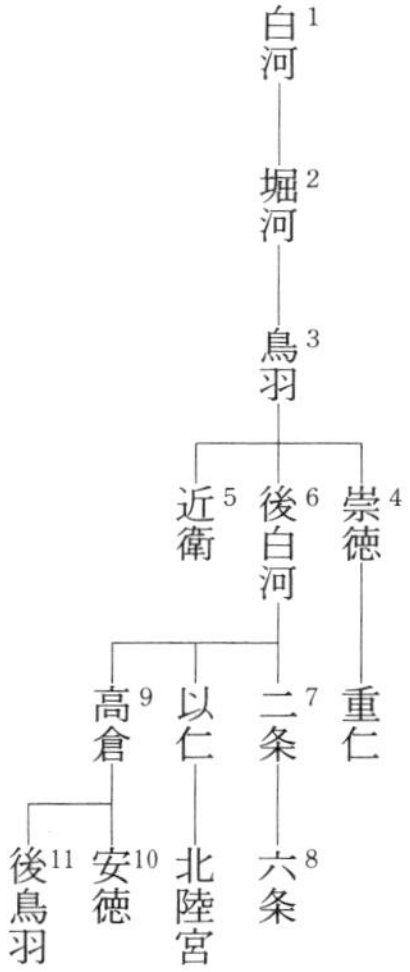

二月、子の重衡《しげひら》が東大寺大仏をはじめ南都の寺社を焼き討ちする失態を演じ、状況は悪化した。翌治承五年閏二月四日、頼朝の首を墓前にかけよという苛烈《かれつ》な遺言を残し、清盛は熱病で死去した。享年六十四。

長男重盛が二年前の治承三年に死去していたため、三男の宗盛《むねもり》が跡を継いだ。しかし、頼朝からひと月遅れて挙兵した源（木曽《きそ》）義仲《よしなか》に攻められ、寿永二年（一一八三）七月、安徳とともに都落ちした。その際、天皇の正統性を保証する三種の神器《じんぎ》、すなわち神鏡《しんきょう》「八咫鏡《やたのかがみ》」、神璽《しんじ》「八尺瓊勾玉《やさかにのまがたま》」、宝剣《ほうけん》「天叢雲剣《あめのむらくものつるぎ》」（草薙剣《くさなぎのつるぎ》）を持ち去ったことが、のちの歴史に大きな影響を与えることになる。

天皇不在の異常事態を回避するため、後白河は治天《ちてん》の君《きみ》として新天皇の選定に入った。候補は治承五年（一一八一）に亡くなった高倉の皇子三宮と四宮、義仲が奉じる以仁王の遺児北陸宮《ほくりくのみや》であった。卜占《ぼくせん》の結果、三宮に決まりかけたが、後白河は寵妃丹後局《たんごのつぼね》（高階栄子《たかしなのえいし》）の勧めで四宮尊成《たかひら》を践祚《せんそ》させた。後鳥羽天皇、時に四歳、神器なき践祚である。

平家の滅亡

寿永二年（一一八三）十月、後白河は頼朝を勲功第一と認定、その東国支配権を公認する十月宣旨を出した。頼朝の政治交渉の成果である。激怒した義仲は、十一月、後白河の院御所法住寺殿を攻めて軍事クーデターを敢行した。後白河から義仲追討を要請された頼朝は弟の範頼《のりより》・義経《よしつね》を差し向け、寿永三年一月、近江《おうみ》の粟津《あわづ》で義仲を敗死させた。

桓武平氏略系図

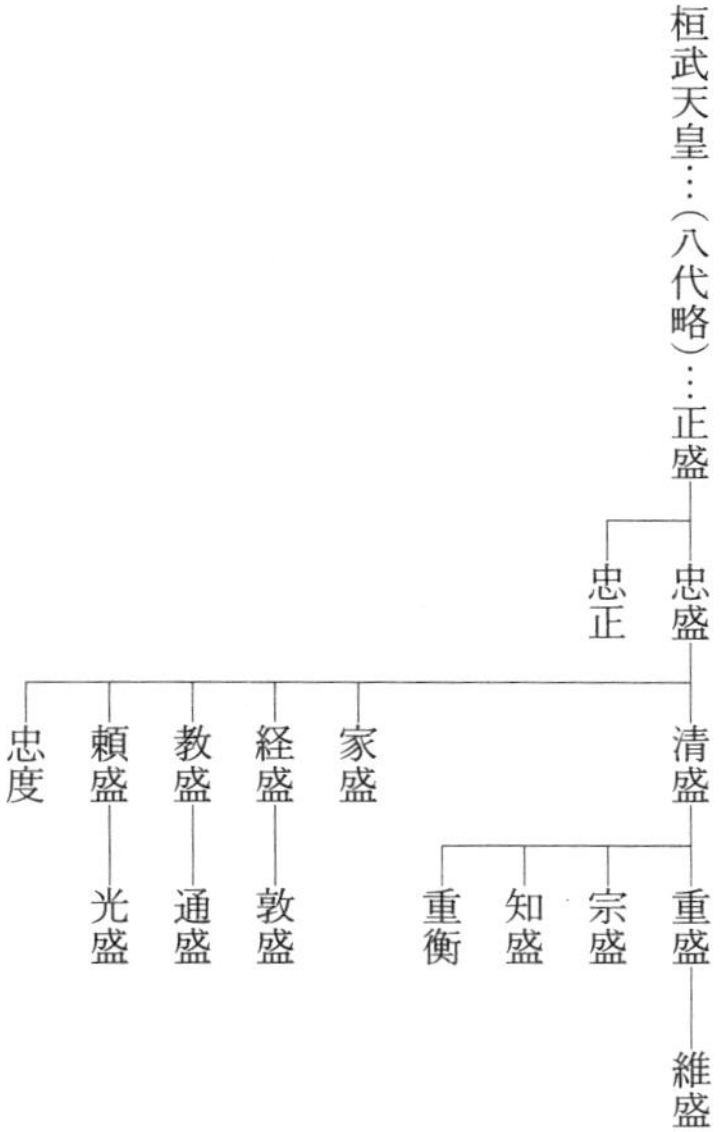

こうした混乱に乗じて平氏は勢いを盛り返し、摂津国福原、生田《いくた》、一ノ谷《いちのたに》に陣を取った。ここで後白河が和平を提案する。ところが、二月七日、緊張の緩んだ平氏軍に範頼・義経、摂津源氏の多田行綱、甲斐《かい》源氏の安田義定《やすだよしさだ》らの軍勢が襲いかかった。平忠度《ただのり》・通盛《みちもり》・敦盛《あつもり》ら多数の平氏方武将が討死《うちじに》し、重衡が捕虜となった一ノ谷の合戦である。合戦後、後白河は重衡と三種の神器の交換を持ち

かけた。しかし、宗盛は和平提案を奇謀だったと非難し、拒絶した。意図的な奇謀であったか否かは判断が難しいが、後白河が三種の神器奪還に必死になっていたことは確かである。

もはや武力による解決しか道はなくなった。讃岐の屋島《やしま》の合戦でも勝利した範頼・義経は、長門《ながと》の壇ノ浦《だんのうら》に平氏を追いつめた。この海峡は潮の流れがとくに速い。まるで川である。義経らは潮流を利用して勝利を手にした。しかし、後白河の意を受けた頼朝が、神器の奪還を最優先するよう命じていたにもかかわらず、宝剣が失われた。神鏡を入れた唐櫃《からびつ》は船内で確保したものの、宝剣と神璽の箱を携えた清盛の未亡人二位尼時子《にいのあまときこ》が、安徳を抱きかかえ「波のしたにも都のさぶらふぞ（波の下にも都がございますよ）」という言葉とともに入水《じゅすい》したのである。神璽の箱は浮かび上がったため回収できたが、宝剣は安徳もろとも波の下に沈んでしまった。三種の神器を揃《そろ》え、安徳から後鳥羽へ譲位する機会は、これで永遠に失われた。

鎌倉幕府の成立

頼朝は武士たちに恩賞として平家没官領《もっかんりょう》（没収した平家方の所領）を与えた。挙兵以来、占領地で行ってきたことである。高橋典幸氏は、東国反乱軍として出発した頼朝は、内乱を戦い抜くために編み出した制度や軍事組織を内乱終結後も維持・継承し、戦時の体制を平時の体制として朝廷に認めさせ定着させることによって、鎌倉幕府を樹立しようとしたとする。

なお、本書で用いる幕府とは、武家政権という意味の歴史学上の用語であり、古代・中世の人々が近衛大将《このえのたいしょう》およびその居館の意で用いた幕府とは異なる。

一方、武士たちは朝廷の伝統的権威に魅せられ、衛門尉《えもんのじょう》・馬允《めのじょう》などの官職への補任《ぶにん》を望んでいた。多くの研究者が指摘するところである。ただ、御家人が個人的に朝廷と結びつくことは、頼朝の求心力を低下させる恐れがある。そこで頼朝は、自分の推挙なく朝廷の官職に就くことを禁じ、勝手に任官した御家人を厳しく処断した。

こうした頼朝の政治的意図が理解できず、後白河から左衛門尉兼検非違使《けびいし》に補任された義経は排除される運命にあった。開き直った義経は、後白河に迫って頼朝追討の院宣《いんぜん》を出させたが、武士たちの支持が得られないとみるや行方《ゆくえ》をくらました。逆に、これを好機と捉えた頼朝は、文治《ぶんじ》元年（一一八五）十一月、北条時政を上洛させ、後白河に対し義経捜索の名目で守護《しゅご》・地頭《じとう》を設置する許可を迫り、勅許《ちょっきょ》を得た。かくして全国政権としての枠組みがほぼできた。これをもって鎌倉幕府の成立とみなす説が現在は有力である。

征夷大将軍

義経は逃避行の末、奥州藤原氏のもとに行き着いた。文治五年（一一八九）七月、頼朝は自ら大軍を率いて出陣し、義経をかくまった咎《とが》で奥州藤原氏四代目の泰衡《やすひら》を攻めた。奥州合戦である。ただ、頼朝の圧力に耐えかねた泰衡によって、すでに義経は自害に追い込まれていた。この戦いには頼朝の覇権を内外に示す政治的演出の意味があったのである。

奥州藤原氏を滅ぼし、唯一の軍事権門となった頼朝は、翌建久元年（一一九〇）十一月、上洛を果たした。ほぼ三十年ぶりの都である。感慨もひとしおだったであろう。そして、虚々実々の駆引きを繰り広げてきた後白河や、親幕派の公卿九条（藤原）兼実《かねざね》と対面し、権大納言・右近衛大将《うこのえのたいしょう》に補任された。しかし、頼朝はほどなくその両職を辞し、前権大納言《さきのごんのだいなごん》・前右近衛大将という名誉ある肩書を携え、年内には鎌倉に帰還した。

建久三年（一一九二）三月、保元の乱、平治の乱、治承・寿永の乱という激動の時代を乗り切ってきた後白河が死去した。享年六十六。紆余《うよ》曲折を経ながら三十四年間続いた後白河院政が幕を閉じ、後鳥羽親政が始まった。十三歳の時である。まずは親幕派の関白九条兼実が政治を主導し、七月、頼朝を征夷大将軍《せいいたいしょうぐん》に補任した。

近年、櫻井陽子氏が新出史料『三槐荒涼抜書要《さんかいこうりょうぬきがきのかなめ》』にみえる『山槐記《さんかいき》』の記述から、頼朝が望んだのは「将軍」を超える権威を持つ「大将軍」の号だったこと、朝廷も「征東」「征夷」「惣官」などから消去法的に「征夷」「大将軍」を選んだことを解明した。頼朝は都から遠く離れた東国で、非常の大権を行使し得る征夷大将軍を強く望んだとする従来の学説が否定されたのである。

晩年の頼朝

征夷大将軍に任官した翌年、建久四年（一一九三）三月に後白河の一周忌が明けると、頼朝は信濃国《しなののくに》三原野《みはらの》、下野国《しもつけのくに》那須野《なすの》、駿河国富士野《ふじの》において、次々と大規模な狩りを催した。絶頂期を迎えた頼朝が、武威を内外に誇示するイベントであった。ところが、五月二十八日、富士野の巻狩《まきがり》の場で、曽我《そが》十郎祐成《すけなり》・五郎時致《ときむね》という若い兄弟が、実父の敵《かたき》である有力御家人工藤祐経《くどうすけつね》を斬殺する事件が起きた。富士の裾野《すその》の敵討ちである。しかも、この事件では祐経だけでなく多数の御家人が死傷し、頼朝の身にも危険が迫ったらしい。将軍頼朝の支配体制に不満を持つ不穏分子が、事件に絡んでいた可能性が高い。

頼朝は、この事件を機に弟の範頼、源氏一門の安田義定ら自分に代わり得る有力者や、政権内の不満分子を一掃した。そして、東海道諸国の守護を信頼に足る御家人で固めると、建久六年（一一九五）、再建された東大寺大仏殿の落慶供養《らっけいくよう》に臨席するため上洛した。後白河が任じた大勧進職《だいかんじんしき》俊乗房重源《しゅんじょうぼうちょうげん》の要請で再建に貢献してきた頼朝は、巨大なモニュメントの完成式典に列席し、自らが「王法《おうほう》」と「仏法《ぶっぽう》」を支える存在であることを人々に印象づけた。

一方、朝廷では九条兼実のライバル村上《むらかみ》源氏の公卿源通親《みちちか》が主導権を握り始めていた。権謀家の通親は、後白河の寵妃丹後局高階栄子に近づき、栄子所生の皇女で長講堂領《ちょうこうどうりょう》を相続した宣陽門院覲子《せんようもんいんきんし》を後見した。また、後鳥羽の乳母《めのと》刑部卿三位《ぎょうぶのきょうさんみ》藤原範子《はんし》を妻に迎えて連れ子の在子《ざいし》（実父は法勝寺執行《しゅぎょう》の能円《のうえん》）を養女とし、在子を後鳥羽のもとに入内させた。王権を意識するようになった頼朝も長女大姫《おおひめ》の入内を画策、親幕派の兼実と距離を置き、通親や栄子に接近した。佐藤進一氏は、晩年の頼朝は大姫が産んだ後鳥羽の皇子を将軍に推戴《すいたい》し、自分や嫡子頼家《よりいえ》が補佐するという構想を抱いていたのではないかとする。自らが樹立した史上初の武家政権を、伝統ある公家政権の王権によって権威づけようとしたのであろう。

しかし、通親の方が一枚上手であった。在子（女院号は承明門院《しょうめいもんいん》）が建久六年（一一九五）末に皇子為仁《ためひと》を産むと、翌年十一月、兼実を失脚させる建久七年の政変を起こしたのである。頼朝は通親の歓心を買うためにこれを黙認したが、明らかに失策であった。しかも、頼みの大姫が建久八年七月に早逝し、頼朝の構想は頓挫《とんざ》する。そうした中、建久十年一月、頼朝は急死した。享年五十三であった。

2　文化の巨人

一年前の建久九年（一一九八）一月、十九歳になった後鳥羽は承明門院在子が産んだ為仁親王に譲位した。土御門《つちみかど》天皇、四歳の践祚、後鳥羽院政の始動である。ただ、この譲位は養女在子所生の為仁を天皇に立て、外戚の地位を得ようとした通親が主導しており、「源博《げんはく》陸《りく》」（関白と同等の有力源氏の意）と称されたその政治力を如実に示したものであった。

とはいえ、後鳥羽は自立への道を歩み始めていた。在子から藤原重子《じゅうし》に寵愛を移し、譲位の前年、建久八年（一一九七）九月には第三皇子守成《もりなり》（のちの順徳天皇）をもうけていたのである。重子の父は後鳥羽を養育した藤原氏南家《なんけ》高倉流《たかくらりゅう》の範季《のりすえ》で、重子は出仕するとすぐに寵愛を受けたらしい。なお、在子の母刑部卿三位範子と卿局《きょうのつぼね》兼子《けんし》の姉妹は重子の従姉妹にあたる。二人は幼いうちに実父範兼《のりかね》が亡くなったため重子の実父範季を養父とし、後鳥羽の乳母《めのと》になっていた。在子・重子・範子・兼子は極めて近い関係にあっ

王家・高倉家関係系図（数字は皇位継承の順序）

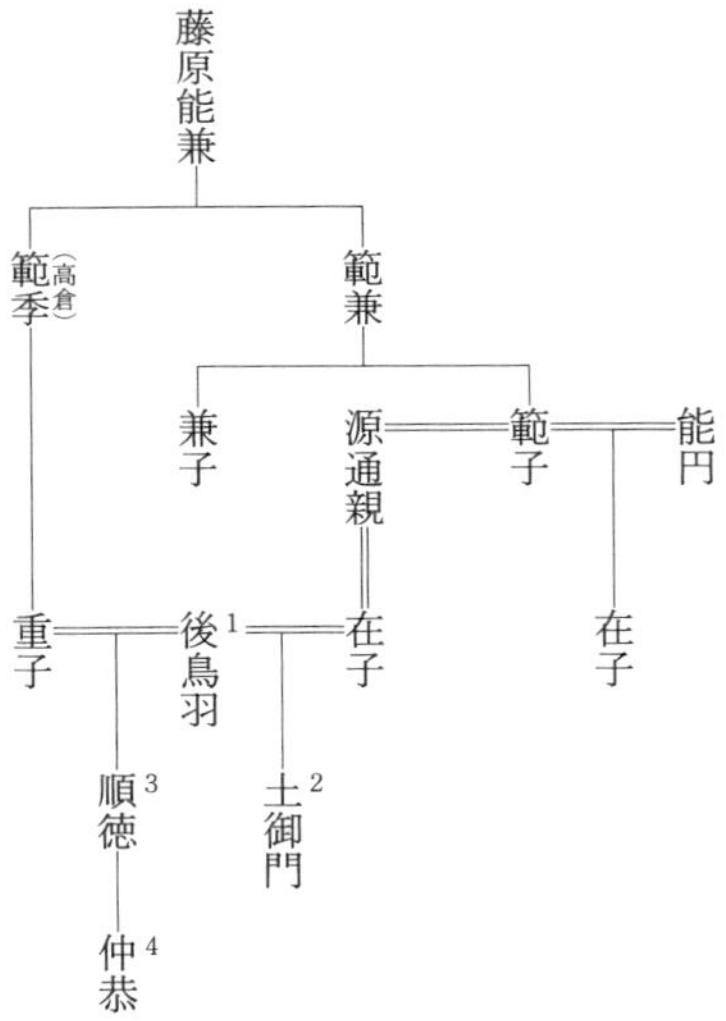

たのである。

後鳥羽は、院政を開始した建久九年（一一九八）十二月、重子を従三位《じゅさんみ》に叙し、すぐに従二位に昇叙した。在子が従三位に叙されたのは一年遅い正治《しょうじ》元年（一一九九）十二月、寵愛の差がわかる。なお、『愚管抄』は、在子は実母の範子が正治二年八月に死去すると、養父の通親と密通し、後鳥羽の寵愛を失ったとする。ただ、不自然な点が多く、事実とみなすことはできない。とはいえ、後鳥羽の愛が重子に移ったのは確かである。というのも、正治二年四月、後鳥羽は重子が産んだ守成を土御門の皇太弟に立て、優遇したからである。こうした人事は治天の君としての裁量である。内大臣の通親は皇太子を教え導く職である東宮傅《とうぐうふ》を兼ねて影響力を残したが、後鳥羽の自立は着実に進んでいた。

その後鳥羽が最も強く意識したのは、正統な王たることであった。践祚して天皇すなわち公式な王になったものの、正統性を保証する三種の神器は平家が持ち去った後であった。平家滅亡後、神鏡・神璽は戻ったが、宝剣は壇ノ浦の海底に沈んでしまった。正統な王たるには重大な欠格事由である。長ずるに従ってこれを強烈に意識するようになった後鳥羽は、正統な王とは何か、その答えを追い求め始める。後鳥羽の生涯は正統な王たることを目指し、正統な王たることを自分自身で確信するための長い旅であったといってもいい。そして、旅の一歩を踏み出すきっかけとなったのが譲位だったのである。

自由の謳歌から才能の覚醒へ

譲位自体は、確かに通親が主導したものであった。しかし、院となった後鳥羽は、天皇すなわち公式な王として朝廷儀礼の中心に位置づけられていた時とは違った行動を取るようになる。様々な制約や枠組みから解放され、自由を謳歌するようになったのである。

それは行動範囲の拡大にも表れている。たとえば、天皇在位中の建久六～八年（一一九五～九七）、行幸《ぎょうこう》は月に一、二回程度、行き先も蓮華王院・賀茂社《かもしゃ》・石清水八幡宮《いわしみずはちまんぐう》や、大内《おおうち》・押小路殿《おしこうじどの》・五辻殿《いつつじどの》など、ほとんどが京中であった。建久六年、東大寺大仏殿落慶供養のため南都に行幸したのは例外中の例外といえる。これに対し譲位後の建久九年は、土御門の即位関連の儀式が立て込む中、院御所や最勝寺で蹴鞠に興じ、都を出て鳥羽殿で競馬《くらべうま》・闘鶏を楽しんでいる。三月には日吉社《ひえしゃ》、七月には宇治の平等院まで足を延ばす一方、たびたび鳥羽殿へ御幸《ごこう》した。さらに、八月には初めての熊野詣を行った。

こうして自由を謳歌できる境遇を手に入れた後鳥羽は、その人並みはずれたマルチな才能を自覚し、それを開放することによって正統な王となる道を模索するようになる。外戚になるため譲位を主導した通親は、期せずして後鳥羽の才能を覚醒《かくせい》させたといえよう。また、一流の文化人でもあった通親は和歌の面でも後鳥羽を覚醒させた可能性がある。譲位の翌年正治元年（一一九九）三月十七日、大内の桜の花見で後鳥羽が詠んだ和歌に通親が歌を返していることが、『明日香井和歌集《あすかいわかしゅう》』や『源家長日記《みなもとのいえなが》』からわかる。また、通親は柿本人麻呂《かきのもとのひとまろ》の肖像画の前で和歌を披講《ひこう》する影供歌合《えいぐうたあわせ》を自邸で開き、後鳥羽を招いていた。目崎徳衛氏は、後鳥羽を和歌に誘導したのは通親だったとみている。

後鳥羽は正治元年、二年（一一九九、一二〇〇）に二度目・三度目の熊野詣を行い、その道中でも熊野九十九王子《つくもおうじ》と呼ばれる分祀《ぶんし》で歌会を開いた。私も熊野古道を歩いた経験があるが、熊野三山の聖域が始まるとされる滝尻《たきじり》王子から汗水たらしてひと山越え、視界がぱっと開ける日置川《ひきがわ》の近露《ちかつゆ》王子まで来ると、涼しげな川の流れと山々の緑で心が洗われた記憶がある。この近露王子は、古来、熊野詣をする院が宿泊した場所で、後鳥羽もここで歌会を催したのである。その折の歌は熊野懐紙に残されている。

折しも和歌界は活況期を迎えていた。通親が属していた伝統的な和歌を重んじる六条藤家《ろくじょうとうけ》の一派と、新風の和歌を意欲的に追求する藤原俊成《としなり》・定家《さだいえ》父子の御子左家《みこひだりけ》を中心とした一派が切磋琢磨《せっさたくま》していたのである。

勅撰和歌集編纂へ

正治二年（一二〇〇）、後鳥羽は二度にわたり応制百首『正治初度百首《しょうじしょどひゃくしゅ》・後度百首《ごどひゃくしゅ》』を詠進させた。翌建仁《けんにん》元年（一二〇一）には三十人の歌人に百首ずつ詠進させ、翌年、この三千首を千五百組に分けて優劣を競う『千五百番歌合』の形に整えた。歌合とは左右に分かれた歌人が歌題に応じて詠んだ和歌を、判者《はんじゃ》が根拠となる判詞《はんし》を示して勝ち負けを決める競技のような催しである。建久六年（一一九五）、九条兼実の子良経《よしつね》が『六百番歌合』という大規模歌合を主催していたが、『千五百番歌合』は空前絶後の規模であり、後鳥羽のスケールの大きさを物語る。しかも、後鳥羽が指名した十人の判者の中には俊成・定家らとともに摂政左大臣の良経や、天台座主《てんだいざす》の慈円《じえん》、そして後鳥羽自身が含まれていた。田渕句美子氏は「初めて判詞を書いた上皇」という点に注目すべきであるとしている。後鳥羽の和歌の上達スピードは驚異的だったのである。

建仁元年（一二〇一）七月、後鳥羽は勅撰集編纂のための機関として和歌所《わかどころ》を設置し、良経・通親・慈円・釈阿《しゃくあ》（俊成の法名）など、十一名の寄人《よりゅうど》を選び、開闔《かいこう》（書物・資料の出納などの雑務を取り仕切る役）に源家長を充てた。その後、藤原隆信・鴨長明《かものちょうめい》・藤原秀能《ひでよし》（後出する藤原秀康《ひでやす》・秀澄《ひでずみ》は兄弟、同能茂《よしもち》は猶子）を寄人に追加した。和歌所は『古今集』『後撰集』編纂の際に置かれたが、それ以降では久方ぶりの設置である。その上、摂政左大臣・内大臣・天台座主といった、いわば政府高官が寄人に任命された例はこれまでなかった。しかも、公卿・殿上人《てんじょうびと》・地下《じげ》の座の他に、治天の君であり下命者である後鳥羽の座が設けられていた。異例ずくめの和歌所は、編纂業務の場であるとともに、歌会や歌合を開く場でもあったのである。

建仁元年（一二〇一）十一月三日、後鳥羽は寄人の中から源通親の子通具《みちとも》・藤原有家《ありいえ》・同定家・同家隆《いえたか》・飛鳥井雅経《あすかいまさつね》・寂連《じゃくれん》を撰者に指名し、『万葉集』および過去の勅撰集に入集《にっしゅう》しなかった古歌、当代歌人の歌の中から秀歌を選ぶ作業を命じた。以後、撰歌に没頭した撰者は、建仁三年四月、選び抜いた歌を提出し、後鳥羽が合点《がてん》（出来の良いものにつける鉤形《かぎがた》の点）をつける作業を始めた。

こうした中、建仁三年（一二〇三）八月、後鳥羽は九十歳になった和歌界の長老、釈阿（俊成）に九十賀《くじゅうのが》を賜ることを思い立ち、歌人たちに詠進させた十二首の和歌を色紙に書いて四季の屛風に貼り、絵師に絵を描かせた。九十賀は、十一月二十三日、和歌所に四季の屛風を立てめぐらして行われた。後鳥羽は功臣に下賜《かし》する鳩形《はとがた》の飾りのついた銀製の鳩杖《きゅうじょう》と、紫の糸で和歌を縫い付けた法服を釈阿に与え、その長寿を祝い、功労を賞した。

後鳥羽にとっての『新古今和歌集』

元久《げんきゅう》元年（一二〇四）七月、撰者は、後鳥羽が入集させるために合点をつけた歌を春・夏・秋・冬・恋・哀傷《あいしょう》・雑《ぞう》などの部に分けて配列する部類の作業に入った。そして、翌元久二年三月二十六日、ようやく竟宴《きょうえん》にこぎつけ、『新古今和歌集』（『新古今集』と略記）は一応の完成をみた。後鳥羽、二十六歳の春であった。ちなみに、竟宴とは、「日本紀《にほんぎ》」のような国史の編纂が終わった際に宮中で開かれる祝宴、いわば打ち上げパーティーである。ただ、勅撰集の編纂で竟宴が開かれたことはなかった。後鳥羽は『新古今集』を国家的な史書のレベルに格上げしたといえる。

しかも、元久二年は、最初の勅撰集『古今集』が醍醐天皇に奏上された延喜五年（九〇五）から三百年にあたり、干支《えと》も同じく乙丑《きのとうし》であった。また、竟宴には間に合わなかったが、『古今集』と同じく「真名《まな》序」「仮名《かな》序」もつけられた。神聖にして正統な王たる醍醐の治世、国土安泰・五穀豊穣《ほうじょう》の世とされる延喜の聖代《せいだい》を後鳥羽は強烈に意識していたのである。それは『新・古今和歌集』という命名からもうかがえる。

しかし、『新古今集』は単なる焼き直しではなかった。従来の勅撰集は、一名もしくは数名の撰者が撰集作業を行い、下命者である天皇（または院）に奏上するという方式であった。下命者が撰歌に口を出すことなどなかった。ところが、『新古今集』の場合、下命者である後鳥羽自身が撰歌・部類・配列・詞書《ことばがき》作成などの作業に積極的に関与した。和歌所の設置や完成後の竟宴も異例であるが、この点こそが最も異例であった。その熱の入れようは、当代一流の歌人である撰者たちを辟易《へきえき》させるほどで、ついには二千首近くの入集歌を後鳥羽はすべて覚えてしまったという。まさに後鳥羽「親撰」による勅撰集である。

さらに、後鳥羽は竟宴後も歌を入れ替える切継《きりつ》ぎ作業を繰り返し、最終形態を追い求めた。「真名序」は和歌を「理世撫民之鴻徽《りせいぶみんのこうき》」、「仮名序」は「世を治め民をやはらぐる道」と記しているが、後鳥羽にとって『新古今集』の親撰・完成は、世を治め民を和やかにする正統な王であることを示し、それを自分自身で確認することに他ならなかった。

帝王の和歌

ここで、後鳥羽の『新古今集』入集歌のうち、個人的に注目する四首を取り上げてみたい。まず、巻頭の二首目、「春・上」部の歌である。

ほのぼのと 春こそ空に 来にけらし 天《あま》の香具山《かぐやま》 霞《かすみ》たなびく

ほんのりと夜が明けるとともに春の気配が東の空にやってきた、天の香具山に霞がかかっている、という歌意である。『万葉集』巻一の二首目、舒明《じょめい》天皇の国見《くにみ》の歌をふまえており、古代の帝王に対する後鳥羽の意識が読み取れる。しかも、巻頭歌である摂政太政大臣藤原良経の「み吉野《よしの》は 山も霞みて 白雪の ふりにし里に 春は来にけり」と対をなしている。巻頭の二首で、治天の君と摂政の理想的な君臣和合の形を示そうと意図したものである。

次いで、「春・上」部の三六歌を挙げたい。

見わたせば 山もと霞む 水無瀬川《みなせがわ》 夕べは秋と なに思ひけむ

竟宴後の元久二年（一二〇五）六月の歌であるが、後鳥羽が切継ぎによって入集させた作である。歌意は、見わたすと山の麓《ふもと》には霞がかかり、水無瀬川が流れている、夕べの景色は秋が一番となぜ思い込んでいたのだろう、春の夕べの何と美しいことか、である。後鳥羽が愛した水無瀬殿での体験をもとに詠んだ歌であろう。「見わたせば」には、これまた古代の帝王の国見を彷彿《ほうふつ》させる趣があり、「帝王ぶり」と呼ぶにふさわしい悠々たる歌である。

三首目は歴史物語『増鏡《ますかがみ》』の「おどろの下」という巻名になった「雑・中」部一六三五歌である。

奥山《おくやま》の おどろが下も 踏み分けて 道ある世ぞと 人に知らせむ

歌意は、奥山の茨《いばら》が乱れるように生い茂った下をも踏み分けて、人々に正しき道がある世なのだと知らせよう、である。統治者は徳をもって人民を治めるべきとする儒教の徳治思想に基づき、ストレートに帝王としての気概を表出した歌である。「おどろ」＝「棘《いばら》・棘路《きょくろ》」は茨が生い茂った藪《やぶ》のことであるが、公卿の異称でもある。公卿たちを従え、朝廷の政治を正しい方向に導こうとする後鳥羽の意欲を詠んだ歌ともいえる。承久の乱を念頭に、倒幕への意志を詠んだとする解釈もあるが、この歌は承元《じょうげん》二年（一二〇八）五月の「住吉社歌合」で詠まれ、切継ぎで入集したものである。承久の乱と関係づけるべきではない。

四首目は「哀傷」部の八〇一歌である。

思ひ出《い》づる をりたく柴《しば》の 夕煙 むせぶも嬉《うれ》し 忘れ形見に

歌意は、夕暮れに亡き人を思い出しながら折っては焚《た》く柴の煙にむせて、むせび泣くのも嬉しい、あの人を茶毘《だび》に付した煙を忘れ形見の煙だと思うと、である。後鳥羽には修明門院《しゅめいもんいん》重子という寵妃がいたが、もう一人愛した女性がいた。更衣《こうい》の尾張局《おわりのつぼね》である。ところが、彼女は元久元年（一二〇四）七月に皇子朝仁《ともひと》を産むと体調を崩し、十月に亡くなってしまう。ショックを受けて水無瀬殿に籠《こも》った後鳥羽は、悲嘆の歌を詠んで慈円に送り、慈円も慰めの歌を返した。一年後の元久二年十月、尾張局の菩提《ぼだい》を弔うため水無瀬殿に建てた阿弥陀堂の供養があった。詞書によれば、後鳥羽はここでも「無常の歌」を詠み、慈円と歌の贈答をしたという。八〇一歌はその追悼歌群の一首で、切継ぎによる入集である。

中世の和歌は題詠が基本であり、感情を表出することは少ない。しかし八〇一歌には、一年を経ても癒《い》えぬ後鳥羽の悲嘆と傷心が表出されている。それも、むせび泣くのも「嬉し」という物狂おしさである。亡き人を哀悼する『源氏物語』の桐壺《きりつぼ》帝や光源氏《ひかるげんじ》の姿を重ねているという見方もあるが、心の傷が深かったことは疑いない。しかも、『新古今集』編纂が佳境を迎えた頃の不幸である。にもかかわらず、帝王の歩みを止めなかった後鳥羽に、精神の強さ、人間としての大きさを感じずにはいられない。

多芸多才の極致

悲しみの中で、後鳥羽は音楽にもあらん限りの力を注いだ。天皇在位中には笛を吹いていた後鳥羽であったが、ほどなく二条が好んだ琵琶に惹《ひ》かれるようになる。そして、信西の子で稀代《きたい》の音楽家、妙音院《みょうおんいん》藤原師長《もろなが》の高弟であった藤原定輔《さだすけ》を師に迎えて腕を磨き、元久二年（一二〇五）一月十六日には、琵琶の秘曲「石上流泉《せきじょうりゅうせん》」を伝授されるまでになった。音楽での上達の速さも驚異的である。さすが楽才豊かな後白河の孫、二条の甥である。そして、伝授を受けた三日後、早くも霊力を持つとされる宝器「玄上」を弾奏した。その後、二月十九日、三月二十日と立て続けに秘曲「上原石上流泉《じょうげんせきじょうりゅうせん》」「楊真操《ようしんそう》」を伝授された後鳥羽は、六月十八日、ついに最秘曲「啄木《たくぼく》」を伝授されるに至る。

これらはいずれも、後鳥羽が正統な王たることを示そうとした『新古今集』、その竟宴の前後に行われている。最秘曲の伝授を受け、霊力ある累代の御物《ぎょぶつ》玄上を弾奏することは、国家の統治に音楽が不可欠とする儒教の礼楽思想を体現することである。和歌だけでなく音楽によっても、後鳥羽は自らの王権を重々しく厳かに飾り立てようとしたと考えることができる。

エネルギッシュな帝王は歩みを止めない。良経が漢詩と和歌を競わせる新たな試みを企画していると聞くと、元久二年（一二〇五）六月、院御所で開催させた。元久詩歌合《げんきゅうしいかあわせ》である。その時「水郷春望《すいきょうしゅんぼう》」という題で、天皇時代の侍読《じとう》、いわば家庭教師であった藤原親経《ちかつね》の漢詩と合わせた後鳥羽の歌が、先の「見わたせば」詠であった。勝敗は不明である。

ちなみに、和歌・音楽・漢詩に対する後鳥羽の姿勢は、やがて順徳に受け継がれていく。父と同じく定輔から琵琶の秘曲を伝授された順徳は、建保《けんぽう》六年（一二一八）八月、管絃の御遊《ぎょゆう》と和歌・漢詩の披講を行う即位後初の晴儀《せいぎ》、中殿御会《ちゅうでんごかい》で玄上を弾奏した。天皇の修得すべき楽器が、後鳥羽・順徳の代に笛から琵琶に変わったことを示すものである。

また、建永《けんえい》元年（一二〇六）八月頃、一部の院近臣が和歌所の面々を猥雑《わいざつ》な狂連歌《きょうれんが》でやり込めようと企て、藤原定家や飛鳥井雅経が受けて立つということがあった。これを耳にした後鳥羽は、前者を無心衆《むしんしゅう》、後者を有心衆《うしんしゅう》と名づけて競わせる遊びを企画した。当然、定家ら有心衆の方が即興的に狂句を連ねる能力も高く、無心衆は簡単に負けてしまった。後鳥羽は一部始終を大はしゃぎでみていたという。洒落《しゃれ》のきいた遊び心のある帝王である。

蹴鞠と武芸

後鳥羽は体力や運動の面でも人並外れた能力の持ち主であった。とくに蹴鞠である。蹴鞠は現代でいえばサッカーの円陣パスであり、高度なリフティングの技術が求められる芸能である。後鳥羽は譲位直後にも院御所や最勝寺などで蹴鞠に興じていたが、その技量は年を追うごとに上達し、承元二年（一二〇八）四月七日には、「蹴聖」「鞠聖」と称された藤原成通の猶子泰通《やすみち》と、成通の高弟藤原頼輔の孫にあたる難波《なんば》宗長《むねなが》・飛鳥井雅経兄弟から、蹴鞠の「長者」という称号を奉呈されるに至った。そして、十三日には、のちに「長者の御鞠会」と呼ばれる鞠会を開いた。会の詳細は『承元御鞠記』に記録されている。

後鳥羽は蹴鞠の故実形成にも意欲を示し、承元五年（一二一一）閏一月二十一日、「韈《しとうず》の程品《ていひん》」という規則を定めた。韈（襪）は沓《くつ》の中に履《は》く靴下のような履物で、その色と文様を身分・技量に応じて分け、上位の韈は長者である後鳥羽の許可がなければ着用できない決まりにした。後鳥羽は名実ともに蹴鞠界の頂点に立ったのである。

ところで、初めて鞠場に立ってプレーした王は後鳥羽の祖父後白河であった。しかも、成通を驚かすほどの技量を体得していたという。後鳥羽の蹴鞠の才能は、音楽の才能同様、後白河の遺伝子によるものだったといえよう。この祖父と孫にはいくつもの共通点が指摘できる。ともに好奇心旺盛で、既成概念にとらわれない自由さと遊び心を持っていた。記憶力も抜群であり、今様にしろ和歌にしろ一度覚えると、二度と忘れなかった。芸術家にしてプロデューサー、おまけにスポーツマンという点も同じである。

さらに、王としての出発点も似通っている。後白河は異母弟近衛の早逝という不慮の事態を受け、二条への中継ぎという権威なき践祚、後鳥羽も異母兄安徳の都落ちという未曽有の事態を受け、神器なき践祚であった。しかし、持ち前の精神的強さ、あるいはしぶとさで、ともに長期にわたって治天の君として君臨したことは周知の通りである。

むろん違いもある。強靭《きょうじん》な肉体に恵まれた後鳥羽は武芸を好み、得意とした。馬に乗り、川を泳ぎ、山野で鹿《しか》を追い、笠懸《かさがけ》で的をはずした射手《いて》の代わりに弓を射ることもあった。いわば何種類もの競技に出場し、すべてに好成績をあげる万能選手だったのである。

その武芸好みの中でも、とくに注目すべきは太刀《たち》の制作である。備前国《びぜんのくに》、備中国《びっちゅうのくに》、京都粟田口《あわたぐち》から召し集めた優れた刀工に、月番で作刀させる御番鍛冶《ごばんかじ》の制を作ったのである。しかも、後鳥羽は自ら焼き刃《ば》を施したと伝えられる。現在、京都国立博物館に所蔵される国指定の重要文化財「菊御作《きくごさく》」もその一振《ひとふ》りである。刀身には、銘のかわりに後鳥羽が好んだ菊の紋が刻まれている。三種の神器の宝剣が失われたマイナス面を、レベルは違うが、自らの力で少しでも補おうとしたと考えられる。多芸多才の極致、後鳥羽はまさに文化の巨人であった。

3　君臨する帝王

宮廷儀礼の復興へ

学問・政治においても後鳥羽は巨人であった。宮廷儀礼の復興を領導したのである。きっかけは、三十一歳の壮年に達した承元四年（一二一〇）十一月に、土御門から皇太弟守成親王への譲位、順徳の践祚を実現させたことであった。寵妃修明門院重子が産んだ才気煥発《かんぱつ》な順徳を愛した後鳥羽は、十四歳という若い新天皇に政治の何たるかを身をもって示そうとしたのである。院・天皇・摂関三者の間では、後鳥羽院政のほぼ全期を通じて院である後鳥羽が絶大な力を維持し、二代にわたる若い天皇の土御門・順徳、優れた歌人の摂政九条良経、良経急死後に摂政、次いで関白となった近衛《このえ》家実《いえざね》を従えた。公式な王である順徳が自立の動きをみせるのは建保年間（一二一三〜一九年）後半から承久期（一二一九〜二二年）にかけてであり、それも後鳥羽の教育・影響を受けてのものであった。

ところで、当時の政治は、主権者の国民に行政がサービスを提供するという現代の政治とは異なる。為政者が宮廷の儀礼を先例通りに、手続きを違《たが》えることなく執行することこそ政治であった。そうすることによって国土安泰・五穀豊穣が実現し、ひいては為政者たちの支配が安定すると考えられていたのである。そこで、貴族たちは宮廷の儀式や祭礼の手順、手続き、先例などを克明に日記に書きつけて知識・情報の集積を図り、儀礼の場で間違いを犯さないよう、また如何《いか》なる諮問《しもん》にも答えることができるよう備えた。そして、子孫が公の場で恥をかかないよう、日記を門外不出の資料として保存したのである。

ところが、保元の乱以降の激動の中で、先例通り儀礼を執行できないことが度重なり、いわば政治の衰退が常態化していた。とはいえ、危機感を覚えるような貴族は少なかった。こうした惰眠《むさぼ》を貪る廷臣たちを叩き起こしたのが後鳥羽である。

習礼と公事竪義

まず後鳥羽は、治天の君たる自分自身が全体を把握していなくてはならないと考え、生来のバイタリティーを活《い》かして宮廷儀礼の猛勉強を始めた。藤原頼長の日記『台記《たいき》』や九条兼実の日記『玉葉《ぎょくよう》』など、諸家に提出させた儀礼関係の資料を短時日で読破したのである。

こうして理解を深めると、さっそく教育に着手した。それが習礼《しゅらい》と公事竪義《くじりゅうぎ》である。

習礼とは儀式の予行練習、公事竪義は寺院での仏典に関する論義《ろんぎ》の形式を応用して、テーマを宮廷儀礼に替えた口頭試問である。兼実の孫道家の日記『玉蘂《ぎょくずい》』によれば、順徳践祚の翌年（一二一二）、建暦《けんりゃく》と改元した直後の三月二十二日に早くも「節会習礼《せちえのしゅらい》」があり、内《ない》弁《べん》の役を割り振られた道家はこれを見事に務めて後鳥羽に褒められたという。順徳践祚から五ヵ月しか経《た》っていない（承元五年＝建暦元年は一月の後に閏一月がある）。後鳥羽の学習能力の高さ、目標に向けての実行力、そして教育への熱意がうかがえる。

また、順徳の大嘗会《だいじょうえ》の日程が建暦二年（一二一二）十一月に決まると、後鳥羽は一年以上も前の建暦元年九月、大嘗会をテーマにした公事竪義を行った。大嘗会は天皇一世一代の重要な祭儀である。関白・太政大臣ら多数の廷臣を院御所に召集し、十番にわたる論義を行わせた。藤原定家の日記『明月記』の九月二十五日条によれば、何か間違いがあると後鳥羽が板敷を叩いて指摘したという。満座の中で恥をかいた者もいたわけである。

貴族たちも必死である。『明月記』からは、公事竪義の前に戦々恐々とし、儀礼の勉強に疲れ果てた貴族たちの様子がうかがえる。ただ、これにより建暦・建保年間に宮廷儀礼が復興したことは想像に難くない。朝廷政治があるべき姿を取り戻したわけである。後鳥羽はこうした経験を『世俗浅深秘抄《せぞくせんしんひしょう》』という宮廷儀礼の故実書にまとめた。父の影響を受け、自らも内裏で習礼を行った順徳は故実書『禁秘抄』を著した。繰り返しになるが、学問・音楽・和歌を天皇の修めるべき教養と記しているのは、この『禁秘抄』である。

以上にみた後鳥羽と貴族たちとの君臣関係を現代にたとえれば、伝統ある大企業の四代目ワンマン会長（白河から数えて後鳥羽は四人目の治天の君、天皇を現役の社長とすれば、四代目の会長といえよう）と管理職の社員の関係ということにでもなろうか。バイタリティーあふれる有能な会長が自ら頻繁に社内研修を主催するのである。出席しないわけにもいかないが、不勉強でヘマをすれば恥をかき、昇進にも影響する。その上、社長まで会長の方針を支持して同じような研修会を開くわけである。企業成績は向上するかもしれないが、社員からすればたまったものではない。貴族たちの苦労がしのばれる。

水無瀬殿の君臣関係

とはいえ、緊張感に満ちた習礼や公事竪義とは違う、自由で遊び心のある場もあった。都からほどよい距離にあり、水無瀬川が望める離宮、「見わたせば」詠の舞台となった水無瀬殿である。ここに来ると後鳥羽は解放感に浸って自由を満喫した。舟遊びを楽しみ、騎乗して鹿狩りに出かけ、囲碁・将棋、双六、連歌、猿楽《さるがく》、遊女を召しての今様、郢曲《えいきょく》（謡《うた》い物の総称）など遊興三昧《ざんまい》の日々を送った。近臣たちも少しは羽を伸ばすことができたであろう。

水無瀬殿には後鳥羽が作った面白いルールがあった。『明月記』によれば、家臣たちは殿上人の平常服である水干《すいかん》を着ることになっていたという。それも、華美になってはいけないが、洒落のきいた工夫を凝らさなければならなかった。しかも、水干は主君である後鳥羽自身も着た。全員が水干を着て、身分の上下に関係なく、楽しい時間を共有することは、ある種の自由で平等な非日常の世界を作り出す。後鳥羽の狙《ねら》いはそこにあった。主君と臣下が仲間意識で結びつく君臣関係である。

しかし、それはあくまで後鳥羽が設定した自由であり、平等であり、仲間意識であった。

後鳥羽の母七条院殖子《しちじょういんしょくし》の従弟藤原信雅《のぶまさ》が、羽を伸ばし過ぎたためであろうか、後鳥羽と同じ紋の水干を着てきた時のこと、『明月記』建仁二年（一二〇二）七月二十一日条によれば、後鳥羽は「戯れと雖《いえど》も、頗《すこぶ》る恐れあり」と激怒し剝《は》ぎ取らせたという。自由も平等も仲間意識も、すべては王である後鳥羽が与えるもの、王の権威をないがしろにする行為は戯れであっても許さなかったのである。同様のことは、当然、緊張感あふれる習礼でもみられた。『玉蘂』承久二年（一二二〇）四月二日条によれば、内裏での「賭弓習礼《のりゆみのしゅらい》」で、順徳が殿上人の藤原重長《しげなが》を「擬主上《ぎしゅじょう》」、つまり天皇役にした時のこと、後鳥羽は堀河・近衛・高倉の時の先例を挙げ、順徳の戯れを止めなかった道家を「不忠」だと責めたという。

吉野朋美氏は、水無瀬殿における非日常の私的空間の特質を〈水無瀬の論理〉と呼ぶ。しかし、考えてみれば、正統な王を目指しつつ自由で遊び心もある後鳥羽は、しばしば似たような行動を取った。王が与える自由や仲間意識を家臣に強要する一方、王の権威を侵せば激怒する。〈水無瀬の論理〉はむしろ後鳥羽の君臣関係における基本姿勢であった。

最勝四天王院の造営

後鳥羽は文化のソフト面に抜群の力を発揮したが、過去の治天の君と違ってハード面には興味を示さなかった。その中で目を引くのが御願寺の最勝四天王院《さいしょうしてんのういん》である。軍記物語『承久記』の「古活字本」に「関東調伏《ちょうぶく》ノ堂」という記述があることから、後鳥羽が幕府転覆の目的で造営し、実朝横死後の承久元年（一二一九）四月、証拠隠滅のために焼亡させたと考えられた寺院である。しかし、次章でも述べるが、造営時の朝廷と幕府は協調関係にあり、調伏する理由などなかった。

後鳥羽が御願寺造営の構想を抱いたのは建仁三年（一二〇三）である。その構想とは、宗教施設として本堂・薬師堂を、居住施設として御所を造った上、障子に日本全国の名所の大和絵《やまとえ》・唐絵《からえ》を描き、名所の和歌・漢詩を書いた色紙を貼るというものであった。しかし、当時は『新古今集』編纂の真っ最中、しかも釈阿（俊成）九十賀の準備にも追われ、構想を実現できる状況ではなかった。『新古今集』竟宴後の元久二年（一二〇五）四月、慈円から三条白川房《さんじょうしらかわぼう》の地を献上された後鳥羽は、承元元年（一二〇七）、造営に向けて動き出す。御堂《みどう》造営の中心は、『仙洞御移徙部類記《せんとうごいしぶるいき》』所引『三中記《さんちゅうき》』承元二年七月十九日条によれば、七条院殖子の兄、院近臣の坊門信清《ぼうもんのぶきよ》であったという。

また、漢詩と唐絵に関しては不明な点が多いが、大和絵と和歌については『明月記』と『最勝四天王院障子和歌』という歌書から判明する。現存しない建物の内部空間を推定できるのである。『明月記』四月二十一日条によれば、コーディネーターに指名された定家は、設計図をみながら、どの名所をどの間《ま》に充てるかアイディアを練り、名所の風趣や景物、季節・天候などを巻物にまとめたという。「名所」とは、和歌に詠まれたことで都人がイメージを共有できるようになった地のことである。絵を描く絵師にも歌人である定家が指示を出した。次いで、その絵をみることなく後鳥羽・慈円・定家ら十人の歌人がそれぞれ名所四十六ヵ所の和歌を詠み、総数四百六十首から後鳥羽が四十六首を選んだ。承元元年（一二〇七）十一月二十九日、御堂供養が行われ、寺院名は最勝四天王院と定まった。

日本全土統治の象徴

御所の中は、中核の公的空間に大和《やまと》の春日野《かすがの》・吉野山《よしのやま》、後鳥羽の寝所近くの私的空間に山城《やましろ》の鳥羽《とば》・伏見里《ふしみのさと》、離れた場所には陸奥《むつ》の安達原《あだちがはら》・塩竈浦《しおがまのうら》などの大和絵を配置した。都と名所の往来や季節のめぐりに配慮した構成である。また、絵に和歌を添えることで、風に舞う桜を愛《め》で、郭公《ほととぎす》や鹿の音《ね》を聞き、清流の泡沫《うたかた》に涼しさを感じ、花のように降る雪に濡れ、二次元の絵の世界を五感で体験できる三次元の日本全土へと変貌させる工夫を凝らした。その中心にいるのは後鳥羽である。

こうした『最勝四天王院障子和歌』の世界を、久保田淳氏は後鳥羽が統治する「日本全国の縮図」、渡邉裕美子氏は「循環する季節、つまりは永遠の〈時間〉と、日本全土という〈空間〉を統率する〈幻想の帝国〉」と表現する。後鳥羽は日本全土に君臨する帝王であることを、五感に訴えつつ示そうとしたのである。寺院名も、護国《ごこく》の経典「金光明最勝王経《こんこうみょうさいしょうおうきょう》」と仏法護持《ごじ》の「四天王《してんのう》」からとっている。最勝四天王院は、まさに王法・仏法による後鳥羽の日本全土統治を象徴する寺院であった。

ところで、先に池田忍氏がジェンダー論の立場から、絵巻や紙絵は私的な「女性性」を担うメディア、障子絵・屏風絵は公的な「男性性」を担うメディアに分類できると論じていることを紹介した。氏の論に従えば、後鳥羽は「男性性」メディアを用いて、公的に全土統治していることを表明しようとしたということになろう。祖父の後白河は絵巻を好んだ。両者には共通点が多かったが、この点では対照的である。

以上、本章では、文化の巨人として君臨する帝王、後鳥羽についてみてきた。後鳥羽が院政を主宰している時期、間違いなく朝廷は光り輝いていた。しかし、光あるところには必ず影もある。エネルギッシュな帝王が猛スピードで走らせる巨大な機関車に乗り遅れ、あるいは乗車を拒まれ、あるいは自ら乗ることを拒否した人々もいた。そうした人々がみいだした活路の中に、東国に生まれ成長してきたもうひとつの政権、鎌倉幕府があった。次章では、後鳥羽院政期の東国、源実朝の幕府についてみていきたい。

第二章　実朝の幕府

1　三代将軍源実朝

悲劇の天才歌人か？

鎌倉幕府の将軍でありながら和歌や蹴鞠などの公家文化に耽溺し、『金槐和歌集』（『金槐集』と略記）を編んだ天才歌人。ただ、それがゆえに荒々しい東国武士の中では孤立した存在。また朝廷と幕府、源氏と北条氏の狭間《はざま》で苦悩し、若くして甥に殺された悲劇の貴公子。源実朝というと、一般的にはこうしたイメージが強いのではないだろうか。

根拠がないわけではない。正岡子規《まさおかしき》・斎藤茂吉《さいとうもきち》・小林秀雄《こばやしひでお》といった歌人・評論家が、実朝を「万葉調」の秀歌を詠んだ天才歌人と高く評価したこともそのひとつである。

箱根路《はこねじ》を　われ越えくれば　伊豆の海や　沖の小島に　波の寄る見ゆ

源実朝木像　現存する最古の彫像で作者不詳．面貌に気品が感じられる．甲斐善光寺所蔵

この『金槐集』六三九歌は確かに万葉調の雄大な秀歌といえよう。一方、『吾妻鏡』には「当代は歌・鞠を以《もっ》て業《わざ》となし、武芸廃《すた》るるに似たり。女《にょ》性《しょう》を以て宗《むね》となし、勇士之《これ》無きが如《ごと》し」という記述（建暦三年九月二十六日条）がある。和歌・蹴鞠にふける実朝への東国武士の批判とも受け取れる。

しかし、研究の進展によって、こうしたイメージが先入観に基づくものであることが明らかにされた。東国武士は朝廷の衛門尉・馬允《めのじょう》といった官職への補任《ぶにん》を望み、その伝統的権威によって自らの権力を強化・維持しようと考えていたのである。武士団内部に在地・在京という役割分担を設け、在地する武士が所領経営を有利に運べるよう、在京する武士は貴族たちとの人脈形成に力を尽くした。在京経験が豊かな武士の中には、勅撰集に入集するほどの歌人、都人の前で楽器の演奏を披露する者すらいた。

ましてや実朝は幕府の将軍である。実朝が相手にするのは天皇・院・公卿たちであり、都の文化的教養がなくては話にならない。実朝の父頼朝も慈円が称賛するほどの和歌の名手であった。二代将軍の兄頼家も蹴鞠の達人であった。『吾妻鏡』にみえる先の批判は、そうしたことが理解できない武勇一辺倒の武士による単なる揶揄《やゆ》・愚痴という側面が強い。

また、天才歌人というのも近代短歌の視点からなされた評価である。確かに、数は少ないながらも心に響く秀歌はある。しかし、題詠を基本とし、本歌取《ほんかど》りの技法を駆使する新古今時代の歌人に比べれば、実朝の和歌は明らかに未熟で拙《つたな》い。

さらに、成人後の実朝は将軍親裁を推進し、後鳥羽の朝廷と実朝の幕府は良好な関係にあった。執権北条氏といえども、将軍権力の前には表立った反抗はできなかった。実朝が朝廷と幕府、源氏と北条氏の狭間で苦悩したというのも先入観に基づくイメージである。本章ではそうした先入観を排し、史実に即した実朝の幕府について明らかにしたい。

擁立された将軍

建久三年（一一九二）八月九日の巳《み》の刻（午前十時頃）、実朝は頼朝・政子《まさこ》夫妻の次男として誕生した。征夷大将軍補任の除書《じょしょ》（辞令）が鎌倉に届いてからわずか十三日後、頼朝の絶頂期に実朝は生を享《う》けたことになる。幼名《ようみょう》は「千幡《せんまん》」、乳付《ちつけ》役は政子の妹阿波局《あわのつぼね》、北条氏が千幡の乳母夫《めのと》（後見）となった。ここに頼家の乳母夫比企《ひき》氏との確執の因が生まれた。

正治元年（一一九九）一月、頼朝が急死し、頼家が二代将軍になると、北条・比企両氏の確執は顕在化した。建仁三年（一二〇三）八月、頼家が病で危篤に陥ったのを機に、北条氏は攻勢をかけて比企氏を滅ぼす。比企の乱である。奇跡的に回復した頼家は出家させられた上、伊豆の修善寺《しゅぜんじ》に押し込められ、翌年、殺害された。享年二十三。

三代将軍には北条氏によって千幡が擁立された。後鳥羽の朝廷は幕府からの申請を受け、建仁三年（一二〇三）九月七日、十二歳という幼い千幡を従五位下《じゅごいのげ》に叙し、征夷大将軍に補任した。『明月記』や近衛家実の日記『猪隈関白記《いのくまかんぱくき》』によれば、新将軍の名前を「実朝」と定めたのは後鳥羽であったという。実朝の名付け親は後鳥羽だったのである。十月八日、千幡は時政の名越亭《なごえてい》で元服し、正式に実朝という名を用い始めた。翌元久元年（一二〇四）暮には、後鳥羽の近臣坊門信清の娘が実朝の御台所《みだいどころ》（正室）として鎌倉に到着した。後鳥羽の従妹にあたる女性で、ここでも実朝は後鳥羽と密接な関係を築いたことになる。

幕政は幼い将軍実朝に代わって北条時政が主導した。しかし、権力闘争は続き、元久二年（一二〇五）六月、時政の陰謀によって頼朝期以来の重臣畠山重忠《しげただ》一族が滅ぼされ、閏七月には牧《まき》氏事件（一一九頁参照）で時政自身が失脚した。こうして将軍の生母政子が親権を行使する形で将軍権力を代行し、実質的には弟の義時が政治を主導する体制が出来上がった。

その年の前半、十四歳の実朝は京都歌壇の盛況ぶりを御台所や女房たちから耳にしたと思われる。十二首の和歌を試作したのが四月十二日だったからである。亡父頼朝の和歌が『新古今集』に入集したことを知ると、定家の門弟内藤朝親《ないとうともちか》（のちに知親と改名）に筆写するよう指示し、一連の権力闘争が落ち着いた九月、都から取り寄せた。『吾妻鏡』は承元三年（一二〇九）七月五日条に「建永元年御初学」と記している。建永元年（一二〇六）は『新古今集』入手の一年後であり、実朝は『新古今集』を教科書とすることで初めて和歌修行に入ることができたと考える。

とはいえ、「京都に馴《な》るるの輩《ともがら》」と呼ばれた在京経験豊かな側近や、京下りの貴族たちと歌会を開いて和歌談義を楽しむ程度である。転機は承元三年（一二〇九）七月に訪れた。実朝が定家に自作三十首の添削を依頼したのである。定家は本歌取りの技法などを教授するため『近代秀歌』を著して送り返した。以後、両者は良好な師弟関係を築いていく。

自立する将軍

承元三年（一二〇九）、幕政にも転機が訪れた。十八歳になった実朝が将軍親裁を開始したのである。五味文彦氏は、承元三年四月、実朝は従三位《じゅさんみ》に叙されたことを機に政所《まんどころ》を開設し親裁権を行使し始めたとする。以後、四、五名の別当と、令《れい》・知家事《ちけじ》の各一名が署判する将軍家政所下文《しょうぐんけまんどころくだしぶみ》が発給され、政所が将軍親裁の中心的な政務機関になっていく。

ただ、当初、北条義時や大江広元《ひろもと》ら幕府首脳部は、若い実朝を侮るような行動に出た。『吾妻鏡』十一月七日条によれば、「武芸を事となし、朝庭（廷）を警衛せしめ給《たま》はば、関東長久の基たるべきの由、相州《そうしゅう》・大官令《たいかんれい》等諷詞《ふうし》を尽くさる（武芸に専心して朝廷を警固なさるならば、幕府が長く久しく安泰となる基なのですよと相州（相模守）義時と大官令（大膳大夫《だいぜんだいぶ》）広元が言葉を尽して諫《いさ》めた）」という。文弱な将軍という実朝のイメージを作るのに一役買った記事である。確かに、実朝は身体能力に秀でていたわけではなく、頼朝や頼家のように武芸で武士たちの支持を得るタイプではなかった。しかし、重要なのは主君としての毅然《きぜん》たる姿勢であり気概である。その点で実朝が劣っていたとは思われない。

一週間後の十一月十四日、義時は自分の「郎従《ろうじゅう》」を「侍《さむらい》」に準ずるよう実朝から命じてほしいと要求してきた。「侍」は六位に相当する御家人たちの身分であるが、「郎従」は御家人の家臣にすぎない。義時は自分の郎従だけ特別扱いするよう傲慢《ごうまん》な要求をしたわけである。これに対し実朝は、こんなことを許すと幕府内の身分秩序が乱れ、災いを招く原因になる、「永く御免あるべからざるの趣、厳密に仰せ出ださる（長きにわたって許すわけにはいかないと、厳密にご命令なさった）」、つまり毅然として要求を退けたのであった。幼い頃から世話をしてきた若造だから、と甘くみていた義時は、思わぬ逆襲にあってギョッとしたことだろう。以後、しばらくの間、実朝を諷諫《ふうかん》するような挙には出なくなる。

統治者としての実朝

実朝は、統治者としても次々と政策を打ち出し、成果をあげた。承元四年（一二一〇）には、三月十四日に武蔵国《むさしのくに》田文《たぶみ》・国務《こくむ》条々《じょうじょう》作成令、八月九日に神社仏寺領興行令、十月十三日に諸国御牧《みまき》興行令を出し、建暦元年（一二一一）も六月二十六日に東海道新宿建立《しんじゅくこんりゅう》令、十二月二十七日に駿河・武蔵・越後《えちご》等大田文《おおたぶみ》作成令、建暦二年にも二月十九日に京都大番《きょうとおおばん》役《やく》推進令、二月二十八日に相模川橋修理令、八月十九日に諸国鷹狩《たかがり》禁断令を発している。

神社・仏寺の所領経営を「興行」、つまり盛んにして、神仏の威光を輝かすことは国土安泰・五穀豊穣に直結する。これは広域的な統治者の責務である。また、都と鎌倉を結ぶ東海道に新たな宿を設けること、橋を修理し、庶民の往来の煩いや、将軍が箱根・伊豆両権現《ごんげん》に参詣して国土安穏を祈願する二所詣《にしょもうで》の煩いをなくすこと、牧を発展させて交通手段・軍備としての馬を育成すること、これらは広域的な統治に不可欠な交通政策である。そして、御《ご》家人役《けにんやく》の基準となる土地台帳の田文を作成し、国務規則を定め、最も重要な御家人役である京都大番役を厳格化することは御家人統制策でもあった。注目すべきは、実朝の将軍親裁に御家人たちが従わなかったり、反発したりした形跡がないことである。

さらに、建暦二年（一二一二）八月十九日の鷹狩禁断令も注目に値する。古来、鷹狩の禁断のような殺生禁断令は王が発する命令であった。頼朝も建久六年（一一九五）九月に鷹狩禁断令を出しているが、これは東大寺大仏殿落慶供養に出席して王法・仏法の護持者であることを印象づけ、大姫の入内工作を始めた年、王権を意識し始めた時期であった。実朝は「君恩父徳に報いんがため」大慈寺《だいじじ》（現在は廃寺）という御願寺を建立したが、その立柱《りっちゅう》上棟《じょうとう》は鷹狩禁断令の四ヵ月前、四月十八日であった。むろん「君」は後鳥羽、「父」は頼朝である。実朝ははっきりと後鳥羽の王権を意識するようになっていた。晩年の頼朝の境地に、建暦二年、二十一歳にして到達していたわけである。

それをまた別の形で示すのが、閑院内裏《かんいんだいり》の造営に対する協力である。後鳥羽の朝廷では、建暦二年（一二一二）七月二十七日に造営の事始《ことはじめ》を行い、順徳の大嘗会をはさんで十二月二日に上棟、翌三年二月二十七日、新内裏に順徳が遷幸《せんこう》した。同夜、勧賞《けんじょう》（論功行賞）があり、実朝も造営の賞として正二位《しょうにい》に昇叙された。里内裏《さとだいり》（一時仮に設けた皇居）である閑院の造営に幕府を率いて協力することは、王の日常を支えることであり、実朝の王権に対する意識の表れである。

ただし、こうした境地に至るには不断の努力が必要である。『吾妻鏡』によれば、実朝は建暦元年（一二一一）の七月から十一月にかけて『貞観政要《じょうがんせいよう》』を学んだという。『貞観政要』とは唐《とう》の太宗《たいそう》と群臣の問答録で、後鳥羽も学んだことがある帝王学の教科書である。実朝はこのような地道な努力を積み重ね、擁立された将軍から御家人たちの上に君臨する将軍へと自立し、その権威と権力で御家人たちを従えていたのである。

『金槐和歌集』の秀歌

将軍としての自立は建暦三年（一二一三）後半成立の家集《かしゅう》『金槐集』にも表れている。『金槐集』には「定家所伝本」（「建暦三年本」）と「柳営《りゅうえい》亜槐《あかい》本」（「貞享《じょうきょう》本」）の二系統がある。ここでは実朝自身が部類・配列を考えたとされる前者を用いたい。

「定家所伝本」の総歌数は六百六十三首、春・夏・秋・冬・賀・恋・旅・雑の八部から成り、実朝らしい秀歌は「雑」部に多くみられる。たとえば、六〇八歌である。

いとほしや　見るに涙も　とどまらず　親もなき子の　母を尋ぬる

詞書《ことばがき》に、道のほとりで幼い子が母を求めて泣いているので辺りの人に理由を尋ねると、両親が亡くなったのだと答えたのを聞いて詠んだ歌とある。幼くして親を失って味わう悲しみ・恐ろしさ・喪失感・孤独感に、実朝が心から共感していることがわかる。実朝も幼くして父を失い、今や絶えず孤独な決断を迫られ、人々を率いていかなくてはならない統治者である。そうしたことを歌の背後に読み取ることもあながち的外れではないであろう。

詠歌の背景がわかる歌もある。詞書に「建暦元年七月、洪水天に漫《はびこ》り、土民愁嘆せむことを思ひて、ひとり本尊に向ひたてまつり、いささか祈念を致して曰《いわ》く（建暦元年〔一二一一〕七月、天にみなぎるほどの洪水で庶民が愁《うれ》い嘆くことを思いやり、一人本尊に向かって祈りつつ詠んだ）」という歌、六一九歌である。

時により　過ぐれば民の　嘆きなり　八大龍王《はちだいりゅうおう》　雨やめたまへ

歌意は、時により度を過ごすと庶民の嘆きです、水を司る八大龍王よ、雨を降らすのをおやめ下さい、である。いかにも民を思う統治者の歌である。ところが、諸記録から、建暦元年七月には激しい雨も洪水もなく、逆に旱魃《かんばつ》になっていたことが判明する。実朝はなぜ祈雨《きう》ではなく止《し》雨《う》の歌を詠んだのか。着目すべきは、詞書には珍しい「天に漫り」「祈念を致して曰く」という漢文風の表現、詠歌の時期「建暦元年七月」である。実朝はこの頃、『貞観政要』を学んでいた。統治者のあるべき姿を歌にしたいと考えた可能性は十分にあろう。また、渡部泰明氏は結句「雨やめたまへ」の母音が「アエアエアアエ」という面白い音の連鎖になっている点に注目する。実朝は音に敏感な歌人であった。つまり、音の面白さを活かしつつ統治者の歌を詠むために、あえて祈雨ではなく止雨の歌にしたと考えることができるのである。

同じく音の面白さ、統治者の気概が読み取れるのが、「祝の歌《いわい》」と題する二首（三六九歌と三七〇歌）である。

君が代も　わが代も尽きじ　石川や　瀬見《せみ》の小川の　絶えじとおもへば
朝《ちょう》にありて　わが代は尽きじ　天の戸や　出づる月日の　照らむかぎりは

三六九歌は、三・四句から鴨長明の『新古今集』入集歌《にっしゅうか》「石川や　瀬見の小川の　清ければ　月も流れを　尋ねてぞすむ」（一八九四歌）を本歌としたことがわかる。長明は和歌所寄人にも選ばれた歌人であったが、下鴨社の摂社《せっしゃ》（本社に関係する神を祀《まつ》る神社で、本社と末社の中間的位置づけ）河合社《かわいしゃ》の禰宜職《ねぎしき》をめぐる一族内の争いに敗れると、すべてを捨てて隠棲《いんせい》し、『方丈記《ほうじょうき》』『無名抄《むみょうしょう》』などを著した。

建暦元年（一二一一）か同二年、東国に下り、実朝に拝謁した。この著名な歌人に会った実朝は、本人から直接「瀬見の小川」の歌の話を聞き、本歌取りの技法で歌を詠もうと考えたのであろう。その際、実朝は音の面白さを打ち出した。初句・二句で「ガヨモ」の音を畳みかけ、三・四句で「カワ（ガワ）」を重ね、さらに三句「尽きじ」の「ジ」と結句「絶えじ」の「ジ」を呼応させる細かい配慮をし、音とリズムの面白さを生み出したのである。

しかし、より注目すべきは「君が代」と「わが代」を併置させている点である。これほど大胆な歌はほとんど例がない。長明の関東下向を『吾妻鏡』は建暦元年（一二一一）のこととするが、五味文彦氏によれば、この年の記事には錯簡《さっかん》（書物の綴《と》じ違いなどにより、ページの順序や文章の前後が入れ違って乱れていること）が多く、他の史料からみて建暦二年十月とすべきであるという。これは順徳の大嘗会が間近に迫った時期である。長明からこの晴儀《せいぎ》の話を聞いた実朝が、「祝の歌」を詠もうと考えるのは自然な流れである。むろん「君が代」の「君」は、土御門から順徳への譲位を実現させた治天《ちてん》の君《きみ》たる後鳥羽である。

三七〇歌はより大胆である。初句の「朝」は朝廷、三・四句は天の岩戸を出た天照大神の子孫たる院・天皇をさす。その光が照らす限りはという限定つきではあるが、実朝は「わが代は尽きじ」、すなわち自分の命、治世は尽きることはあるまいと高らかに詠む。将軍親裁を推し進め、王権を意識するようになった実朝の和歌は統治者の和歌なのである。しかし、建暦三年（一二一三）、実朝が統治する鎌倉を激震が襲った。和田《わだ》合戦である。

2　鎌倉激震

鎌倉初期最大の武力抗争

建暦三年（一二一三）五月に起きた和田合戦は、鎌倉が二日にわたって戦場となり、将軍御所も焼け落ちた鎌倉初期最大の武力抗争である。背景には北条氏の相模支配に対する相模の御家人の反発があった。反北条の中心は、梶原景時《かじわらかげとき》・畠山重忠・比企能員《よしかず》ら有力御家人が次々と滅亡する中、侍所《さむらいどころ》別当として力を維持していた三浦氏の長老和田義盛《よしもり》であった。ただ、三浦氏は大武士団ならではの問題も抱えていた。惣領の地位をめぐって、義盛より二十歳近く若い従弟の義村《よしむら》・胤義《たねよし》兄弟が不満を抱いていたのである。

とはいえ、義盛は北条氏にとって脅威であった。長く侍所別当の地位にあって御家人たちから支持を得ていただけでなく、実朝とも親密な関係を築いていたからである。幼くして父を亡くした実朝は、頼朝と同年生まれの義盛に親近感を抱いていた節がある。承元三年（一二〇九）五月、源氏一門でも執権でもない義盛が「侍」より格上の「諸大夫《しょたいふ》」の上総介に推挙してほしいと嘆願してきた時のことである。実朝が母の政子に相談すると、政子は頼朝の代の先例を持ち出し、新たな例を始めるのであれば勝手にしなさいとはねつけた。つい先頃まで親権を盾に将軍権力を代行してきた、強すぎる母で

三浦氏略系図

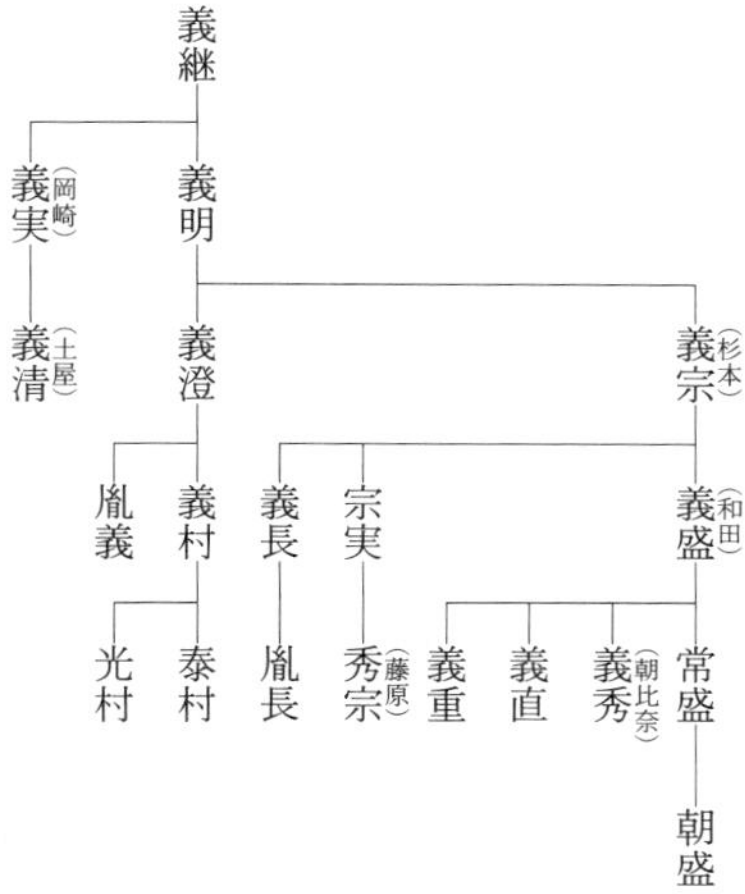

ある。それでも、実朝は二年半にわたって努力を続けた。北条氏の無言の圧力や、院近臣藤原秀康の上総介補任によって実現はしなかったが、実朝と義盛の良好な関係は壊れなかった。

それは実朝が、建暦三年（一二一三）正月の垸飯《おうばん》を、大江広元・北条義時・同時房《ときふさ》（義時の弟）に次いで義盛に務めさせたことからもわかる。垸飯とは、御家人が将軍を饗応《きょうおう》する行事で、御家人の序列を公に示す意味を持っていた。義盛は広元・北条氏に次ぐ序列を、実朝によって公認されたわけである。また、義盛の孫朝盛《とももり》は和歌を通じて実朝と固い絆《きずな》を結んでいた。御家人の支持を集め、実朝とも親密な和田氏は、義時ら北条氏にとって目障りな、できれば排除してしまいたい存在であった。

泉親衡の乱

和田・北条の確執が進む中、建暦三年（一二一三）二月十六日、事件は起きた。信濃国の御家人泉親衡《いずみちかひら》が頼家の遺児千手丸《せんじゅまる》を擁して北条義時を倒す計画が発覚した。泉親衡の乱である。衝撃的だったのは、逮捕者の中に義盛の子義直《よしなお》・義重《よししげ》と甥胤長《たねなが》がいたことである。三月八日、義盛は将軍御所で我が子の赦免を実朝に直訴した。すると、実朝は衆議にかけることもなく、父の勲功に免じて直ちに義直・義重を赦免した。翌日、義盛は一族九十八人を率いて甥の赦免も訴えた。今度は大江広元が申次《もうしつぎ》となった。ところが、義時の被官《ひかん》（家臣）金《かな》窪行親《くぼゆきちか》・安藤忠家《あんどうただいえ》に預けられていた胤長は、後ろ手に縛られたまま一族の前を歩かされた上、流罪にされてしまった。義時の挑発である。恥辱を受けた義盛ら和田一族は御所への出仕をやめた。

三月二十五日、和田義盛は闕所《けっしょ》となった荏柄社《えがらしゃ》前の胤長屋敷地の拝領を願い出た。闕所地は一族が賜るのが先例、しかも将軍御所の東門に近く宿直《とのい》（夜間、貴人の身近にあって警護すること）に便利という理由であり、実朝はすぐに許可した。しかし、四月二日、義時は自分が拝領したと称して再び取り上げてしまった。一方、実朝と和歌で結ばれていた義盛の孫朝盛は、苦悩の末、四月十五日に出家した。朝盛を御所に召した実朝は、出家姿をみて嘆き悲しむとともに、事の重大さを悟った。

四月二十七日、実朝は不穏な情勢を鎮めようと考え、義盛を慰撫《いぶ》する使者を送った。使者によれば、義盛は「上においては全く恨みを存ぜず。相州の所為《しょい》、傍若無人の間、子細を尋ね承らんがため発向すべきの由、近日若輩等潜《ひそ》かに以て群議せしむるか。義盛たびたび之《これ》を諫むと雖《いえど》も一切拘《かか》はらず、すでに同心を成しをはんぬ。この上の事、力及ばず（主君の実朝に対しては全く恨みなどない。相模守義時の所業が傍若無人なので、事情を確かめるため出向こうと、近日、若い武士たちが集まってひそかに相談しているようだ。私義盛はたびたび諫めたが、一切聞くこともなく、すでに一致団結してしまった。こうなった以上、もう止めようがない）」と答えたという。

和田合戦勃発

建暦三年（一二一三）五月二日、義盛は挙兵に踏み切った。和田合戦の勃発である。『吾妻鏡』『明月記』『愚管抄』から経過をみてみよう。まず、和田義盛邸の近くに住む八田知重《はったともしげ》が軍兵《ぐんぴょう》の集結に気づき、将軍御所南隣の大江広元邸に急使を送った。宴《うたげ》の最中だった広元は御所に走る。三浦義村・胤義兄弟も北条義時邸に駆け込み義盛の挙兵を報《しら》せた。兄弟は「義盛と一諾を成し、北門を警固すべき由、同心の起請文《きしょうもん》（義盛に協力すると約束し、御所の北門を警固するという内容の、志を一つにしたことを示す誓約書）」を書いていたが、裏切ったのである。囲碁の会を開いていた義時も急ぎ御所に参上した。この時、実朝は御所の警固の備えをせず、酒宴を開いていたという。

申《さる》の刻（午後四時頃）、和田義盛・土屋義清《つちやよしきよ》（義盛の大叔父岡崎義実の子）・古郡保忠《ふるごおりやすただ》ら百五十騎の軍勢は三手に分かれ、御所の南門と、小町大路《こまちおおじ》の義時邸の西・北両門に襲いかかった。御所の南門を攻めたのは、三浦義村・胤義兄弟が北門を警固すると約諾していたからと考えられる。義村邸の場所は御所の西門付近にあったとされ、南門を義盛が攻めれば御所の北・西・南の三方を固めることができる。義盛が胤長屋敷地の拝領を願い出たのも、宿直の便が

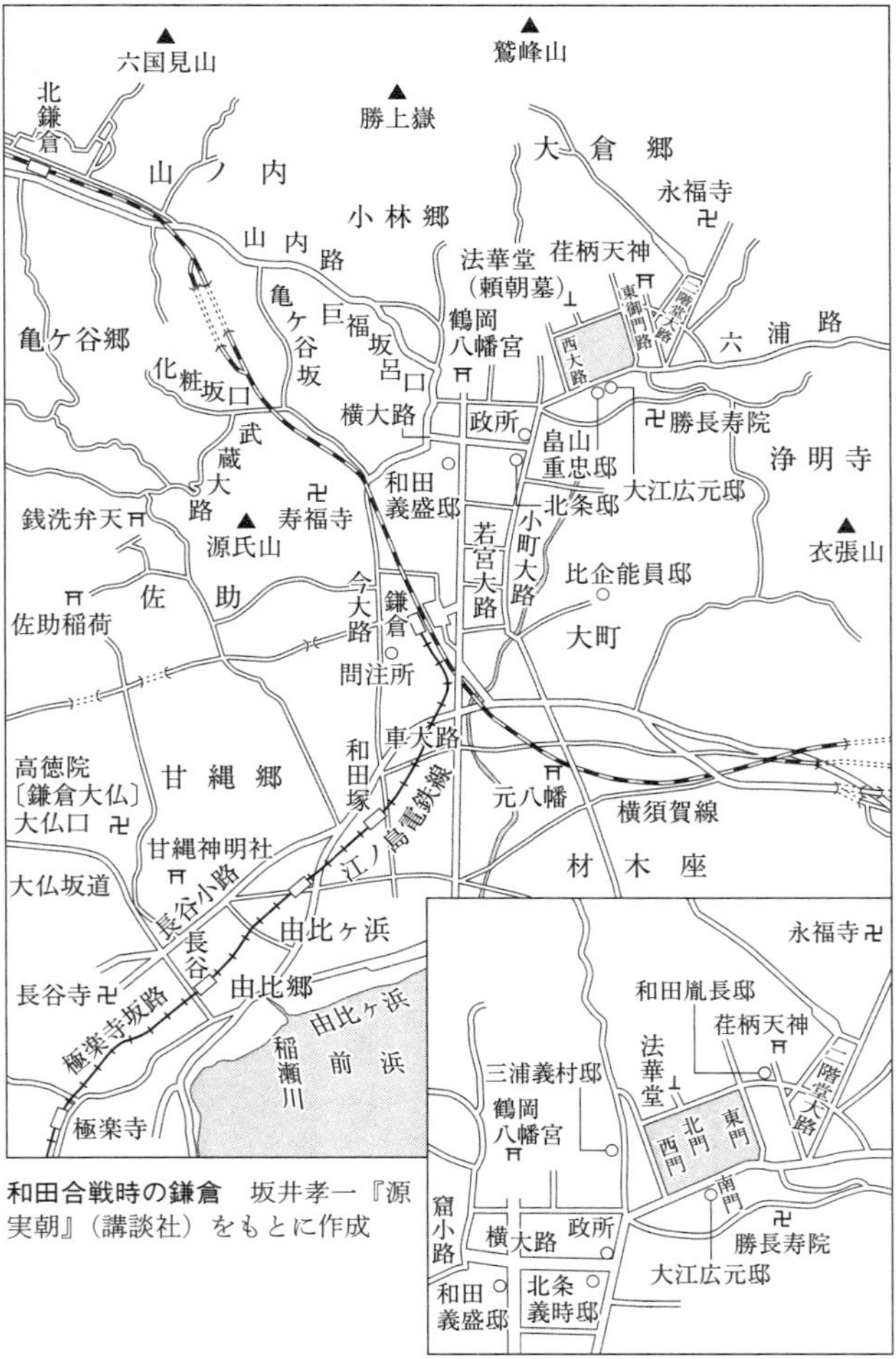

和田合戦時の鎌倉　坂井孝一『源実朝』（講談社）をもとに作成

あるほど東門に近いこの場所を手に入れれば、御所の四方を抑えることができると考えたからであろう。その直後、義時が強引に奪い返したのは義盛の狙いを見抜いたからに違いない。

しかし、義村・胤義兄弟の裏切りで、南門を除く三方が逆に義時方で固められた。広元・義時は実朝を連れて北門から脱出することに成功し、頼朝の菩提所法華堂に入った。義盛三男の豪傑朝比奈義秀《あさひなよしひで》が総門を押し倒して御所に乱入した時、実朝の姿はすでになかった。

そもそも挙兵の時刻「申の刻」は午後四時頃である。奇襲をかけるべき義盛が、五月初めの明るい時刻に挙兵したのはなぜか。それは、広元が宴、義時も囲碁、何より御所の警備が万全ではないこの隙をついて、将軍実朝の身柄を確保しようとしたからと考える。しかし、間一髪の差で義盛は失敗した。結果的には、ここが勝敗の分岐点となる。

二日にわたる激闘

それでも、義盛たちは一昼夜にわたり奮戦した。五月三日の寅《とら》の刻（午前四時頃）、義盛と挙兵の約諾を結んでいた南武蔵の横山時兼《よこやまときかね》が腰越《こしごえ》辺に進んできた。ここからも、本来の挙兵時刻が暗い明け方だったことがわかる。加勢を得て義盛たちは盛り返す。辰《たつ》の刻（午前八時頃）、西相模の曽我・中村《なかむら》・二宮《にのみや》・河村《かわむら》氏が陣を敷いた。しかし、戦っているのは執権と侍所別当である。参戦を逡巡する彼らに、法華堂の実朝は自分の花押《かおう》（サインのこと）を書いた御教書《みぎょうしょ》を送り、将軍を擁する義時方すなわち幕府軍に加わるよう命じた。

その後も実朝は花押を記した御教書を各所に送り、また戦勝祈願の願文に自筆の和歌二首を添えて鶴岡八幡宮《つるがおかはちまんぐう》に奉納した。酉《とり》の刻（午後六時頃）、和田勢の多くが戦死、朝比奈義秀ら五百騎が船六艘《そう》で安房に逃れ、決着がついた。和田義盛、享年六十七。東国武士らしい荒々しい生涯であった。

翌日、実朝は片瀬川《かたせがわ》辺にさらされた二百三十四もの和田方の首を実検し、幕府軍の負傷者をねぎらった。次いで勲功の審理という最も重要な務めに取り組み、欠員となった侍所別当には義時を任じた。執権北条氏にとって最大最強のライバル義盛を倒した和田合戦は、権力基盤を固める好機となったのである。と同時に和田合戦は、将軍という地位の重さ、将軍権力の大きさを、実朝自身にも北条氏にも御家人たちにも痛感させた戦いであった。勝敗の分岐点は将軍の身柄の確保にあり、将軍の花押を記した御教書が軍事動員に絶大な力を発揮したからである。和田合戦後は、その将軍と執権が直接対峙《たいじ》するようになる。

「山は裂け　海は浅せなむ　世なりとも」

ところで、和田合戦後、建暦三年（一二一三）後半に実朝が自撰した『金槐集』には、後鳥羽への思いを強烈に吐露した歌がある。「太上天皇《だいじょうてんのう》の御書《ごしょ》を下し預りし時の歌」という詞

書を持つ巻末三首（六六一歌〜六六三歌）である。なかでも家集全体の最後の六六三歌、

山は裂け　海は浅《あ》せなむ　世なりとも　君にふた心　わがあらめやも

は著名である。歌意は、たとえ山が裂け、海が干あがってしまうような世になろうとも、「君」後鳥羽に背く「ふた心」はありませんと一般には解されている。印象的な初句・二句は、『万葉集』三八五二歌「鯨魚《いさな》取り　海や死にする　山や死にする　死ぬれこそ　海は潮干《しおひ》て山は枯れすれ」に基づく。「太上天皇」の「御書」を下されたという詞書、悲痛な〈叫び〉にも似た声調で注目を集めてきた歌である。臨時課税や神領興行など後鳥羽の政治的要求に従えない苦衷《くちゅう》、朝廷と幕府との軋轢による苦悩が詠作動機であったとの指摘もある。しかし、単なる政治問題で「君にふた心」はないと悲痛な〈叫び〉をあげるだろうか。

　声調だけではない。巻末三首には使用語句や表現形式の点でも特異性がある。六六一歌の初句「大君《おおきみ》」、六六二歌の初句・二句の「東《ひんがし》の国」はこの歌にしか出てこない。とくに「東の国」は幕府が東国にあったことから当然の語句と捉えがちであるが、歌語として用いられた例がほとんどない。むろん「ふた心」は六六三歌だけである。つまり、巻末三首は『金槐集』の他の歌とは明らかに異質なのである。三首だけで独立している感さえある。

ここで和田合戦後の状況に立ち返ってみたい。実朝は一つの危惧を抱いていたと考えられる。朝比奈義秀ら和田方の残党が西海《さいかい》に向かったとの情報を得ていたからである。勝敗の行方がみえた五月三日、実朝は花押を記した御教書を京都に送り、残党が潜入したら討ち取るよう命じていた。さらに、九日、再度、院御所を守護するよう指示を出した。

実朝が危機感を募らせていた五月二十一日、もう一つの激震が鎌倉を襲う。『吾妻鏡』同日条が「舎屋破れ壊れ、山崩れ地裂く、この境において近代かくの如き大動なし（家屋が破壊され、山が崩れ大地が裂けた。このあたりで近年これほど大きな揺れはない）」と記す大地震である。倒壊した家の下敷きになり、多数の死傷者が出た。京都から使者が帰参したのはその翌日、五月二十二日であった。使者によれば、京都では流言飛語が飛び交い、後鳥羽が禁制《きんぜい》を下し、順徳は在京御家人に洛中の警固を命じる騒動になっているという。危惧した通り、和田合戦の悪影響が京都に及んでいたのである。この上、和田方の残党が侵入して騒乱を起こせば、後鳥羽や順徳に危害が及ばないとも限らない。それは最終的には将軍たる実朝の責任となろう。絶対に避けなくてはならない。

そこで注目したいのが六六三歌である。一般には三句の「世なりとも」を、二句の最後の助動詞「む」と絡めて、将来そのような「世になろうとも」と解釈している。しかし、名詞「世」＋断定の助動詞「なり」＋助詞「とも」は、現在そのような「世であっても」の意である。実際、鎌倉は五月二十一日、「山崩れ地裂く」大地震にみまわれ、実朝もその惨状を目《ま》の当たりにした。初句・二句の「山は裂け 海は浅せなむ」「世」は建暦三年(一二一三)の今の世なのである。しかも、和田方の残党によって「君」後鳥羽に危害が及ぶことを危惧しているさなかである。とすれば、実朝は大地震の強烈な実体験に基づき、『万葉集』の古歌をふまえ、必死の思いで「君にふた心」はないと詠んだと考えられよう。

また、巻末三首は「御書」を下された時の歌だという。五月二十二日に京都から戻った使者がもたらした「御書」の可能性も十分にある。いずれにせよ実朝は「御書」に返事を書いたはずである。この三首はそこに添えられた歌だったのではないか。和田合戦の最中にも、実朝は戦勝祈願の願文に自作の和歌を添えて鶴岡八幡宮に奉納していた。これが実朝の行動パターンなのである。その上、三首を受け取る相手は『新古今集』を親撰した後鳥羽である。最も効果的な方法といえよう。こうした成立事情を想定すれば、巻末三首が声調・使用語句・表現形式の点で特異性があり、三首だけ独立した感があることも理解できる。

建暦三年(一二一三)後半、実朝は『金槐集』の自撰を終えた。その際、必死な思いを込めて詠んだこの三首を付け足したくなったのではないか。『金槐集』は後鳥羽の目に触れることも考慮に入れて定家に送られたという。とすれば、なおさらである。和田合戦は実朝の和歌、そして家集『金槐集』にまで鮮烈な刻印を残した激震だったのである。

3　朝幕協調の平和

後鳥羽からの支援

建暦三年（一二一三）は十二月に改元があり、建保元年となった。鎌倉では余震が続き、実朝は自らの手で滅ぼしてしまった和田一族の亡霊に悩まされるなど、精神的に不安定になる日もあった。ただ、実朝自身だけでなく、執権北条義時や大江広元ら幕府首脳部も将軍権力の大きさを痛感した上、北条氏の敵対勢力が消えたため、幕政はむしろ安定した。

一方、京都の朝廷では、前章でみたように、後鳥羽が宮廷儀礼の復興に力を注ぎ、朝廷政治があるべき姿を取り戻しつつあった。この間、後鳥羽の視野には実朝の幕府は入っていなかったように思われる。ところが、建保三年（一二一五）に変化がみえてくる。七月六日、御台所の兄坊門忠信《ただのぶ》が後鳥羽の指示で「去る六月二日の仙洞歌合《せんとううたあわせ》衆議判一巻」を実朝に送ってきたのである。すでに、飛鳥井雅経が水無瀬殿での歌合を実朝に進上していたが、この話を聞いた後鳥羽が自分も送ることにしたのである。吉野朋美氏は、実朝の中にある後鳥羽と都への憧憬《しょうけい》、尊崇、忠誠心を増大させようと狙ったのではないかとする。和田合戦から二年余り、後鳥羽は再び和歌を通して実朝に手を差し伸べてきたわけである。

建保四年（一二一六）になると、後鳥羽からの働きかけはいっそう顕著になる。官位の昇進である。六月二十日、実朝は権中納言に昇任し、七月二十日には左近衛中将《さこのえのちゅうじょう》を兼ねた。実朝の官位は、和田合戦直前の建暦三年（一二一三）二月二十七日、閑院内裏造営の賞で正二位に叙されて以来、三年四ヵ月、昇任・昇叙がなかった。高位高官に昇ってきたためでもあるが、毎年のように官位を上げてきた実朝にしては異例である。しかし、建保四年六月を境に再び上昇に転じる。後鳥羽の朝廷による実朝支援と理解できよう。

将軍親裁の強化

後鳥羽の支援に実朝も応えた。建保四年（一二一六）、将軍親裁に再び力を入れ始めたのである。二月二十三日、箱根・伊豆両権現に国土安穏を祈願する二所詣に赴き、四月九日には、終日、愁訴を聴断した。『吾妻鏡』同日条には「常の御所の南面において、終日、諸人の愁訴を聴断せしめ給ふ。おのおの藤の御壺に候《こう》じ、子細を言上《ごんじょう》す。義村・善信《ぜんしん》・行光《ゆきみつ》・仲業《なかなり》等之を奉行す」とある。「諸人」おそらく御家人たちであるが、その愁訴を「常の御所の南面」で聴き、実朝自ら裁断を下したのである。しかも、業務を取り仕切るため、三浦義村、善信（三善康信）、二階堂《にかいどう》行光、中原《なかはら》仲業ら通常より多い四人もの奉行を置いた。十月五日条には「将軍家、諸人の庭中言上《ていちゅうごんじょう》の事を聞かしめ給ふ」とある。「庭中言上」は直訴のこと。実朝が御家人たちの訴えを直接聴き裁断を下す文字通りの将軍親裁である。

発給文書からも、建保四年（一二一六）に将軍親裁が強化されたことがみて取れる。五味文彦氏が指摘する将軍家政所下文の変化である。将軍家政所は、承元三年（一二〇九）に設置されて以来、四名から五名の別当を置いてきた。北条義時・同時房と、大江広元の子親広《ちかひろ》の三名が固定メンバー、そこに中原師俊《もろとし》・同仲業・二階堂行光などの吏僚《りりょう》から一、二名が加わり、将軍家政所下文に署判していた。ところが、「建保四年四月廿二日」付の将軍家政所下文には、義時・時房・親広・師俊・行光に加えて、大江広元・源頼茂《よりもち》・同惟信《これのぶ》・同仲《なか》章《あきら》の四名が別当として署判しているのである。五味氏はこれを「政所別当九人制」と呼び、実朝の側近となった源仲章が発案し、政所を拠点とした将軍親裁を強化するための策であったとする。政務の中心機関である政所の別当に源氏一門や側近を登用すれば、実朝の意向を政務に反映しやすくなる。ただ、頼茂・惟信は在京することが多く、側近の仲章を加えたことに意味があった。義時に近い広元も加えてバランスを取っているところが実朝らしい。後鳥羽の支援に呼応した実朝の将軍親裁強化によって、朝幕の協調関係はいっそう進展した。

謎の渡宋計画

将軍親裁が強化される中、建保四年（一二一六）六月十五日、不思議な出来事が起きる。

東大寺の大仏再建を担った宋人《そうひと》の技術者陳和卿《ちんなけい》が鎌倉に下って実朝に拝謁し、実朝の前世は医王山《いおうざん》（中国浙江省《せっこう》の阿育王山阿育王寺《あいくおうざん》のこと）の長老、自分は門弟であったと涙ながらに語ったのである。しかも、実朝は同じ内容の夢の告げを建暦元年（一二一一）六月三日の丑《うし》の刻に得たと応じた。古代・中世の人々にとって夢は神仏のお告げ、また未来の予知であった。夢の告げ通りのことが起きた時、その夢をみた人は神仏に通じる力を持つ存在とみなされ、畏敬の対象となった。

実朝の夢は実によく当たった。一種のカリスマ性を醸し出すほどであった。もちろん科学的根拠はない。むしろ、カリスマ性を生み出すことを知った実朝が、政治的意図で夢の告げを利用した可能性すらある。今回も陳和卿の話に実朝が乗っただけかもしれない。しかし、この奇跡的な一致を見聞した人々は驚嘆し、畏敬の念を抱いたことであろう。

かくして、実朝は十一月二十三日、権中納言補任後、初めて直衣《のうし》を着る直衣始《のうしはじめ》の儀を行うと、翌二十四日、驚くべき命令を下す。前世に住んでいたという「医王山」を参拝するため、中国式の巨大な船「唐船《とうせん》」を建造し、随行の人員六十余名を定めよと命じたのである。奉行には結城朝光《ゆうきともみつ》を任じた。巨船を造って渡宋する、信じ難い行動である。北条義時と大江広元は思いとどまるよう諫めたが、実朝は聞き入れることなく造船開始を命じた。

従来、この渡宋計画は謎《なぞ》とされ、東国武士の間で孤立した実朝が現実から逃避し、日本脱出を図ったとする見方まである。しかし、唐船建造の命令は権中納言昇任後の直衣始の翌日に出されている。昇任は久々であり、実朝は後鳥羽の支援を確信したはずである。しかも、四月には諸人の愁訴を聴断し、政所別当九人制を発足させ、将軍親裁を強化していた時期である。孤立も現実逃避も日本脱出も、先入観に基づく誤解にすぎない。

とはいえ、不可解な行動であることは確かである。そこで注目したいのが有力御家人結城朝光を奉行に任じ、随行員六十余名を定めた点、義時・広元が計画に反対した点である。和田合戦後、北条氏の対抗勢力が消え、将軍と執権が直接対峙する構図になった。将軍権力の大きさを自覚した実朝ではあるが、親裁強化には応援団すなわち将軍派閥が必要であった。とすれば、巨船を建造しての渡宋というとてつもない計画をぶち上げることで、たとえ執権に睨《にら》まれても将軍に従う、という御家人を選別しようとしたとも考えられる。

ともあれ巨船建造は順調に進み、建保五年（一二一七）四月十七日、進水式を迎えた。ところが、五百人の人夫が五時間かけて力いっぱい引いたにもかかわらず、船は由比浦《ゆいのうら》に浮かぶことはなかった。計画は失敗に終わったのである。船が浮かびさえすれば、実朝自身が渡宋しないまでも、日宋貿易や国内の海上交易が行えたかもしれない。由比の浜辺に朽ちていく巨体は将軍の失政の象徴となり、実朝は挫折感を味わったことであろう。

4 将軍惨殺

後継将軍問題

建保年間後半の幕府における政治課題は、後継将軍問題であった。建保四年(一二一六)、実朝は二十五歳になった。元久元年(一二〇四)末に御台所を迎えてから十二年、承元三年(一二〇九)の将軍親裁開始から七年の歳月が経った。にもかかわらず、実朝と御台所の間には一人の実子も生まれていない。しかも、父頼朝や兄頼家と違い、実朝は妾《しょう》つまり側室を持とうとしなかった。なぜかはわからない。性的志向による可能性もあろう。しばしば男色関係がみられた古代・中世社会ではあり得ないことではない。ただ、お気に入りの側近はいたものの、男色の相手といえるほどの存在はいない。とすれば、肉体的な問題を抱えていたのか。憶測は厳に慎まなくてはならないが、何らかの理由で実朝は自分に子供ができないと考えていたようである。

『吾妻鏡』建保四年(一二一六)九月二十日条によれば、子孫の繁栄を望むならば中納言・近衛中将を辞し、征夷大将軍として年齢を重ねた上で近衛大将を望むべきだと諫める大江広元に対し、実朝は次のように答えたという。

諌諍《かんそう》の趣、尤《もっと》も甘心すと雖《いえど》も、源氏の正統この時に縮まりをはんぬ。子孫あへて之を相継ぐべからず。然《しか》ればあくまで官職を帯び、家名を挙げんと欲す。

すなわち、源氏の正統な血統は自分の代で終わり、子孫が継ぐことはないから、自分が高い官職に就いて家名を挙げたいというのである。広元は黙って引き下がるしかなかった。

これは従来、朝廷の官職に拘泥する、武家政権の長にあるまじき姿と批判されてきた記事である。しかし、武士たちは権力の源泉として朝廷の官職を望むものなのである。北条時房ですら、公卿相当の位階「三位」に叙してもらえるよう実朝から推挙してほしいと、二年前（『吾妻鏡』建保二年四月二十七日条）に願い出ていたほどである。批判は的外れである。

なお、九月二十日というのは、実朝の左近衛中将兼任から二ヵ月後、唐船建造命令の二ヵ月前である。実は、広元の諌言は北条義時の依頼を受けてのものであった。ここから、実朝の官位上昇による将軍親裁強化を阻止しようとする執権側、親裁強化のために将軍派閥形成の必要性を直感した将軍側、という構図を読み取ることができる。ただ、唐船建造は失敗に終わり、将軍親裁に汚点を残してしまった。ところが、実朝は起死回生の策を打ち出す。構想は「子孫あへて之を相継ぐべからず」と考える実朝が、以前から温めてきたものと思われる。それは、実朝の後継将軍に親王（後鳥羽の皇子）を請来するという策であった。

朝幕交渉開始

建保六年（一二一八）一月十五日、政所で北条政子の熊野詣に関する審議があり、弟の時房が同行することになった。時房は在京経験があったと思われ、蹴鞠をはじめ都の文化的教養を身につけており、上洛経験のない政子を補佐するためであった。

それにしても、なぜ政務の中心機関である政所で政子の熊野詣が審議されたのか。『愚管抄』は、「尼二位《あまのにい》」政子が熊野詣のために上洛した際のこととして、次のような話を載せている。後鳥羽の乳母《めのと》「卿二位《きょうのにい》」兼子は、実朝御台所の姉「西ノ御方《にしのおんかた》」（坊門信清の娘、坊門《ぼうもんの》局《つぼね》）が産んだ頼仁《よりひと》親王を養育していた。卿二位はこの頼仁に対して「位ノ心モ深ク、サラズハ将軍ニマレ《（マヽ）》（皇位につけたいとの気持ちが強く、それがだめならば将軍になってほしい）」などと思っていたという。こうした記述から、政子の熊野詣の真の目的は、後鳥羽の皇子を実朝の後継将軍として迎えるための交渉だったと考えられる。ただ、これは高度な政治交渉であり、成否はわからない。そこで、政治の表舞台に現れにくい女性の政子を交渉当事者に立て、熊野詣を名目に使ったのである。

二月四日、政子と時房は上洛の途につき、在京中、卿二位兼子と交渉を進めた。そして、六条宮雅成親王《ろくじょうのみやまさなり》、冷泉宮《れいぜいのみや》頼仁親王のどちらかを、実朝の後継将軍として鎌倉に下してもらう約束を取りつけた。交渉は成功したのである。また、政子たちが鎌倉を発《た》った六日後の二月十日、近衛大将昇任という、かねてからの実朝の希望を朝廷に伝えるため、大江広元が使者を上洛させた。さらに、二日後の二月十二日には、頼朝の右大将より格上の左大将に任じてほしいという実朝の意向を伝えるため、もう一度、使者を派遣した。

注目すべきは、一月の審議が将軍親裁の拠点である政所で行われた点である。ここから、親王将軍の鎌倉下向という策が、将軍実朝の構想に基づくものであったことがわかる。しかし、より注目すべきは、政子・義時・時房・広元ら幕府首脳部が、実朝と同じ目的のもと一丸となって行動している点である。政子はかつて親権を盾に将軍権力を代行し、和田義盛の上総介所望問題でも公然と実朝に反対した手ごわい母である。それが、交渉当事者という難しい役を務めている。さらに、都の教養を身につけた時房が姉の政子を補佐し、近衛大将昇進の望みを捨てるよう、義時の意向を受けて諫めた広元は、左近衛大将昇任という実朝の希望を伝える使者の発遣を差配している。つまり、将軍以下、幕府が一体となって動いているのである。後鳥羽の後ろ盾を得て幕府の権威が高まり、朝幕の協調が進展すれば、最終的には御家人たちの利益になるということに気がついたのである。

「東国の王権」構想

尊敬する亡父頼朝と同じく王権を意識し、また自分に子供ができないと自覚した実朝にとっても、名付け親であり政治・文化の模範である後鳥羽の皇子を将軍に推戴し後見するという策、つまり王権という公家政権の伝統的権威を新興の武家政権に取り込み、幕府をいわば「東国の王権」として発展させるという策は大きな利益をもたらすものであった。将軍職を親王に譲ってその後見になれば、後鳥羽が譲位して自由を謳歌したように、実朝も前将軍の権威を保ちつつ、将軍が果たすべき公務から解放され、遠隔地に足を延ばすなどの自由を謳歌できる。頼朝が挙兵の十年後に上洛して後白河や九条兼実と会談したように、実朝も上洛して後鳥羽や順徳、御台所の兄坊門忠信ら院近臣たちと対面し、和歌談義に花を咲かせ、朝幕の友好関係を進展させることも夢ではない。いわば、実朝による「幕府内院政」である。

実際、のちのことであるが、四代将軍頼経《よりつね》は子の頼嗣《よりつぐ》に将軍職を譲って「大殿《おおとの》」となり、隠然たる勢力を保持した。室町幕府の足利義満《よしみつ》や義持《よしもち》も将軍職を辞して自由の身となった上、強大な権力を行使し続けた。実朝の策はその先例となり得るものであったともいえよう。まさしく公私ともに唐船建造失敗の汚名を返上する起死回生の策であった。

異例の官位昇進

交渉は「卿二位」兼子・「尼二位」政子という女性同士の非公式な形が取られたが、兼子は後鳥羽の、政子は実朝の意を体している。交渉の成功は、実朝の幕府からの提案を後鳥羽が快諾したことを意味する。後鳥羽にとっても大いにメリットがあったからである。前章で、後鳥羽が日本全土の縮図たる『最勝四天王院障子和歌』の世界に帝王として君臨したことをみた。ところが、今や我が子を将軍に据え、実朝に後見させることによって幕府をコントロール下に置き、実世界でも日本全土に君臨する帝王となる道が開けたのである。

後鳥羽は政子・時房に破格の待遇をもって応えた。政子は出家していたにもかかわらず、建保六年（一二一八）四月十四日、従三位に叙された。出家後の女性の叙位は「准后《じゅごう》」の場合のみであるから、極めて稀有《けう》な例であった。後鳥羽は拝謁を許すと伝えたが、政子は「辺鄙《へんぴ》の老尼」が「龍顔《りゅうがん》」（天子のお顔）を拝するのは無益で、ふさわしくないと答え、急いで鎌倉に帰ってしまった。それでも後鳥羽は気分を害することなく、同年十月十三日、政子を従二位に昇叙した。異例のスピード、破格の待遇である。また、政子の鎌倉下向後も、次男時村《ときむら》を伴って在京していた時房には院の鞠会への出席を許した。時房が三日続けて蹴鞠を披露すると、後鳥羽は、この道をよく心得た者だと称賛すること数度に及んだ。五月になって鎌倉に戻った時房は、その時の感激を嬉々《きき》として実朝に報告した。

むろん実朝にも後鳥羽は破格の待遇をした。異例ともいえる官位昇進である。すでに一月十三日、実朝は権大納言すなわち亡父頼朝の極官《ごっかん》（生涯で到達した最高の官職）に達していたが、三月六日には頼朝の右近衛大将を超える左近衛大将に昇任して左馬寮御監《さまりょうごかん》を兼ね、六月二十七日、鶴岡八幡宮で左大将任官の慶賀の神拝を行った。そして、十月九日、内大臣に昇って大臣の壁を突破すると、二ヵ月後の十二月二日には右大臣に昇進、同月二十日、大臣として政所始《まんどころはじめ》を行った。後鳥羽は慶賀の儀式のため、檳榔《びんろう》（ヤシ科の高木）の葉で飾った檳榔毛《びろうげ》の牛車、九錫《きゅうしゃく》の彫弓《ちょうきゅう》など豪華な調度や装束を下賜し、公卿・殿上人を参列させた。高価な珍しい品々に人々は目を丸くし、実朝の権威はいよいよ高まった。かくして翌建保七年（一二一九）一月二十七日、実朝は鶴岡八幡宮で右大臣拝賀の儀に臨むことになる。

実朝の異例の官位昇進は人々を驚かせるとともに、社会に定着した家格秩序を崩す、いわば家格破壊として反発を呼んだ。むろん後鳥羽の意向であることが明白なため、公然と批判する者はいなかった。しかし、九条兼実の弟で摂関家という高い家格の出身である慈円は、実朝が暗殺された後、愚かにも武士としての用心もしないで大臣・大将の名誉を汚したと『愚管抄』に批判を書きつけている。

さらに、「古活字本」は後鳥羽が実朝を「官打《かんうち》」にしたと記述する。官打とは、身に過ぎた高い官職に任じて災いが及ぶようにする呪詛のことである。しかし、後鳥羽には実朝を呪詛する理由も必要もない。異例の昇進に対する反発や嫉妬《しっと》、実朝横死後の承久の乱勃発といった様々な要因が結びついて、人々が唱えるようになったにすぎない。

公暁の立場

ただ、「官打」にでもなってしまえと本気で願っていた人物もいた。二代将軍頼家の遺児、実朝の甥公暁《くぎょう》である。正治二年（一二〇〇）に生まれ、有力御家人三浦義村が乳母夫《めのと》となったが、四歳の時、公暁の人生は暗転する。建仁三年（一二〇三）、父頼家が将軍職を追われ、翌年、修善寺で殺されたのである。それでも、元久二年（一二〇五）、六歳になると、政子の計らいで鶴岡八幡宮別当尊暁《そんぎょう》のもとに入室し、翌年、実朝の猶子となった。建暦元年（一二一一）、尊暁の次の別当定暁《じょうぎょう》のもとで十二歳にして落飾、園城寺《おんじょうじ》に上って僧侶としての修行を積んだ。そして、定暁が死去すると、建保五年（一二一七）六月、鎌倉に下り、鶴岡八幡宮の別当となったのである。

同年十月十一日から一千日の参籠《さんろう》を開始し、髪を剃《そ》ることもなく、人々が怪しむほど祈請を続けた。実朝呪詛の祈禱《きとう》をしていた可能性が高い。髪を剃らなかったのは、実朝の死後、還俗《げんぞく》して自分が将軍になるための準備だったとも考えられる。

ところが、建保六年（一二一八）、実朝の後継将軍問題は急展開をみせた。公暁は参籠中とはいえ、乳母夫義村の子で門弟の駒若丸《こまわかまる》（のちの光村《みつむら》）などから情報を得ることができた。親王将軍が推戴され、右大臣実朝が後見するとなれば、自らの将軍への道は閉ざされる。そうなる前に殺すしかない。いつやるか。別当を務める鶴岡八幡宮の境内、自分のテリトリーに実朝がやってくるその時だ。追いつめられた公暁がそう考えたとしても不思議ではない。

雪の日の惨劇

かくして建保七年（一二一九）一月二十七日、実朝の右大臣拝賀の日が来た。日中の晴天が嘘《うそ》のように夜には雪が降り、六十センチ余りも積もった。この雪の日の惨劇を伝える史料には『愚管抄』『吾妻鏡』『六代勝事記《ろくだいしょうじき》』『承久記』などがあるが、現場に居合わせた公卿・殿上人の情報をもとに、二年ほどのちに慈円が記した『愚管抄』が最も信頼できる。

『愚管抄』によれば、社殿で奉幣《ほうへい》を終えた実朝が石段を下り、幕府ゆかりの公卿、坊門忠信・西園寺実氏《さいおんじさねうじ》・藤原国通《くにみち》・平光盛《みつもり》・難波宗長の前を下襲《したがさね》（正装である束帯《そくたい》の下に着用する裾《すそ》の長い下着）の裾を引きながら、笏《しゃく》を持って会釈《えしゃく》しつつ歩いていた時である。突然、山伏《やまぶし》の兜巾《ときん》を被《かぶ》った法師が走り出て下襲の裾を踏むと「ヲヤノ敵《かたき》ハカクウツゾ（親の敵はこうして討つのだ）」と叫んで切りつけ、実朝の首を打ち落としたという。別の三、四人が、前駆《ぜんく》（行列の先導役）として松明《たいまつ》をかざしていた実朝の側近源仲章を義時と思って切り殺した。ただ、実朝から「中門《ちゅうもん》ニトドマレ（石段よりずっと手前の中門のところにとどまっていよ）」と命じられた義時は、御剣《ぎょけん》を持って中門に控えていたため難を逃れた。鳥居の外の随兵《ずいひょう》たちが気づく間もない瞬時の惨劇であった。

その後、公暁は三浦義村に使者を送って、親の敵実朝を討った、自分こそ次の将軍だと伝え、八幡宮北の大臣山《だいじんやま》を越えて御所西門付近の義村邸に向かった。しかし、義村は義時に報告し、討手《うって》を差し向けて公暁を誅殺《ちゅうさつ》したという。実に迫真性のある記述である。

一方、『吾妻鏡』は様々な異変を書き並べる。なぜか広元の涙が止まらなかった。実朝が庭の梅をみて「出でて去《い》なば　主《ぬし》なき宿と　なりぬとも　軒端《のきば》の梅よ　春を忘るな」、つまり私が出ていけば主のいない家となってしまうが、軒端の梅よ、春を忘れずに咲いておくれという禁忌の和歌を詠んだ。八幡神《はちまんしん》の神使《しんし》の鳩がしきりに鳴きさえずった。牛車を降りる時、実朝が剣を突き折ったなどである。最たるものは、義時が白い犬の幻影をみて気分が悪くなり、御剣役を仲章に交代して小町の自邸に帰ったため命拾いしたというものである。

北条得宗家《とくそうけ》（得宗は北条氏嫡流の家督）全盛の頃に編纂された『吾妻鏡』は、得宗家の始祖義時が将軍から「中門ニトドマレ」と命じられて控えている程度の存在だったとは書けず、異変に書き換えることでごまかそうとした可能性がある。

黒幕の詮索

皮肉なことに、この記述により、命拾いした義時こそ実朝暗殺の黒幕だったとする説が唱えられるようになった。ただ、後継将軍構想を実朝と一緒に進めてきた義時が、ここにきてすべてをご破算にする行動を取るはずもない。北条義時黒幕説は成り立ち得ない。

また、公暁の乳母夫三浦義村を黒幕とみる作家永井路子氏の説もある。公暁の門弟駒若丸は義村の子、義村自身はこの日に限って姿をみせていない。永井氏は、実朝・義時の殺害を公暁に任せ、義村は北条氏の小町邸を襲う「大勝負」に出ようとしたのではないかとする。しかし、これを察知した義時が小町邸に戻ったため、公暁を切り、身を守る選択をしたというのである。魅力的な説ではあるが、『吾妻鏡』の義時に関する記述を論拠にした点に難がある。義時は小町邸に戻っていないのである。また、義村の姿がこの日みえないのは、前年の直衣始の儀で長江明義《ながえあきよし》とトラブルを起こし、右大臣拝賀のメンバーから外されたからだと考える。和田合戦のような北条氏を潰す絶好の機会においてすら義時に味方した義村である。右大臣拝賀の儀で「大勝負」に出るとは考えにくい。三浦義村黒幕説にも無理がある。雪の日の惨劇は、追いつめられた公暁のほぼ単独の犯行と考えるしかない。

しかし、一人の若者が犯した凶行は、歴史を動かすほどの重大な結果を生んだ。鎌倉幕府三代将軍、右大臣源実朝、享年二十八。満年齢にして二十六歳と五ヵ月半の無惨な死は、それほどまでに人々に衝撃を与えたのであった。

第三章　乱への道程

1　実朝横死の衝撃

将軍空位の危機

建保七年（一二一九）一月二十七日の実朝の横死は衝撃であった。当然のごとく、幕府内にはとてつもない悲しみ・怒り・動揺が広がった。二十八日早朝、実朝横死を報せる使者が京都に向け鎌倉を発った。行程五日という急使である。御台所《みだいどころ》をはじめ大江親広・安達景盛《かげもり》・二階堂行村《ゆきむら》ら御家人百余名が出家した。戌《いぬ》の刻（午後八時頃）、実朝の遺骸は勝長寿院《しょうちょうじゅいん》に葬られた。そして、二十九日から共犯者の捜査が始まった。ただ、咎《とが》ありとされた者はわずかであった。ここからも公暁の単独犯行であったことがうかがわれる。

政子・義時・広元ら幕府首脳部にとっても、突然の将軍空位は想定外の危機であった。実朝は和田合戦でその権力の大きさ・重さを証明した将軍であり、後鳥羽の朝廷から支援を受け、頼朝をはるかに超える右大臣・左近衛大将という、武家ではとうてい考えられない高い地位に昇った大きな存在である。それがすっぽり抜けたわけであるから、求心力低下は避けられない。公暁が将軍になろうとして凶行に及んだように、源氏の血を引く者たちが将軍の地位を狙って反旗を翻し、幕府内が混乱に陥る危険性があった。

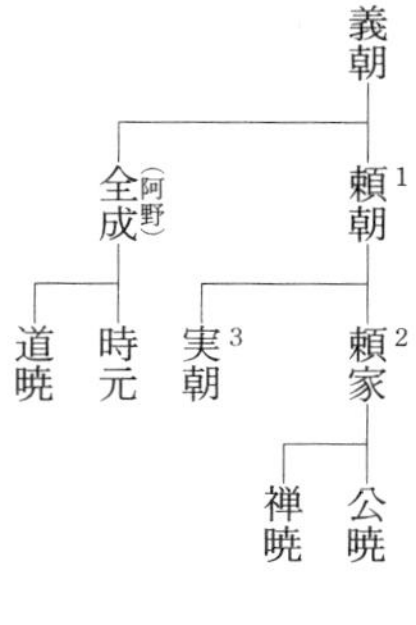

河内源氏略系図②（数字は将軍就任の順序）

その懸念通り、二月十一日、実朝の叔父阿野全成《あのぜんじょう》の子時元《ときもと》が、軍勢を率いて駿河国阿野郡の山中に城郭を構え、宣旨を賜って東国を支配しようと企てた。しかし、十五日に急報が鎌倉に届くと、亡き将軍の生母として政子が命令を下し、義時が御家人たちを駿河に差し向け、二十二日には時元を自害させるという迅速な対応を取った。さらに、同様の謀叛《むほん》を未然に防ぐため、時元の兄弟で駿河の実相寺《じっそうじ》の僧侶となっていた道暁《どうぎょう》を三月二十七日に死に追い込み、翌承久二年（一二二〇）四月十五日には、三浦義村の弟胤義が養君としていた頼家の遺児禅暁《ぜんぎょう》を、公暁に加担した嫌疑により京都で誅殺した。

幕府首脳部は、こうして源氏一族を粛清して求心力の低下を防ぐ一方、将軍空位という異常事態を解消する方策に力を注いだ。後鳥羽の親王を鎌倉に迎え、将軍として推戴するという、前年来、実朝とともに進めてきた後継将軍策の実現である。建保七年（一二一九）二月九日、実朝横死を朝廷に伝えた使者が鎌倉に戻り、洛中の衝撃・動揺を伝えると、政子は四日後の十三日、雅成親王・頼仁親王どちらかの鎌倉下向を申請する使者を上洛させた。政所別当の一人、二階堂行光が使者となり、宿老の御家人たちが連署した奏状を添えて、これが幕府の総意であることを示す念の入れようであった。さらに、翌朝には伊賀光季《いがみつすえ》を、二十九日には大江親広を京都警固のため上洛させた。実朝亡き後の幕府の必死さが伝わってこよう。

後鳥羽の胸中

建保七年（一二一九）一月二十八日早朝に鎌倉を発った使者は、二月二日未《ひつじ》の刻（午後二時頃）、行程五日で都に入った。人々は突然の悲報に衝撃を受けた。後鳥羽は水無瀬殿にいたが、大納言西園寺公経《きんつね》が鎌倉下向中の子実氏からの急報を受け、水無瀬殿に駆けつけて実朝横死を報せた。六日に還御《かんぎょ》した後鳥羽は、院御所高陽院殿《かやのいんどの》で五壇法《ごだんほう》・仁王経法《にんのうきょうほう》・七仏薬師法《しちぶつやくしほう》などを修《しゅ》し、国土安穏・玉体安寧を祈らせ、浮き足立つ武士たちに禁制を下して鎮静化を図った。

治天《ちてん》の君《きみ》として適切な命令を下した後鳥羽であったが、胸中は穏やかではなかったであろう。衝撃・怒り・落胆・悲嘆、様々な思いが渦巻いたのではないか。水無瀬から還御した当日の二月六日、実朝の祈禱をしていた陰陽師をすべて解任したのである。かつては「官打」「関東調伏《ちょうぶく》」という「古活字本」の記述から、解任は調伏の証拠隠滅のためであったとする見解もあった。しかし、後鳥羽は自らが支援する「右大臣」実朝の安寧を祈禱させていたのであり、最悪の結果を招いた陰陽師たちに怒りの矛先を向けたにすぎない。

また、翌月の閏二月十六日、『門葉記《もんようき》』（青蓮院門跡《しょうれんいんもんぜき》の尊円《そんえん》入道親王が編纂した青蓮院の諸記録の集大成）によると、後鳥羽は珍しく体調を崩し、慈円に大熾盛光法《だいしじょうこうほう》を修させた。その効果があったのか、一週間後の結願日《けちがんび》、二十三日には水無瀬殿に御幸するまでに回復した。しかし、八月十六日に再び体調を崩した時は、一ヵ月以上も病床に伏した。『門葉記』『仁和寺日次記《ひなみき》』『普賢延命法御修法記《ふげんえんめいほうみしゅほうき》』など各種の記録が、「一院御悩《いちのいんごのう》」「上皇御不予《ごふよ》」（御悩、御不予はご病気のこと）によって普賢延命法・五壇法・孔雀経法《くじゃくきょうほう》・熾盛光法などを修したことを伝えている。頑健な肉体と強靭な精神の持ち主である後鳥羽にはめったにないことである。直接的には、後述する大内裏の焼失が決定打になったと思われるが、実朝横死の衝撃から徐々に蓄積されてきたストレスが限界に達した結果であろう。

朝幕の駆引き

ストレスの一因は、親王の鎌倉下向をめぐる幕府との駆引きである。二階堂行光が使者となった幕府の申請は、閏二月一日、後鳥羽のもとに届き、院御所で審議が行われた。閏二月四日に後鳥羽が下した結論は、親王二人のうち一人は必ず下向させよう、ただし、今すぐにというわけにはいかない、というものであった。十二日、行光の使者の報告を受けた政子は、十四日に再び使者を上洛させ、すぐにでも親王を下向させてほしいと、機をみて後鳥羽に奏《そう》聞《もん》するよう行光に指示した。

前年に政子が使者となって実朝の意向を伝えた際、後鳥羽は親王下向を快諾した。今回の使者は政子自身ではないが、政子の指示であり、何よりも幕府の総意である。にもかかわらず、後鳥羽は態度を変えた。下向させる意思はあるが、今すぐにではないというのはゼロ回答といっていい。あえて言葉では明示しないが、真意を察せよということである。『愚管抄』によれば、「イカニ将来ニ、コノ日本国二《ふたつ》ニ分ル事ヲバシヲカンゾ、コハイカニト有《ある》マジキコトニヲボシメシテ、エアラジ（どうして将来に、この日本国を二つに分けることになるような措置をしておこうか、何事であるか、とあってはならないことにお思いになって、決してそんなことはするつもりはない）」と後鳥羽は語ったという。乳母の卿二位兼子が養育し、政子との合意にも名前の出た頼仁親王でも駄目だというのである。信頼する実朝を守ることができなかった幕府への怒り、実朝亡き後の幕府への不信感が読みとれる。しかし、幕府も引き下がるわけにはいかなかった。

ただ、後鳥羽と幕府の駆引き自体、実朝暗殺という想定外の事件が起こらなければなかったことであろう。科学が発達した現代でも、未来にどのようなことが起きるかはわからない。突然、想定外の出来事が起きた時、人は理性的な判断にせよ希望的観測にせよ、いくつかの可能性の中からたった一つを選択し、決断する。そして、何年かのち、今の未来が現在となり、今ある現在が過去つまり歴史となった時、あの想定外の出来事がなければ、あるいは別の可能性を選択・決断していれば、と考えることは少なくない。今、手にしている現実にどのような意味や、どのくらいの価値があるかは、こうした思考を通して初めて明確に認識できるものである。

スポーツにたとえてみよう。試合中、想定外の状況に陥った時、監督はその新たな戦況に応じた戦術を選択し、決断をする。裏方が調べたデータを参考にすることもあろう。その上で監督は中心選手に指示を出し、選手はどう動くべきか瞬時に判断して実行に移す。その時点では試合の当事者に勝敗の予測はつかない。しかし、決着は必ずつく。試合後、勝者は勝因を、敗者は敗因を分析し、あの状況であの選択・決断をしていなければ、あるいはしていれば、勝敗は逆だったかもしれないと考える。いくつもあった可能性の中からたった一つだけ選択した決断の意味・価値を分析し、次に活かすのである。

むろんスポーツと歴史は違う。しかし、八百年前に生きていた人々にとっては八百年前のその時点が現在である。その意味では試合中の当事者と同じである。一方、八百年後に生きる我々は想定外の出来事が起きることも、結果も知っている。勝因・敗因を分析し、その意味・価値を考察できる立場にある。とすれば、必然的にこうなる運命にあったと結果を予定調和的に受け止めるのではなく、想定外の出来事や、最終的に一つだけ選択された決断の真の意味・価値を分析し、その重みを明らかにすべきなのではないか。そう考える。

後鳥羽の選択

建保六年（一二一八）、後鳥羽と幕府の両者は、親王が鎌倉に下向して実朝の後継将軍となり、右大臣実朝が後見するという選択・決断をしたと考えられる。実朝の横死がなければ、親王将軍が誕生して朝幕の協調が続いたであろう。いずれ両者が対立する時が来たとしても、ソフトランディング的な方法で解決されたかもしれない。八百年後の我々が知る「承久の乱」のような、ハードランディングによる決着にはならなかったと考える。ところが、公暁による実朝の暗殺という想定外の出来事が起きた。後鳥羽も幕府も先のわからぬ未来を前にして、新たな選択、歴史を変えるかもしれない難しい選択をしなくてはならなくなった。一人の若者の凶行が持つ意味は、それほどまでに重大だったのである。

新たな選択に向けて最初に動いたのは後鳥羽であった。先にみたごとく、親王下向要請にゼロ回答を出すという選択である。さらに、院近臣の上北面《じょうほくめん》（北面の武士のうち、四位または五位の者）で、内蔵頭《くらのかみ》に取り立てた藤原忠綱《ただつな》を弔問使の名目で鎌倉に送り込んだ。『吾妻鏡』建保七年（一二一九）三月九日条によれば、忠綱は「禅定二品《ぜんじょうにほん》」政子の邸宅で後鳥羽の弔意を伝え、その後「右京兆《うけいちょう》」義時の邸宅に移り、「摂津国長江《ながえ》・倉橋《くらはし》」二つの荘園の地頭改補《かいほ》を要求する「院宣」を伝えたという。

長江荘・倉橋（椋橋）荘は、摂津国豊島《てしま》郡の神崎川《かんざきがわ》と猪名川《いながわ》が合流する付近にあった荘園である。「慈光寺本」は、後鳥羽が「寵愛双《ならび》ナキ」「舞女《まいおんな》」の「亀菊《かめぎく》（伊賀局《いがのつぼね》）」に与えたのが「長江庄三百余町」であったと記す。神崎川流域には江口《えぐち》・神崎といった遊女の宿《しゅく》があり、後鳥羽は水無瀬殿に御幸した際、そこから遊女を召して今様・郢曲《えいきょく》などを楽しんだ。亀菊は最も寵愛を得た遊女であった。また、倉橋荘は院近臣尊長《そんちょう》（後出する一条能保《いちじょうよしやす》の子で、兄に高能《たかよし》、信能《のぶよし》、実雅《さねまさ》らがいる）の遺領目録に「摂津国頭陀寺《ずだじ》領、椋橋荘と号す」とみえる荘園である。

注目すべきは、両荘とも川を下れば大阪湾、瀬戸内海へ、川をさかのぼれば水無瀬・鳥羽、都へと至る海運・水運の要衝に位置していた点である。こうした交通の要衝に置かれた地頭《じとう》職《しき》を手放すよう、後鳥羽は圧力をかけてきたのである。これはまた、実朝亡き後の幕府が圧力に屈して後鳥羽の意思を受け入れるか否か、後鳥羽が幕府をコントロール下に置くことができるか否かをみきわめる試金石でもあった。選択は幕府にゆだねられた。

幕府の選択

三月十一日、帰洛する藤原忠綱に、追って回答する旨を伝えた政子・義時・時房・泰時・広元ら幕府首脳部は、翌日から政子の邸宅で審議を重ねた。幕府が後鳥羽の朝廷とどのような関係を築いていくか、その方向性を定める難しい選択である。幕府内を安定させるには親王将軍の推戴が最善であろう。親王下向の実現を最優先に掲げ、後鳥羽の要求を飲むという譲歩を選択するべきか。しかし、後鳥羽は翻意したようにみえる。譲歩しても態度が変わる保証はない。より厳しい要求を突き付けられる恐れもあろう。様々な可能性が検討され、白熱した議論が展開されたのではないか。そして、たどり着いたたった一つの選択とはこうであった。時房が政子の使者として千騎の軍勢を率いて上洛し、地頭改補を拒否した上、親王の早期下向を後鳥羽に要請するという強硬策であった。

時房は、前年の上洛の際、院御所の鞠会で蹴鞠の技量を称賛されており、後鳥羽も好印象を抱いた人物である。頭から侮られたり、敵視されたりする心配はない。しかも、政子・義時の弟であり、政所別当でもある。幕府首脳部の主張を的確に伝える交渉役として最適である。その時房が三月十五日、千騎の軍勢を率いて鎌倉を発ち、京都に乗り込んだ。前年とは打って変わって武威を誇示する時房に、後鳥羽は驚愕したであろう。また、後鳥羽の圧力に屈するどころか、武力をちらつかせながら逆に圧力をかけてくる幕府に失望したに違いない。ただ、後鳥羽も親王の下向は認めない、という態度を崩すことはなかった。最初の駆引きは痛み分けに終わった感がある。

2　妥協から敵対へ

摂家将軍という選択

建保七年（一二一九）は四月十二日に改元して承久元年となった。ただ、『吾妻鏡』には同年四月一日から七月十八日までの記事がない。単なる欠失か、あえて編纂しなかったのか不明である。ともあれ、この間の動向を知るには他の史料を用いるしかない。

『愚管抄』によれば、後鳥羽は親王の下向は国を二分することになるから駄目だが、「関白摂政ノ子ナリトモ、申サムニシタガフベシ（関白・摂政の子であっても申請通りにしよう）」と語ったという。精一杯の譲歩である。これを知った三浦義村は、摂関家九条道家の十歳の長男教実《のりざね》を迎えるか、「頼朝ガイモウトノムマゴウミ申タリ（中略）ソレヲクダシテヤシナイ

鎌倉将軍家の姻戚関係（数字は将軍就任の順序）

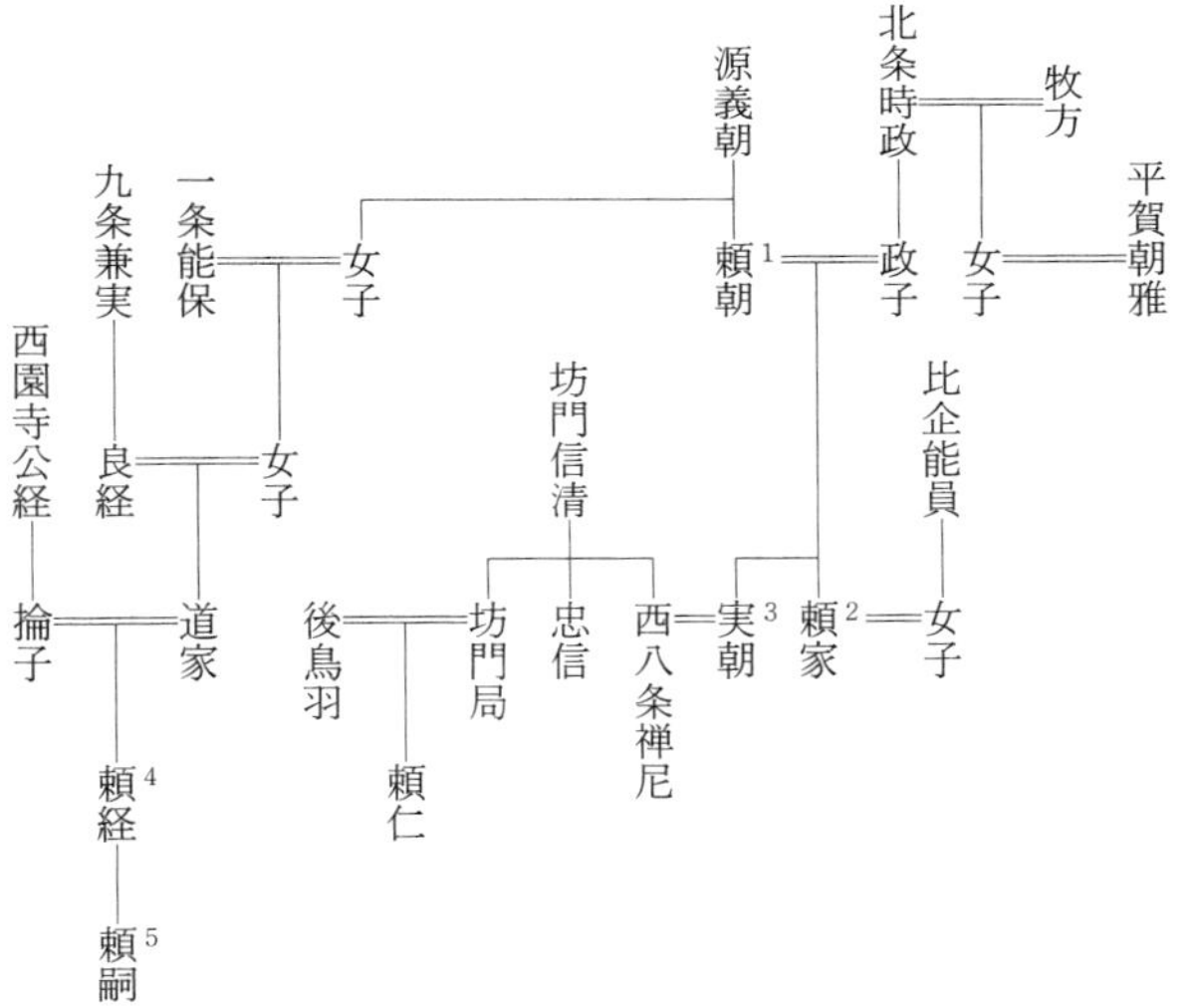

タテ候テ、将軍ニテ君ノ御マモリニテ候ベシ〔頼朝の妹の孫が産んだ子〔教実の同母弟〕を下してもらって養育し、将軍に立てて君〔後鳥羽〕のお守りにいたしましょう〕」と提案した。交渉の結果「二歳ナル若公《わかぎみ》、祖父公経ノ大納言ガモトニヤシナヒケル〔祖父の大納言西園寺公経のもとで養育されている道家の二歳の若君〕」を下向させることに落ち着いた。後鳥羽と幕府の間で妥協が成立したのである。「寅月ノ寅ノ歳寅時ムマレ」の「三寅《みとら》」、のちの摂家《せっけ》将軍藤原頼経である。

朝幕の妥協に多大な影響を及ぼしたのが、三寅の母方の祖父西園寺公経であった。西園寺家は閑院流藤原氏で、待賢門院璋子の兄弟の通季《みちすえ》を祖とする。ちなみに、通季の兄弟は実行《さねゆき》が三条《さんじょう》家、実能《さねよし》が徳大寺《とくだいじ》家の祖となった。通季の曽孫《ひまご》公経は、一条能保の娘全子《ぜんし》と結婚して幕府と親密な関係を築き、正治元年（一一九九）二月の三左衛門《さんさえもん》事件（一条家の侍である中原政経《まさつね》、後藤基清《ごとうもときよ》、小野義成《おののよしなり》による源通親襲撃未遂事件）の影響で籠居した以外は順調に昇進を重ねていた。

ところが、建保五年（一二一七）十一月、再び籠居の憂き目にあう。卿二位の夫、前太政大臣大炊御門《おおいみかど》（藤原）頼実《よりざね》（平治の乱で失脚し、のちに復活した藤原経宗の長男）の弟で、頼実の養子となっていた大納言師経《もろつね》と右大将の地位を争って任官を逃した際、後鳥羽に約束を反故《ほご》にされたと誤解した公経が「実朝ガユカリノ者ニ候ヘバ、関東ニマカリテ命バカリハイキテモ候ヘカシ（自分は実朝の縁者〔正室全子は実朝の従姉妹〕ですから、関東に下って命をつないではいけますよ）」と負け惜しみをいったのである。これが、公経は実朝に訴えるつもりだと誤って後鳥羽に伝えられ、逆鱗に触れてしまった。翌年二月、実朝の口添えで何とか許されたが、公経は幕府との関係を最大限に利用するしたたかさを持ちながら、それがゆえに浮き沈みも激しい人物であった。

三寅と尼将軍

西園寺公経にぴったりとはまったのが、自ら養育する三寅の関東下向、将軍就任であった。

父親の道家よりよっぽど積極的であった。『吾妻鏡』の記事が復活する七月十九日条によれば、六月三日に下向の宣下があり、種々の手続きを経て六月二十五日、三寅は北条時房・同泰時・三浦義村ら迎えの武士たちとともに六波羅を出発した。京都からの供奉人《ぐぶにん》は、殿上人の「伊予少将《いよのしょうしょう》実雅朝臣《あそん》」、諸大夫の「甲斐右馬助宗保《かいのうまのすけむねやす》」「善式部大夫光衡《ぜんのしきぶのたゆうみつひら》」「藤右馬助行《とうのうまのすけゆき》光《みつ》」、侍の「藤左衛門光経《とうのさえもんみつつね》」「主殿左衛門尉行兼《とのもさえもんのじょうゆきかね》」「四郎左衛門尉友景《しろうさえもんのじょうともかげ》」、医師・陰陽師・護持僧各一人の十人であった。殿上人の実雅は一条能保の子で公経の猶子、諸大夫の光衡は西園寺家の家司《けいし》三善長衡《ながひら》の子、侍の中原友景も西園寺家に仕え、他の人物も何かしら西園寺家と関係がある。朝廷側で三寅を支えていたのは明らかに公経であった。

一条家略系図

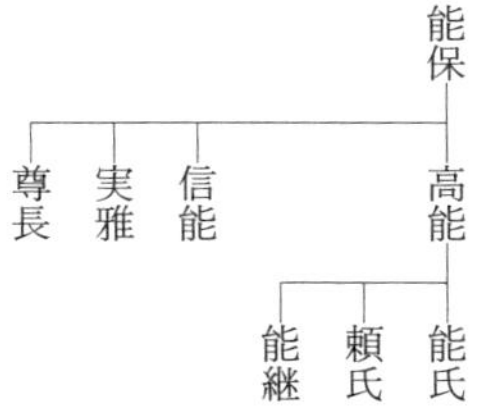

三寅は三週間余りかけて七月十九日午《うま》の刻（正午頃）鎌倉に着き、「右京権大夫《うきょうのごんのだいぶ》」義時の「大倉亭《おおくらてい》」に入った。酉《とり》の刻（午後六時頃）「政所始」があり、幼い若君に代わって「二品禅尼」政子が「理非を簾中《れんちゅう》で聴断《ちょうだん》」することとなった。尼将軍の登場である。むろん幕府首脳部にとっては、最高の貴種たる王家の親王を将軍に推戴することが最善であった。しかし、王家に次ぐ貴種である摂家の幼き将軍予定者を推戴すれば、尼将軍政子のもと義時以下の首脳部が求心力を保ちつつ、自在に幕政を運営できる。考え得る限り最高の次善の策である。

後鳥羽との駆引きという点では幕府が一歩リードしたといえよう。

大内裏焼失

しかも、後鳥羽がいる京都ではとんでもない事件が起きていた。王権の象徴たる大内裏（大内《おおうち》）の殿舎・諸門・宝物が焼失してしまったのである。『愚管抄』『吾妻鏡』『仁和寺日次記』『六代勝事記』『百錬抄』などを総合すれば、経緯はこうであった。

源三位《げんざんみ》頼政の孫である右馬《うま》権頭《ごんのかみ》源頼茂《よりもち》は、実朝の横死後、大内の守護を代々務めてきた摂津源氏の名門として、また実朝の将軍親裁強化策で政所別当に就任していたことからも、「我将軍ニナラン」と望んでいた。ところが、朝幕で三寅を後継将軍とする妥協が成立したことから、頼茂は「大内ニ候シヲ、謀反ノ心ヲコシ（大内裏に祗候して仕えていたが、謀叛の心を起こし）」た。これを「住京ノ武士ドモ申テ（在京武士たちが後鳥羽に訴え）」、頼茂が召喚に応じなかったため追討の院宣が下された。

七月十三日、在京武士たちが大内裏に馳《は》せ向かい、「昭陽舎《しょうようしゃ》」に拠《よ》る頼茂を攻めた。頼茂は諸門を閉じ、承明門《しょうめいもん》だけを開いて合戦に及んだが、最後は仁寿殿《じじゅうでん》に籠って火をかけ、自害した。火は仁寿殿だけでなく宜陽殿《ぎようでん》や校書殿《きょうしょでん》の塗籠《ぬりごめ》を焼き、所蔵されていた「観音像、応神天皇御輿《おうじんてんのうみこし》」をはじめ、大嘗会や御即位式で用いられた装束、霊物などの累代の宝物まで

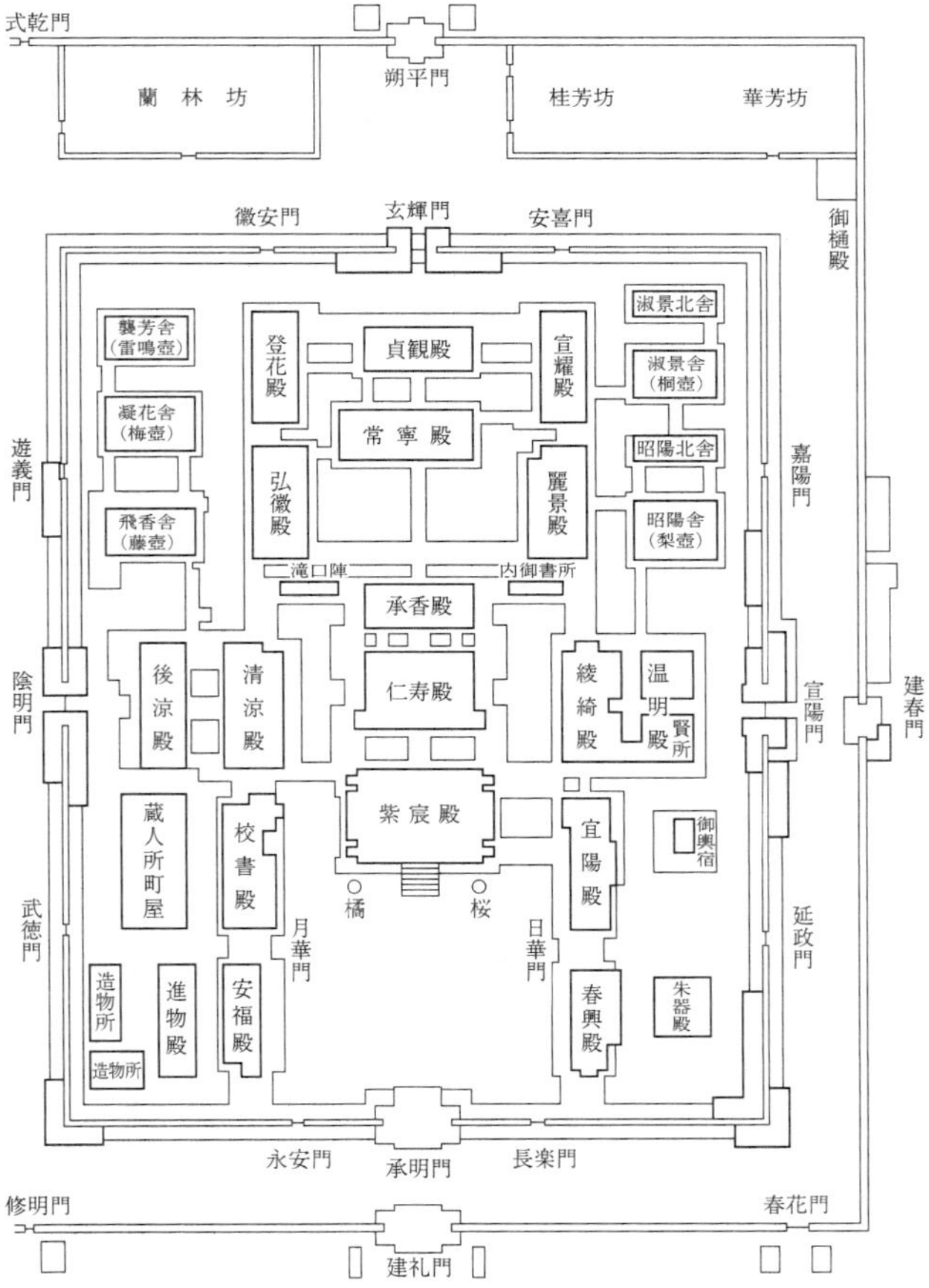

式乾門
朔平門
蘭　林　坊
桂芳坊
華芳坊
徽安門
玄輝門
安喜門
御樋殿
淑景北舎
襲芳舎（雷鳴壺）
登花殿
貞観殿
宣耀殿
淑景舎（桐壺）
凝花舎（梅壺）
常寧殿
昭陽北舎
遊義門
弘徽殿
麗景殿
嘉陽門
飛香舎（藤壺）
昭陽舎（梨壺）
滝口陣
内御書所
承香殿
後涼殿
清涼殿
仁寿殿
綾綺殿
温明殿
賢所
陰明門
宣陽門
建春門
紫宸殿
蔵人所町屋
校書殿
宜陽殿
御輿宿
橘
桜
武徳門
月華門
日華門
延政門
造物所
進物殿
安福殿
春興殿
朱器殿
造物所
永安門
承明門
長楽門
修明門
春花門
建礼門

内　裏

焼き尽くした。兵火によって大内裏の殿舎が焼け落ちるのは前代未聞である。絶えず正統な王たろうと意識してきた後鳥羽にとって、王権の象徴の焼失は痛恨の極みであった。実朝の横死以来、幕府との駆引きなどで蓄積されたストレスが頑健な肉体と強靭な精神をむしばんでいたところである。この衝撃が決定打となり、八月半ばから一ヵ月以上も病床に伏したことは前節で触れた。

頼茂謀叛事件の本質

なお、『愚管抄』は、地頭改補要求の使者に抜擢《ばってき》された院近臣藤原忠綱の「ヒガコト（僻事）」に言及している。後鳥羽が自分の養子にするつもりで忠綱に養育させていた九条道家の異母弟基家《もといえ》を、将軍に擁立しようと企てた話や、頼茂と内通していたらしいという話である。確かに胡散臭《うさんくさ》い人物で、事件後、後鳥羽も解官《げかん》・所領没収に処している。

しかし、頼茂の謀叛は忠綱のような小物の暗躍で起きた事件ではない。また、実朝の後継に頼茂を考えていた後鳥羽が、口封じのために頼茂を討ったとする見解もあるが、そうした確証もない。事件の本質は、目崎徳衛氏が指摘するように、創設以来何度も繰り返されてきた幕府内の権力闘争、とくに将軍の地位に絡んだ内紛であったと考える。ここで詳述する余裕はないが、曽我兄弟の敵討ち事件後の源頼朝による弟範頼、源氏一門の安田義定・義資《よしすけ》父子の粛清、北条時政・牧方《まきのかた》夫妻による平賀《ひらが》朝雅《ともまさ》の将軍擁立未遂事件（牧氏事件）、公暁による実朝暗殺、阿野時元による実朝後継を狙った謀叛などである。

こうした幕府内の権力闘争が都に持ち込まれたのである。後鳥羽としても三寅を後継将軍と認めた以上、頼茂がその決定を覆そうとすれば追討の院宣を出さざるを得ない。その結果、在京御家人・西面《さいめん》衆《しゅう》らの在京武士たちが院宣を受けて軍事行動を展開し、あろうことか大内裏を焼失させるという大失態を演じたのである。

在京武士の軍事行動

ところで、在京武士に関しては長村祥知氏が詳細に論じている。氏によれば、後鳥羽は「在京御家人に武力基盤を分与して在京奉公を推奨する鎌倉幕府を、必須の要素として」組み込み、「京武者と在京御家人の双方を含む在京武士」を「公権力によって動員しえた」という。もともと在京御家人は幕府と朝廷に両属する性格が強く、院宣によっても軍事行動を展開した。また、西面の武士について長村氏は、後鳥羽が新たに組織・育成しようとした武力で、「有力な在京御家人とは別に、個々は弱体な武士が編成された部隊」であったが、次第に在京御家人も西面に組織されていったとする。さらに、後鳥羽が西面の育成を考えた契機は、元久二年（一二〇五）閏七月の牧氏事件で、在京御家人が「関東の命」を受けて平賀朝雅を追討したことだったのではないか、との推測も示している。

頼茂謀叛の場合、在京武士たちは後鳥羽の院宣を受けて追討に向かった。幕府内の抗争、しかも将軍職に関わる重大案件にもかかわらず、「関東の命」をいっさい受けていない。直訴・召喚命令・院宣という手順が踏まれていることから、鎌倉に指示を仰ぐ時間的余裕がなかったとは思われない。むろん、七月二十五日、鎌倉に下着した伊賀光季の使者が、三寅の下向中であったため飛脚を出すのを控えたと報告しており、そうした特殊事情があったことは確かである。しかし、平賀朝雅追討の場合と異なり、今回は在京武士たちが独自の判断で後鳥羽に直訴し、院宣を受けて軍事行動に踏み切った。在京御家人たちが鎌倉の幕府首脳部とは関係なく自律的に行動し、後鳥羽の公権力に結びついたわけである。

これまでも、後鳥羽が在京御家人に軍事行動を命じたことはあった。寺社の強訴対策や京中の治安維持のためである。しかし、今回の自律的な在京御家人の軍事行動をみたことで、後鳥羽が彼らを鎌倉と遮断し、幕府内の対立を煽《あお》って、自らの目的のために利用するのは容易《たやす》いと感じ取り、自信を深めたとしても不思議ではない。

敵対の契機

とはいえ、在京武士の軍事行動は大内裏の焼失を招き、一ヵ月余り寝込むほどの痛手を後鳥羽に与えた。建暦・建保年間（一二一一〜一九）、習礼《しゅらい》や公事竪義《くじりゅうぎ》を行い、朝廷政治の復興を目指していただけに、王権の象徴の焼失はなおさら衝撃であった。病床にあって後鳥羽は、なぜこのような事態に至ったのか考えずにはいられなかったであろう。在京武士たちに求められるまま頼茂追討を命じたことを後悔したかもしれない。

しかし、そもそも頼茂を追討しなくてはならなくなった責任は、実朝の暗殺を許し、将軍職をめぐる内紛を起こした幕府にある。摂関家の子を後継将軍にするという妥協までしてやったのに、権力闘争を都に持ち込むとは何事か。後鳥羽は思いをめぐらすうちに、コントロール不能な実朝亡き後の幕府に敵意を募らせていったのではないか。

承久元年（一二一九）八月から九月にかけて、大内裏の焼失が契機となり、後鳥羽は妥協から敵対へと大きく舵を切ったと考える。承久の乱に向けて危険な導火線が引かれたのである。ただし、すぐに火を点ずるわけにはいかなかった。後鳥羽には何にも優先して行わなくてはならないことがあったからである。大内裏の再建である。

3　承久の大内裏造営

再建に向けての再起

『愚管抄』は「此《この》大内造営事、殊ニ御沙汰《ごさた》有リ、造営有ル可《べ》シト云々《うんぬん》、白河・鳥羽両代ハ大略棄置《すておく》ト云々（この大内裏造営については、とくに後鳥羽のご命令があり、造営せよということだったという。白河・鳥羽二代の間はほとんど放置されていたというが）」と叙述する。しかも、慈円は続けて「此事不審」、つまり、なぜわざわざ大内裏を造営したのか不審であると感想を述べている。逆にいえば、人々が不審に思うほど後鳥羽は王権の象徴たる大内裏にこだわったということである。

確かに、焼失の三週間後、後鳥羽は早くも再建事業を始動させている。承久元年（一二一九）八月四日、臨時の除目《じもく》を行い、下北面《げほくめん》（北面の武士のうち、六位の者）でありながら院近臣として厚遇され、文武両面で後鳥羽を支えていた藤原秀康に、北陸道・山陽道諸国の国務を担当させることにしたのである。平岡豊氏によれば、これは国守《くにのかみ》（朝廷の地方長官である国司の筆頭）の調整を行い、秀康を大内裏の造営にあたらせるための人事であったという。「慈光寺本」にも、卿二位が「大極殿《だいごくでん》造営ニ、山陽道ニハ安芸・周防《すおう》、山陰道ニハ但馬・丹《たん》後《ご》、北陸道ニハ越後・加賀《かが》、六ケ国マデ寄ラレタレドモ、按察使光親《あぜちみつちか》・秀康ガ沙汰トシテ、四ケ国ハ国務ヲ行《おこなう》ト雖《いえども》、越後・加賀両国ハ、坂東《ばんどう》ノ地頭、用ヒズ候ナル（大極殿の造営にあたって、山陽道の安芸国・周防国、山陰道の但馬国・丹後国、北陸道の越後国・加賀国、この六ヵ国の税収を造営費用に充てたが、このうち四ヵ国では按察使藤原光親・秀康が国務を行うことができたけれども、越後・加賀二ヵ国では、坂東の地頭が命令に従わない）」と語る場面がある。院近臣で前権中納言正二位の公卿、按察使（中納言以上が兼任する官職の一つ）藤原光親と並んで、秀康は大内裏造営のために国務を執ったというのである。その後、八月半ばに後鳥羽は病に倒れるが、それでも九月七日・二十日、十月二日・十三日と相次いで臨時除目を行った。この中には大内裏再建に関連する人事異動も含まれていた。

承久元年（一二一九）十月十日、病が癒えた後鳥羽は最勝四天王院に御幸し、名所和歌会を催した。『最勝四天王院障子和歌』の世界は日本全土の縮図であり、自らが統治する帝国の象徴である。そこで歌会を催すことは日本全土に君臨する正統な王であることを自分自身で確かめることでもあった。精神的・肉体的な痛手から再起を果たした姿がうかがえる。

藤原秀康関係系図

なお、『百錬抄』は十月十日以前の七月十九

日条に「最勝四天王院、白川《しらかわ》より五辻殿に渡さるる事始也《なり》」と記している。「古活字本」の「関東調伏ノ堂」という記述とあいまって、調伏の証拠を隠蔽《いんぺい》するための解体・移築であったと解釈されてきた記事である。しかし、自らが君臨する日本全土の象徴をそう簡単に解体してしまうとは考え難い。また、同じ『百錬抄』は、翌承久二年（一二二〇）十月十八日条に「今日、最勝四天王院上棟」とも記している。後述するように、移築は承久二年の十月頃とみるべきであろう。

造内裏行事所の発足へ

さて、大内裏再建はどのように進められたのであろうか。大村拓生氏によれば、関連文書はほとんどが藤原経光《つねみつ》の日記『民経記《みんけいき》』の紙背《しはい》文書（裏面が日記などの料紙として利用されたため伝存した文書）であるという。その大半は、実務を担当する行事弁《ぎょうじのべん》であった右中弁《うちゅうべん》藤原頼資《よりすけ》（経光の父）に送られた上申文書、課役免除の特権を証明する証拠書類、関係者間の連絡文書である。大村氏の集計では総数百二十六通に及ぶ。ただし、関連性が推測できるにすぎないものも含まれており、明らかに関連文書と断定できるのは『鎌倉遺文』未収録の十四通を含めて五十数通と思われる。

その中の一通、承久二年（一二二〇）四月二十一日付「典薬寮《てんやくりょう》地黄御薗《じおうみその》供御人《くごにん》等解《とうのげ》」

（『鎌倉遺文』二五九九号。以下『鎌倉遺文』所載の文書は号数のみを示す）には「去年十月、院宣を相副《あいそ》へ、仰せ下さる」との記述があり、承久元年十月に院宣が下されたことがわかる。また、数は少ないが、『民経記』紙背文書以外にも関連史料はある。たとえば、『東大寺文書』の「東大寺出納文書目録」（二六一五号）である。ここにも「造内裏役」のため「十月十六日」に文書を取り出し、政所房に提出したという記述がみえる。後鳥羽は八月から諸国の国務の人事を進め、十月になると院宣を下して自ら再建を命じたのである。

また、同じ十月には母七条院殖子を伴って二十七回目の熊野詣に出た。十六日に京都を発った後鳥羽は、行き慣れた旅路を楽しみ、森厳なる宗教空間に身を浸して大いにリフレッシュしたのではないか。通常は三～四週間の旅程であるが、年老いた母親の同道を考えれば四週間以上はかけたであろう。帰洛は十一月半ば過ぎだったと思われる。

帰洛直後の『百錬抄』承久元年（一二一九）十一月十九日条には、「諸道、梁年《りょうねん》に当たり、内裏を造ることを勘申《かんじん》す」という記事がみえる。「梁年」とは梁《はり》を上げ、柱を建てるのを忌む年の意で、「内裏を造る」のを猶予すべきか否かの検討である。こうした大事業の吉凶は重大な関心事であった。一ヵ月後の十二月十八日、陰陽寮《おんみょうりょう》から「宮室（ママ）営造を憚るべからざるの由」との答申があり、後鳥羽は晴れて再建事業を本格化させることができるようになった。そして、翌承久二年一月二十二日の除目で、藤原公頼《きんより》を参議に補任《ぶにん》して行事参議《ぎょうじのさんぎ》に、翌二十三日、先述の頼資を右中弁に補任して行事弁とし、そこに院近臣藤原光親の子である右少弁《うしょうべん》藤原光俊《みつとし》を加えて造内裏行事所《ぞうだいりぎょうじしょ》を発足させた。

国家的大事業

大内裏の再建には、当然、膨大な費用がかかる。そこで、国家的事業である勅事院事《ちょくじいんじ》（勅院事）として、造内裏役という一国平均役《いっこくへいきんやく》（一国単位で一律に課された臨時の租税・課役）を荘園・公領（国衙《こくが》領。国衙は国司が執務する役所）に賦課する方式が採られた。保元の乱後の大内裏造営で信西が採った方式を踏襲したものである。『民経記』紙背文書や「慈光寺本」などから、造内裏役の賦課が判明する国は、五畿内《ごきない》・伊賀《いが》・伊勢・遠江《とおとうみ》・上総《かずさ》・下総《しもうさ》・近江・美濃《みの》・信濃・下野・越後・加賀・淡路《あわじ》・丹波《たんば》・丹後・但馬・伯耆《ほうき》・備後《びんご》・安芸・周防・壱岐《いき》・筑前・肥前《ひぜん》の諸国である。まさに五畿七道に及ぶ国家的大事業であった。

造内裏役の徴収は、小山田義夫氏によれば、造内裏行事所の統括のもと、国衙が田の面積に従って賦課割り当て書である切符《きりふ》（配符《はいふ》）を作成し、それに基づいて公領の場合は国司が直接に、荘園の場合は領家《りょうけ》（荘園領主のこと）を通じて徴収したという。摂津国田尻荘《たじりのしょう》の例をみてみよう。承久二年（一二二〇）五月十一日付「宮内大輔《くないだいゆう》某書状」（二六〇七号）に「造内裏用途、田尻庄の切符一枚、謹んで以《もっ》て給《たま》はり預り候ひおはんぬ。早く下知すべく候

（内裏造営の費用のうち、田尻荘に割り当てられた分の切符一枚、謹んで受領いたしました。早速命令を下すつもりです）」とある。造内裏用途が切符によって賦課されたことがわかる。ただ、続けて「田数に於《おい》ては、多く以て減じ候ひおはんぬ。切符の如くは済し難《な》く候なり（生産可能な田の数が激減してしまいました。切符で指定された通りには納入することが困難です）」とも記している。田数の減少による窮状を訴えているのである。

また、淡路国の国司「淡路守藤原親俊《ちかとし》」の同年三月十日付書状（二五八三号）には「去年損亡の条に於ては、一国一同の事に候。しかれども事始といひ、上棟の日数といひ、限りある事に候の間、庄公ともにその役を遁《のが》るべからず候。随《したがい》て今月中に半分所済無くんば、官使を下し遣はされ、水火の責を致さるべきの由、院宣の状に載せられ候（去年の田畠《でんぱく》の損害は一国中同じであるが、事始や上棟は重大な事業であるので、荘園も公領も造内裏役を逃れることはできない。三月中に半分を納めなければ官使を遣わして厳しく責め立てると院宣で命じられています）」と記されている。三月は年貢公事の納入時期である。前年の淡路国では田畠に損害があったが、その少ない収穫分をできるだけ徴収しておこうという意図がみえる。現代も三月は税の申告時期、今も昔も庶民にとっては厳しい季節である。ただ、その成果であろうか、『玉蘂《ぎょくずい》』によれば、承久二年（一二二〇）の三月二十二日、「木作始《こづくりはじめ》」、先の淡路守藤原親俊の書状にあった造営の「事始」を迎えるところまできた。

しかし、ここで激しい抵抗が巻き起こる。先にみた摂津国田尻荘でも、田数が減少しているので切符通りには納入し難いと訴えていた。他にも、免除特権が認められている、重要な課役を務める上で支障がある、地頭が領家の下知に従わない、といった様々な理由を挙げ、造内裏役を拒否する動きが広範に発生したのである。造内裏役は勅事院事であり、その賦課は国家的大増税に等しい。こうした抵抗が起きるのはむしろ当然であった。

現代でも増税の際、特別に免除対象が設定されるように、当時も朝廷が定めた免除の基準はあった。「四箇神領《しかしんりょう》」、つまり伊勢・石清水・賀茂・熊野の四大社に供御《くご》を納める荘園、「三代御起請之地《さんだいごきしょうのち》」、つまり白河・鳥羽・後白河三代の間に勅院事の免除特権を与えられた地、「保元之免除証文」、すなわち保元の造営の際に免除の証文を発行された地は免除対象となった。ただ、それ以外にも、後鳥羽に近い卿二位・尊長といった有力者の口利きにより、北野社《きたのしゃ》・延暦寺・円勝寺・最勝四天王院など畿内近国を中心に、有力寺社が新たに免除認定を受けた。一方、証文や有力者のコネがなければ免除は認められず、大多数のそうした地では、国司・領家・地頭の別なく造内裏役を拒否する抵抗の嵐が吹き荒れたのである。

それでも、『百錬抄』承久二年（一二二〇）十月十八日条によれば、「大内の殿舎・門・廊等、立柱上棟と云々。仍《よっ》て権大納言通具卿、参議公頼卿、右中弁頼資朝臣、右少弁光俊以下、行事所に着すと云々〔大内裏の殿舎・門・廊などの立柱上棟の儀式があったという。そこで上卿《しょうけい》〔政務を執行する公卿〕である権大納言源通具、行事参議である藤原公頼、行事右中弁の藤原頼資、行事右少弁の藤原光俊らが造内裏行事所に勢揃いしたという〕」、つまり十月十八日には、殿舎・門・廊などの立柱上棟にこぎつけたのである。また、『玉蘂』十一月二十日条から、後鳥羽が九条道家に額《がく》の文字を書くよう命じ、殿舎に葺《ふ》く檜皮《ひわだ》の寸法を諮問したこと、「上総介藤原清国《きよくに》書状」（二六七六号）や『仁和寺日次記』から、十二月八日に檜皮葺始《ひわだぶきはじめ》があったことがわかる。さらに、『公卿補任』の公頼の注に「十二月十八日辞退」とあり、公頼はこの日に参議を辞めている。造内裏行事所は承久二年十二月中に解散したものと考えられる。以後、造営に関する史料はみえなくなる。

異例ずくめの造営

かくして、全国的に抵抗の嵐が吹き荒れた中、大内裏再建は承久二年（一二二〇）十二月に完了した、かにみえる。こう表現したのは、保元二年（一一五七）の大内裏や建暦二年（一二一二）の閑院内裏の造営と比較すると、承久の造営の異例さが際立つからである。

保元の造営では、保元二年二月十八日に宣旨が下されて事始があり、一ヵ月余り後の三月二十六日の上棟の儀に上卿・参議・弁が顔を揃えた。工事は順調に進み、六ヵ月半後の十月三日、右大臣近衛基実が人々を引き連れて竣工《しゅんこう》した大内・八省・大極殿を視察、五日には造内裏臨時仁王会《にんのうえ》、八日に後白河天皇の新造大内遷幸があった。事始から七ヵ月半のことである。そして、二十二日には勧賞《けんじょう》（論功行賞）があった。

閑院内裏の場合、建暦二年（一二一二）七月二十七日に事始があり、上卿に藤原光親、弁に藤原家宣《いえのぶ》が補任された。建暦二年は十一月十三日に順徳天皇の大嘗会があった。大嘗会は天皇一世一代の晴儀《せいぎ》である。その準備に多忙を極める中、里内裏とはいえ、事始から四ヵ月余の十二月二日、上棟にこぎつけた。そして、翌建暦三年（建保元年）二月二十六日、内大臣九条道家が竣工なった新内裏を視察、翌二十七日、順徳が遷幸した。事始からちょうど七ヵ月である。同日、勧賞があり、藤原光親や、造営に協力した将軍実朝などが賞にあずかった。ただ、上棟から竣工までの期間が保元の造営の半分以下、三ヵ月弱と短かったため、設計図と異なる点が随所にみられ、竣工後に改修が加えられた。

これに対し、今回の造営は、後鳥羽の院宣が下された承久元年（一二一九）十月から、造内裏行事所が設置される翌承久二年一月下旬まで三ヵ月、三月二十二日の木作始までさらに二ヵ月かかった。立柱上棟にこぎつけたのは十月十八日であり、院宣が下されてからすでに一年も経っていた。宣旨から上棟まで一ヵ月余であった保元の造営よりはるかに遅い。ところが、上棟から造内裏行事所の解散までは約二ヵ月である。保元の場合、上棟から完成まで六ヵ月半かけた。欠陥だらけで竣工した閑院内裏ですら三ヵ月弱かけていた。それより短いのである。しかも、今回は新造大内への大臣の視察や、天皇遷幸の記録がない。せっかく苦労して建てた殿舎であるから、華々しい遷幸の儀式があってもよさそうなものであるが、そうした記録がみえないのである。また、藤原光親・同秀康をはじめ、上卿・行事参議・行事弁ら造営に寄与した人々の勧賞もない。異例ずくめの造営といえる。

壮大な無駄

そもそも、造内裏行事所設置の数ヵ月も前から、後鳥羽は臨時除目を重ねて造営のための人事を進め、院宣を下して造内裏役の徴収を開始していた。これも異例である。一刻も早く大内裏を再建したい、再建しなくてはならない、自分ならばできるはずだ、という強い意志が後鳥羽を前のめりにさせていたといえよう。

ところが、陰陽寮による造営の吉凶の答申には一ヵ月もかかった。また、大村氏は上卿の通具が遠方へ物詣《ものもうで》に出かけ、行事弁の頼資が十月二十六日から十二月十三日まで熊野詣に出るなど、行事担当者は必ずしも意欲的に取り組んではいなかったと指摘する。さらに、閑院内裏造営では実朝の幕府の協力があったが、今回はそれもない。『愚管抄』が「此大内造営事、殊ニ御沙汰有リ、造営有ル可シ」「此事不審」と記したように、王権の象徴の再建に熱意を注ぐ後鳥羽に比べ、周囲は明らかに冷めていたのである。

その温度差に後鳥羽は苛立《いらだ》ちを募らせたであろう。そこへもってきて全国的な抵抗の嵐である。国司・領家・地頭を問わず、諸地域・諸階層の抵抗は、後鳥羽の想像をはるかに超えていた。これもまた異例の激しさだったといえる。

こうした点を総合すると、最初は意気込んでいた後鳥羽も、ある時期から殿舎の完成ではなく、一応の形を整えておく、ということに方針を転換したと考えることができるのではないか。十二月八日の檜皮葺始の後、造営をいったん中止したということである。そう考えれば、上棟から造内裏行事所の解散までがわずか二ヵ月であること、大臣の視察、順徳の遷幸、造営の勧賞がなかったことも説明がつく。

その後、承久の乱に敗れた後鳥羽が隠岐島に流されたことにより、造営が再開されることはなかった。承久の大内裏造営は、正統な王たろうとした後鳥羽による、いわば壮大な無駄に終わってしまったのである。

4　乱に向けて

造営の裏で

では、造営の裏で何が起きていたのか。まず目を引くのが、承久二年（一二二〇）春の定家に対する歌会出仕の禁止である。五味文彦氏によれば、除目で数人に超越され不満を抱いた定家が、自身を菅原道真《すがわらのみちざね》になぞらえて述懐歌《じゅっかいか》、つまり今の境遇を愁訴する歌を詠んだことに激怒したのだという。五味氏は「後鳥羽の心境は今までとは違って」「我が意に逆らい、道真の歌などを下敷きにして述懐歌を詠む定家を許すことができなかった」と指摘する。定家の才能を認めつつも、癖のある人となりや言動にこれまでも後鳥羽が苛立つことはあったが、ここにきて我慢の限界値がぐっと下がってきたということであろう。

また、同年四月二日には、第一章第3節で述べたように、順徳が賭弓習礼《のりゆみのしゅらい》で殿上人に「擬主上《ぎしゅじょう》」を担当させたことを問題視し、順徳を制止しなかった道家に怒りをぶつけた。もともと王の権威に対する意識という点では、神器なき践祚《せんそ》をした後鳥羽と、土御門から正式に譲位を受けて践祚した順徳との間に違いがあったように思われる。基本的に順徳は後鳥羽と同じ方向を向いていたが、成人すれば正統な公式の王として独自の活動をするようにもなる。その結果、軽はずみな行動を取ってしまい、後鳥羽の怒りを買ったのであろう。

さらに、相次ぐ火災が京都を襲った。承久元年（一二一九）十一月二十七日、「国王ノ氏《うじ》寺《でら》」と呼ばれた六勝寺の延勝寺・成勝寺・最勝寺の塔と金堂、證菩提院《しょうぼだいいん》と検非違使庁《けびいしのちょう》が放火で焼亡《じょうもう》した。承久二年になると、木作始直後の三月二十六日に清水寺《きよみずでら》の本堂・塔・釈迦堂《しゃかどう》、四月には十三日に祇園社《ぎおんしゃ》の本殿・東面廊・南大門・薬師堂、十九日に慈円の吉水坊《よしみずぼう》、そして二十七日、大内裏の陽明門《ようめいもん》・左近衛府・左兵衛府までもが焼失した。王権に関わる建物の相次ぐ焼失は大内裏の再建計画にも影響を与えたに違いない。そうした中、造内裏役に対する抵抗が国司、諸権門、地頭などから巻き起こったのである。

問題の元凶

前節冒頭の卿二位の言葉には、北陸道の「越後・加賀両国ハ、坂東ノ地頭、用ヒズ候ナル」とあった。越後守護は北条義時、加賀守護は義時の次男朝時《ともとき》の可能性が高く、両国での造内裏役拒否はその影響と考えられる。ただ、それも北陸道を加えた東国の話にすぎず、全国的には地頭の抵抗が際立って多かったわけではない。ただ、大内裏が焼失した原因は幕府の内紛が都に持ち込まれたことであり、幕府は地頭を指揮して積極的に再建に協力すべきである。そう後鳥羽は考えたであろう。にもかかわらず、地頭の抵抗を幕府に訴えても埒《らち》があかない。後鳥羽からすれば、今の幕府はコントロール不能なのである。

もともと頑健な肉体と抜群の身体能力を持ち、乗馬・水練・笠懸などの武技に秀で、自ら太刀の焼き入れをしたと伝えられる後鳥羽には、幕府や武士の存在そのものを否定する気などなかったと思われる。ただ、日本全土に君臨する王が、幕府をコントロール下に置けないのは問題であった。なぜコントロールできないのか。幕府の中に元凶がいるからである。その元凶とは誰《だれ》か。

表向きは三寅が将軍予定者、北条政子が尼将軍として幕府を代表している。しかし、後鳥羽が鎌倉に送った弔問使藤原忠綱は、実朝の生母である政子に弔意を伝えた後、義時の邸宅を訪れて長江・倉橋両荘の地頭改補要求を突き付けた。実質的に幕府を動かしているのは義時だと、後鳥羽が認識していたことの表れである。また、卿二位は先の言葉に続けて「去《され》バ、木ヲ切《きる》ニハ本《もと》ヲ断《たち》ヌレバ、末《すえ》ノ栄《さかゆ》ル事ナシ。義時ヲ打《うた》レテ、日本国ヲ思食《おぼしめす》儘《まま》ニ行ハセ玉《たま》ヘ」と進言したという。卿二位も幕府を倒せ、とはいっていない。「本ヲ断」、すなわち元凶である義時を討って日本国を思いのままに支配するよう勧めているのである。

かつては、後鳥羽が目指したのは「倒幕」であったとする説が有力であった。また、現在の学界にも、後鳥羽の究極の目的を「倒幕」とみなす説があることも確かである。しかし、承久元年（一二一九）から同三年に至る後鳥羽の動きや、承久の乱について記す鎌倉期の史料から「倒幕」の二文字を読み取ることは難しい。大内裏造営を進める中で苛立ちを募らせた後鳥羽が、幕府をコントロール下に置くために優先順位を変更し、大内裏の完成から問題の元凶である北条義時の追討へと方針を転換するに至ったのだと考えたい。

調伏の修法と尊号の辞退

ところで、『仁和寺日次記』承久二年(一二二〇)十二月十一日条には、院近臣で法勝寺執行《しぎょう》の二位法印《にいのほういん》尊長が「出羽国羽黒山総長吏《でわのくにはぐろさんそうちょうり》」に補任されたという記事がみえる。再三述べてきたように、後鳥羽が行わせた修法《しゅほう》の多くは関東調伏ではなかった。ただ、羽黒山は修《しゅ》験道《げんどう》の本場である。しかも、過去には地頭の非法をめぐって幕府と対立したこともあった。承久二年末というタイミングを考えれば、尊長を通じて羽黒山に調伏の修法を行わせるための補任であったとみることもできる。

となると、先述した『百錬抄』承久二年十月十八日条の「今日、最勝四天王院上棟」という記事の意味もみえてこよう。十月十八日は大内裏殿舎の立柱上棟の日であった。大内裏再建が一応の体裁を整えるところまできたことにより、後鳥羽は最勝四天王院を調伏の堂へと衣替えする工事に着手したのではないか。「古活字本」の「関東調伏ノ堂」という表現も、これ以後の記憶に基づくものとすれば納得がいく。

さらに、承久二年(一二二〇)十一月五日、皇太子懐成《かねなり》親王の着袴《ちゃっこ》の儀があり、その三日後、「鳥羽院の保延元年の例」(『玉蘂』十一月八日条)に則《のっと》って後鳥羽は太上天皇の尊号と御《み》随身《ずいじん》(貴人の警護のために付けられる弓矢・刀剣を帯びた近衛府の役人)を辞退した。「鳥羽院の保延元年の例」とは、右大臣藤原宗忠《むねただ》の日記『中右記《ちゅうゆうき》』保延元年（一一三五）十二月十八日条に「院、明年の御慎み軽からず。よつて尊号ならびに御随身を辞し申さしめ給ひ候（鳥羽院は明年が重厄《じゅうやく》で慎みが大切であるため、太上天皇の尊号と御随身を辞退なさいます）」とある先例のことである。当時は年末になると、宿曜師《すくようじ》が翌年の運勢・吉凶を示す勘文《かんもん》（諮問に答える文書）を提出した。重厄を指摘された鳥羽は、尊号辞退という思い切った方法によって厄《やく》除《よ》けを図ったのである。十二月二十九日、辞退を表明する文書には「厄運慎むべし」という一文が入れられた。

『玉蘂』承久二年十一月八日条に載せられた後鳥羽の「御辞《ごじ》状《じょうの》草《そう》」にも、「明年の厄運、慎むべし」との文言がみえる。「明年」つまり承久三年は後鳥羽にとって重厄の年だったのである。すでに後鳥羽は、順徳から懐成への譲位を予定していたと思われ、懐成着袴直後の尊号辞退は直接的にはその厄除けであったと推察できる。しかし、譲位は順徳が自由な立場で活動できる体制を作り、北条義時追討を成功に導くためのものであった。その意味でも「厄運」は祓《はら》い除《の》けておかなくてはならなかった。まだ年の瀬にもならない十一月上旬の尊号辞退から、そうした後鳥羽の強烈な思いをうかがうことができよう。

方針転換の時期

では、方針転換の時期はいつ頃だったのか。注目したいのは、『玉蘂』承久二年（一二二〇）十月五日条の「上皇城南《じょうなん》におはす」という記述である。ここから、後鳥羽が十月上旬、鳥羽の城南寺に滞在したことがわかる。城南寺は「慈光寺本」が「来《きたる》四月廿八日城南寺ニシテ御仏事アルベシ。守護ノ為《ため》ニ甲冑《かっちゅう》ヲ着シテ参ラルベシトゾ催《もよおし》ケル（来る四月二十八日、城南寺で御仏事を行う予定である。警固のために甲冑を着て参上せよと、武士たちを召集した）」、「古活字本」が「鳥羽ノ城南寺ノヤブサメソロヘト披露シテ、近国ノ兵《つわものども》共ヲ召サレケリ（鳥羽の城南寺で流鏑馬揃《やぶさめぞろ》えを行うと広く告知して、近国の武士たちを召し集めた）」とされる寺である。

ただ、建保五年（一二一七）九月七日以降、三年余り後鳥羽の城南寺御幸はない。久方ぶりの御幸は何のためか。『玉蘂』によれば、翌承久三年（一二二一）一月二十七日、後鳥羽は城南寺で笠懸を行ったという。笠懸は「古活字本」の流鏑馬揃えを想起させるに十分である。とすれば、その先をみすえた布石、城南寺御幸を繰り返し、笠懸を行うことによって、城南寺での行事を名目にした兵の召集をカムフラージュする意図があったのではないか。

さらにまた、承久二年（一二二〇）八月一日付「順徳天皇宣旨」には「城南御幸以前に申し上げしむべきの由」という文言がみえる。宣旨が出されたのは八月一日、この時点ですでに後鳥羽は城南寺御幸を計画していたことになる。とすれば、七月頃には城南寺の行事を名目に兵を召集する計画を思いついていたと考えられよう。承久元年八月・九月頃引かれた導火線に、約一年後の承久二年七月、ついに火が点じられたのである。

鎌倉の承久元年・同二年

同じ頃、鎌倉では何が起きていたのか。『吾妻鏡』によれば、承久元年（一二一九）後半から翌年の暮れにかけて、鎌倉でも火事や天変が続発したという。まず、承久元年九月二十二日、由比ヶ浜の北付近から出た火が南風に煽られて鎌倉中に広がり、北は将軍御所の北東にある永福寺《ようふくじ》の総門、南は由比ヶ浜の倉庫前、東は名越山《なごえやま》の裾、西は若宮大路《わかみやおおじ》までが焼失した。これほどの大火は頼朝の時代以来なかったという。実朝の旧跡でもある政子の邸宅と三寅の居所は幸いにも類焼を免れた。ところが、三ヵ月後の十二月二十四日、今度はその政子の邸宅が失火によって焼けてしまった。また、十一月二十一日には大風が吹き、新築した時房の邸宅が転倒した。卜筮《ぼくぜい》を行ったところ、極めて不吉とのことであった。

承久二年（一二二〇）になると、二月に二度の大火によって大町《おおまち》以南が焼失、三月は窟堂《いわやどう》付近の民家数十軒が被災した。火事は九月、十月、十二月にもあり、『吾妻鏡』同年十二月四日条は「去今年鎌倉中、火事絶ゆることとなし。わずかに遅速ありと雖《いえど》も、遂《つい》に免るる所なし。直《ただ》なる事にあらざるか（去年、今年と鎌倉中で火事が絶えない。時期に違いはあるものの、被災を免れた場所はなくなった。ただ事ではない）」と記している。さらに、同年七月には「近来比類なき」大風雨によって人家が転倒・流失、多数の死者が出た。承久元年・同二年は京・鎌倉ともに次々と災害に見舞われた年だったのである。

また、承久二年（一二二〇）六月には三寅の父九条道家の使者が鎌倉にやってきた。前年十二月の彗星《すいせい》出現という天変に対し、朝廷では祈禱を行い、延暦寺根本中堂《こんぽんちゅうどう》では千僧御読経《せんそうみどきょう》があった。鎌倉でも三寅のために祈禱を行うように、という要請であった。当時の人々は彗星の出現を異変の前兆と捉え、警戒した。関東ではみえなかったのであるから祈禱の必要はないとの意見もあったが、大江広元らが協議した結果、大般若経《だいはんにゃきょう》から三部を選び、鶴岡八幡宮で経典の初・中・後の数行を読む転読《てんどく》を行った。

新体制の鎌倉幕府

そうした中にあって、幕府は次のステップへと歩みを進めた。『仁和寺日次記』は、承久二年（一二二〇）四月十五日条に「今夜禅暁阿闍梨《あじゃり》故頼家卿息、東山《ひがしやま》辺において誅す」と記している。頼家の遺児禅暁が誅殺されたのである。かくして公暁・阿野時元・道暁・頼茂・禅暁ら将軍候補の粛清が完了し、同年十二月一日、三寅の着袴の儀が盛大に行われた。翌二日、朝廷への報告のため小山朝政《おやまともまさ》が上洛し、幕府は実朝亡き後の体制が安定したことを内外に示した。朝廷でも同年十一月五日、懐成親王の着袴の儀があり、翌年の践祚に向けて準備が整えられた。三寅と懐成はともに建保六年（一二一八）生まれの三歳。形式的に幼いトップを擁する体制が、期せずして朝幕でほぼ同時に作られたことになる。

ただ、この時期の『吾妻鏡』には朝幕関係を示す記事がほとんどない。彗星の祈禱の記事も道家が我が子三寅の身を案じたものにすぎず、後鳥羽とのやり取りではない。さすがに後鳥羽が病床に伏した際には、幕府も見舞いの使者として後藤基綱《もとつな》を上洛させた。ほかには、大内惟義《おおうちこれよし》・惟信《これのぶ》父子、五条有範《ごじょうありのり》が、京都の火事や大内裏の木作始・立柱上棟を報せる使者を送ってきたという記事がみえるぐらいである。むろん、記事がないことと、事実そのものがなかったこととは同義ではない。後世の編纂物である『吾妻鏡』があえて記さなかった可能性もあろう。とはいえ、朝幕の関係が冷え切っていたのは間違いない。

逆にいえば、幕府は承久二年（一二二〇）における後鳥羽の方針転換、すなわち大内裏再建から北条義時追討へと優先順位を変更したことに気づくことなく、警戒も対策もしていなかったということである。承久の乱の勃発は、幕府からすれば想定外の、しかも驚天動地の大事件だったわけである。次章において詳しくみていくことにしよう。

第四章　承久の乱勃発

1　北条義時追討へ

追討に向けてのカウントダウン

承久三年（一二二一）、後鳥羽にとっての「重厄」の年が明けた。京都では相変わらず火事が続き、卿二位の宿所、後鳥羽の母七条院の御所、宗像社《むなかたしゃ》、宝荘厳院《ほうしょうごんいん》が焼亡した。鎌倉でも三善康信邸が火災にあい、重要書類や裁判の問注記録が焼失した。しかし、こうした中、後鳥羽は北条義時追討に向けて、カウントダウンを着々と進めていた。『玉蘂』承久三年一月十七日条には「今暁院に行幸、夜に入り還御と云々。年始の朝覲《ちょうきん》の礼にあらず」とある。順徳が後鳥羽のもとを訪れたのであるが、これは天皇が父院や母女院に年始の礼を行う朝覲行幸ではなかったという。譲位や義時追討についての相談であった可能性が高い。次いで後鳥羽は、一月二十七日、鳥羽の城南寺で笠懸を行わせた。そして、二月四日、二十九回目の熊野詣に出た。熊野三山に譲位の無事と義時追討の成功を祈願したのではなかったか。ただ、これが生涯最後の熊野詣となることを、後鳥羽はまだ知らない。

四月二日、伊勢・石清水・賀茂三社に奉幣して「重厄」を祈り祓《はら》うと、四月二十日、順徳から懐成《かねなり》への譲位が行われた。仲恭《ちゅうきょう》天皇、四歳の践祚《せんそ》である。同日、近衛家実が関白を辞し、左大臣九条道家が摂政となった。四月二十三日、順徳に太上天皇の尊号が奉られ、四月二十六日、「新院《しんいん》」順徳は「一院《いちのいん》」後鳥羽の院御所高陽院殿《かやのいんどの》に御幸した。

並行して後鳥羽は、御家人の取り込み工作を秘密裏に進めた。すでに頼茂追討の過程で、後鳥羽は御家人たちを幕府首脳部と分断し、独自に操ることは容易《たやす》いとの感触を得ていた。そこから一歩進め、自らの側に取り込んだ御家人を用いて、幕府内に義時排除の動きを起こさせようと画策したのである。ターゲットに選んだのは和田合戦後、北条氏に対抗し得る唯一の勢力となった三浦氏、なかでも在京中の「平判官《へいはんがん》」三浦胤義であった。

なお、『民経記』紙背文書「上総介清国書状」（二六七六号）には、承久二年（一二二〇）十一月二十五日、「地頭三浦判官胤□(義)」が「造内裏米」の徴収を拒んでいる旨を、上総国司藤原清国が造内裏行事所の右中弁藤原頼資に訴えたという記事がみえる。胤義は造内裏役を拒んだ地頭だったのである。その胤義を後鳥羽は取り込もうとしたわけである。大内裏造営中止の原因が地頭の抵抗だけにあったのではない、ということの証左となろう。

三浦胤義取り込み工作

「慈光寺本」は、後鳥羽の命を受けた能登守《のとのかみ》藤原秀康が三浦胤義を自邸に招き、酒を酌み交わしながら、後鳥羽に従うよう勧めたと叙述する。胤義は、自分が三浦・鎌倉を振り捨てて在京しているのには理由があると答える。自分の妻は「一法執行《いっぽうしぎょう》」の娘、胤義と契りを結ぶ前は「故左衛門督《さえもんのかみ》殿」、すなわち二代将軍頼家の「御台所《みだいどころ》」として「若君」を産んだ女性だという。ところが、頼家が北条時政に殺害され、若君も時政の子義時に殺されてしまった。胤義との再婚後も毎日涙を流す妻をみて、胤義は都に上って院に仕え、鎌倉に一矢放って夫妻の心を慰めたいと思っていたというのである。「一法執行」は成勝寺執行の一品房法橋《いっぽんぼうほっきょう》昌寛《しょうかん》、「若君」は禅暁である。禅暁は先にみたように、承久二年（一二二〇）四月十五日、北条義時の幕府によって京都の東山で誅殺された。

野口実氏は、こうした情緒的な要因はあったにしても、より重要なのは「在京奉公」と「在地経営」という東国御家人に一般的にみられる分業体制であったとする。胤義は建保六年（一二一八）六月以降、翌年一月の実朝暗殺以前には在京奉公を始め、先述の「上総介清国書状」（二六七六号）によれば、承久二年（一二二〇）十一月二十五日以前に「判官」すなわち衛門尉で、かつ検非違使《けびいし》の宣旨を受けるという地位を得ていた。当時、胤義の兄三浦義村は左衛門尉にすぎず、「ステイタスの点からすれば、検非違使の宣旨を蒙《こうむ》った胤義が上位」になったと野口氏は指摘する。これは、義村にとって胤義が「族的分業の担い手」というより「一族内の競合者」としての意味合いが強くなったことを意味する。

一族内の競合・対立

同様のことは他の御家人にもみられる。北条義時・時房兄弟ですら、一枚岩ではなかった可能性がある。義時と違って時房は在京経験があり、都の教養を身につけ、蹴鞠の技量は蹴鞠の「長者」後鳥羽に称賛されるほどであった。『吾妻鏡』建保二年（一二一四）四月二十七日条には、時房が「三位《さんみ》」という公卿相当の位階に推挙してほしいと将軍実朝に「内々」に願い出たという記事がみえる。時に兄義時の位階は正五位下にすぎない。はるかに高い位階を望んだことになる。結局、実現はしなかったが、これが「内々」の願いであったことは、時房の胸中に兄に対する対抗心が育《はぐく》まれていたことをうかがわせる。

さらに、『吾妻鏡』承久二年（一二二〇）一月十四日条には、時房の次男時村《ときむら》・三男資時《すけとき》が俄《にわ》かに出家したという記事がみえる。突然の出家を人々は怪しんだという。若者の出家は、仏道修行のためというより、罪の償いや身の潔白の証明であることが多い。時村は、実名《じつみょう》に「村」の字が入っていることから、三浦義村を烏帽子親《えぼしおや》（元服後の社会的後見人）にしていたと考えられる。北条義時に対抗し得る有力御家人が後ろ盾だったわけである。そうしたことが時村を、何かしら危険な、たとえば反義時の行動に走らせ、出家せざるを得ない窮地に追い込んだ可能性もある。

北条氏略系図（数字は執権就任の順序）

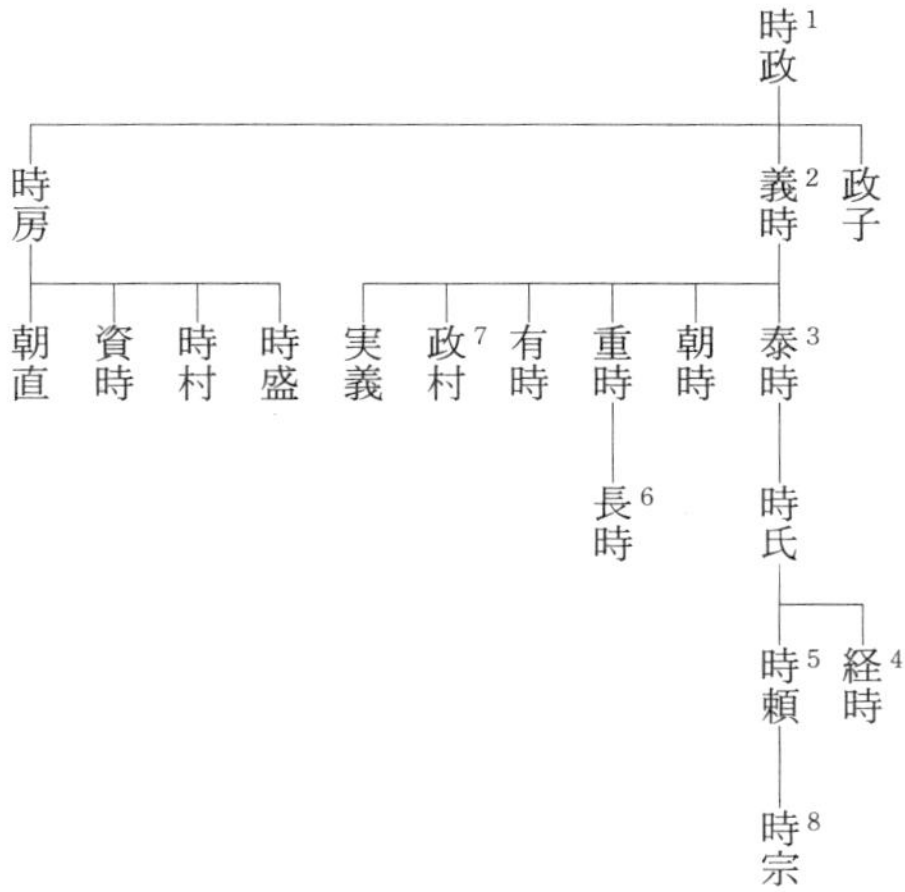

後鳥羽はこうした御家人の一族内、とくに「兄弟間の競合・対立」を利用して、幕府内に義時排除の動きを起こさせようとしたと考えられる。「慈光寺本」は、胤義が兄義村に書状を送り、義時を油断させる計略を授ければ討つのも簡単だと秀康に語ったとする。報告を受けた後鳥羽は「急ギ軍《いくさ》ノ僉議《せんぎ》仕《つかまつ》レ（急いで合戦についての評議を開始せよ）」と命じた。

一千余騎召集

続けて「慈光寺本」は城南寺の仏事を、また「古活字本」は流鏑馬《やぶさめ》揃《ぞろ》えを名目に召集命令が下されたことを叙述する。以下、「慈光寺本」を中心に経過を追ってみたい。

まず、院近臣の貴族・僧侶に後鳥羽直々の「勅定《ちょくじょう》」が下され、在京御家人や西面衆《さいめんしゅう》、畿内・近国の武士には「廻文《めぐらしぶみ》」（複数の人物に順次廻らして通知する命令書）が出された。前者には坊門忠信、藤原光親、源有雅《ありまさ》、中御門宗行《なかみかどむねゆき》、一条信能、高倉範茂《のりもち》、刑部僧正長厳《ぎょうぶのそうじょうちょうごん》、二位法印尊長、後者には藤原秀康・秀澄兄弟と甥の能茂《よしもち》（童名は伊王《いおう》）、三浦胤義、大内惟信、佐々木広綱《ひろつな》・同高重《たかしげ》、後藤基清、八田知尚《ともひさ》、大江能範《よしのり》ら、また丹波・丹後・但馬・播磨・美濃・尾張・三河《みかわ》・摂津・紀伊・大和・伊勢・伊予《いよ》・近江の武士がいた。

承久三年（一二二一）四月二十八日、「一千余騎」が院御所高陽院殿に集結し、四面の門を諸国の兵が警固する中、「上皇」後鳥羽、「中院《なかのいん》」土御門、「新院」順徳、「六条宮」雅成、「冷泉宮」頼仁が御所内に入った。そして、百座仁王講《ひゃくざのにんのうこう》・如法愛染王法《にょほうあいぜんおうほう》が始行された（『御譲位部類記』『光台院御室伝《こうだいいんおむろでん》』および『吾妻鏡』承久三年五月二十一日条）。鎮護国家・仏敵降伏《ぶってきこうぶく》の祈禱に乗じて北条義時を調伏《ちょうぶく》したと考えられる。

後鳥羽は続いて陰陽師七人に事の成否・吉凶を占わせた。すると、今ではなく、改元して十月上旬に事を起こせば成就するだろうとの答申であった。すかさず卿二位が、後鳥羽の果報は義時の果報とは比べものにならない上、このようなことは一人の耳に入っただけでもほどなく世間の知るところとなる、ましてや一千余騎に召集を命じたわけであるからもはや隠することはできまい、義時の耳に入ったら後鳥羽にとって危うい問題となるだろう、早くご決断をなさるように、と進言した。

確かに、後鳥羽の計画は秘密裏に進めてこそ効果がある。現に承久二年（一二二〇）七月の方針転換以降、着々と積み重ねてきた準備に幕府は気づいていなかった。しかし、秘密の計画も表沙汰になる時が必ず来る。その際は迅速な選択と決断、そして行動が必要である。

後鳥羽は秀康を召すと、義時の縁者である京都守護伊賀光季を討つよう命じた。

ただ、「慈光寺本」は二人の重鎮、近衛基通と卿二位の夫大炊御門《おおいみかど》（藤原）頼実が後鳥羽に批判的であったとする。また、三寅の関東下向に尽力した西園寺公経とその子実氏は、幕府に内通しているとみなされ、五月十四日、弓場殿《ゆばどの》に幽閉された。

京都守護伊賀光季討伐

かくして承久三年（一二二一）五月十五日の朝が来た。「慈光寺本」によれば、後鳥羽の命を受けた秀康は、まず京都守護伊賀光季に出頭を要請したとする。光季は幕府の宿老、故伊賀守藤原朝光《ともみつ》の子で、妹は義時の妻となって北条政村《まさむら》（のちの七代執権）を産んでいた。京都における義時の代官的存在である。むろん光季は召しに応じず、「一千余騎」が差し向けられることになった。「古活字本」はもう一人の京都守護大江親広についても叙述する。

召しに応じた親広は、後鳥羽から「義時ガ方ニ有《あら》ンズルカ、又《また》御方ニ可レ候《そうろうべき》カ、只今申《もうし》キレ（義時の側にいるつもりか、それともまた後鳥羽院のお味方となるつもりか、今すぐはっきりと申せ）」と迫られ、やむなく後鳥羽に従うことになったとする。

五月十五日、三浦胤義・小野成時《なりとき》（後出する小野盛綱《もりつな》の甥）・佐々木広綱ら「八百余騎の官軍」（『吾妻鏡』五月二十一日条）が、五陣に分かれて光季の宿所に攻め寄せた。一方、光季配下の武士は八十五騎。光季は、自分は最後まで戦って討死する覚悟だが、命が惜しい者は逃げてもよいと伝えた。これを聞いて逃亡する者が続出し、残ったのは政所ノ太郎・治部《じぶ》次郎ら精鋭の武士二十九騎、光季と十四歳の次男光綱《みつつな》（童名「寿王《じゅおう》」）の父子、合わせて三十一騎だけであった。半数以上が院の軍勢と戦うことを避けたのである。

門を開け放って敵を迎え撃った光季は、胤義をみつけると「十善《じゅうぜん》ノ君《きみ》ノ為ニ過セル罪モナキ者ヲ、勅勘何事故候ヤラン（後鳥羽院に対してさほどの罪を犯したわけでもない者を、勅勘に処すとはどういうわけでしょう）」と責めた。胤義が「時世ニ随《したが》フ事ナレバ、宣旨ニ召レテ、和殿《わどの》討手ニ寄《よせ》タル也（時勢に従うということであるので、宣旨によって召集されて、あなたを討つ軍勢に加わり攻め寄せたのだ）」と応じる。しかし、光季が思い切り引き絞って放った矢に、あわや射落とされそうになると、胤義は門外に引き退いた。こうして光季らは奮戦を続け、三十五騎を討ち取った。とはいえ、所詮《しょせん》、多勢に無勢。痛手を負った光季は寝殿に火をかけるよう命じた。そして、涙ながらに我が子光綱を刺して燃え盛る炎に投げ入れ、自分も政所ノ太郎と刺し違え、炎の中に倒れ込んで自害した。報告を受けた後鳥羽は、光季を味方に引き入れ、北条義時追討の大将軍にしたかったと、その死を惜しんだ。

北条義時追討の院宣

次いで後鳥羽は、五月十五日付「北条義時追討の院宣」を下した。「承久の乱」の勃発である。院宣とは、院に近侍する院司が院の意向を受け、自分が形式上の差出人（奉者《ほうじゃ》という）となって発給する命令書である。「慈光寺本」は、藤原光親が奉者となった院宣を載せている。長村祥知氏の詳細・綿密な分析によれば、これは実在した院宣を引用したものであるという。全文を掲出してみよう。

院宣を被《こうむ》るに称《い》へらく、故右大臣薨去《こうきょ》の後、家人《けにん》等偏《ひとえ》に聖断を仰ぐべきの由、申さしむ。仍《よっ》て義時朝臣、奉行の仁《じん》たるべきかの由、思《おぼ》し食《め》すのところ、三代将軍の遺跡《ゆいせき》、管領《かんれい》するに人なしと称し、種々申す旨あるの間、勲功の職を優《ゆう》ぜらるるによつて、摂政の子息に迭《か》へられ畢《おわ》んぬ。然而《しかれども》、幼齢未識の間、彼《か》の朝臣、性を野心に稟《う》け、権を朝威に借れり。これを政道に論ずるに、豈《あ》に然《しか》るべけんや。仍て自今以後、義時朝臣の奉行を停《ちょう》止《じ》し、併《しかしなが》ら叡襟《えいきん》に決すべし。もし、この御定《ごじょう》に拘《かかわ》らず、猶《なお》反逆の企てあらば、早くその命を殞《おと》すべし。殊功の輩《ともがら》においては、褒美を加へらるべき也。宜《よろ》しくこの旨を存ぜしむべし、てへれば、院宣かくの如し。これを悉《つく》せ。以て状す。

承久三年五月十五日　　　　按察使光親奉る

内容は次の通りである。

「故右大臣」実朝の死後、御家人たちが「聖断」すなわち天子（この場合「治天《ちてん》の君《きみ》」後鳥羽）の判断・決定を仰ぎたいというので、後鳥羽は「義時朝臣」を「奉行の仁」、すなわち主君の命令を執行する役にしようかと考えていたところ、「三代将軍」の跡を継ぐ者がいないと訴えてきたため、「摂政の子息」に継がせた。ところが、幼くて分別がないのをいいことに「彼の朝臣」義時は野心を抱き、朝廷の威光を笠に着て振舞い、然るべき政治が行われなくなった。そこで、今より以後は「義時朝臣の奉行」をさしとめ、すべてを「叡襟」（天子のお心）で決する。もしこの決定に従わず、なお反逆を企てたならば命を落とすことになるだろう。格別の功績をあげた者には褒美を与える。以上である。

院宣の論理

ここにみられるのは、後鳥羽の意思に従いたいとする御家人たちの願いに反し、奉行の北条義時が朝廷の威光を笠に着て政治を乱している、義時の奉行をやめさせ、後鳥羽の意思で政治を行えば御家人たちの願いも叶《かな》えられる、つまり義時排除という一点で、御家人たちと後鳥羽の利害は一致するという論理である。しかも、義時に味方すれば命を落とし、義時排除に功があれば褒賞すると、賞罰を明示する。日本全土に君臨しようとする後鳥羽ならではの論理である。とはいえ、院宣を受け取る御家人からみても、問題が幕府の存廃ではなく義時排除の一点に絞られている上、最大の関心事である恩賞への言及もあり、受け入れやすい内容となっている。御家人の心を摑《つか》むのに十分な院宣といえよう。

「慈光寺本」は、院宣を武田信光《たけだのぶみつ》、小笠原長清《おがさわらながきよ》、小山朝政、宇都宮頼綱《うつのみやよりつな》、長沼宗政《ながぬまむねまさ》、足利義氏《よしうじ》、北条時房、三浦義村の八人に宛てて下したとする。いずれも錚々《そうそう》たる有力御家人であり、かつ在京経験が豊富であった。後鳥羽が彼らを選んだのは、在京中に接点があったからと考えられる。また、義時の弟時房と甥の足利義氏（母親が政子・義時の妹）が含まれているのは、同族内の競合・対立を利用して御家人たちの分断を狙ったものであろう。幾人かを取り込むことができれば、絶大な効果を発揮することは間違いない。

北条義時追討の官宣旨

さらに後鳥羽は、承久三年（一二二一）五月十五日付の「北条義時追討の官宣旨《かんせんじ》」（『鎌倉遺文』二七四六号）も下した。官宣旨とは、天皇の意向を受けた太政官の上卿《しょうけい》（政務を執行する公卿）の宣《せん》（命令）によって弁官《べんかん》が発給する命令書である。『吾妻鏡』同年五月十九日条には「按察使光親卿に勅して、右京兆《うけいちょう》追討の宣旨を五畿七道に下さる（後鳥羽が藤原光親に命じて、右京兆〔北条義時の官職、右京権大夫《うきょうのごんのだいぶ》〕追討の宣旨を五畿七道にお下しになった）」とあり、長村祥知氏は、藤原光親が院宣の奉者だけでなく、「伝奏《てんそう》（院・天皇に近侍し奏聞《そうもん》・伝《てん》宣《せん》を職務とする役）」として、後鳥羽の命令を蔵人頭《くろうどのとう》葉室資頼《はむろすけより》に伝えるという、官宣旨発給手続きの根幹にも関わったとみている。

官宣旨の論理も院宣とほぼ同じである。異なるのは三点、第一に「義時朝臣」追討命令の宛先が「五畿内・諸国東海・東山・北陸・山陰・山陽・南海・大宰府」の「諸国庄園《しょうえん》の守護人・地頭等」になっている点、第二は追討後に「言上を経べきの旨有らば、おのおの院庁《いんのちょう》に参り、宜しく上奏を経べし（後鳥羽に言上したいことがあるならば、院庁に参上して上奏することを許可しよう）」とした点、第三に「国宰《こくさい》ならびに領家等、事を綸綍《りんふつ》に寄せ、更に濫行《らんぎょう》を致すなかれ（国司や荘園領主は勅命を口実に乱暴行為をしてはならない）」とした点である。

第一点から、この官宣旨が東国の御家人だけでなく、畿内近国・西国の御家人を含む広域的な武士の動員を意図したものであることがわかる。そもそも東国は幕府の権力が浸透した地域であり、義時追討という官宣旨が有効に機能するかどうか不明である。しかし、畿内近国・西国の御家人を対象に含めれば効果が期待できる。第二点の院庁への参上および上奏の許可も、この地域の武士に対してならば恩賞としての実効性がある。第三の国司・領家の濫行禁止も、畿内近国や西国を現実的な主たる対象と捉えれば、国司・領家と対立する傾向にあった武士たちの動員に効果がある。さらにいえば、後鳥羽の念頭に、国司・領家による造内裏役への抵抗という苦い記憶がよぎっていた可能性もある。自分が国司・領家の上に君臨する王であることを、濫行禁止を打ち出すことであらためて徹底させようとしたとも考えられよう。いずれにせよ、この官宣旨は東国の有力御家人に下した院宣を補完し、畿内近国・西国を中心に広域的な御家人の動員を図ったものといえる。

院宣・官宣旨の力

ところで、朝敵の追討というのは、追討使を任命し、その指揮のもと追討軍を派遣するのが通例である。しかし、後鳥羽の院宣・官宣旨には追討使の任命に関する記述がない。従来、これは院宣・官宣旨の力を過信していた後鳥羽が、院宣・官宣旨を下すだけで武士たちを「京方《きょうがた》」に立たせ、北条義時の追討および倒幕が可能であると楽観視していたからと解釈されてきた。しかし、現実には幕府が「鎌倉方《かまくらがた》」の大軍を西上させ、数で劣る京方はなす術《すべ》もなく敗れ去った。承久の乱の勝敗は、院宣・官宣旨の力を過信した後鳥羽の楽観論、見通しの甘さに基づく当然の帰結とみなされたのである。

しかし、この従来の説には本質的な部分に事実誤認がある。それはまず、後鳥羽の目的が朝敵北条義時を追討し、幕府を倒すことにあったとみている点である。しかし、すでに述べたように、後鳥羽が目指したのは義時を排除して幕府をコントロール下に置くことであり、倒幕でも武士の否定でもなかった。それは、院宣に義時の「奉行を停止」し、すべて「叡襟に決す」と記していることから明らかである。

また、院宣・官宣旨の力に対する過信を敗北の原因とする点も問題である。第一章でも述べたが、「延慶本《えんぎょうぼん》」の『平家物語』によれば、治承四年（一一八〇）の源頼朝挙兵の際、追討使に任命された平清盛の孫維盛は東国に下る途中の国々で「宣旨」を示して兵を募ったという。ところが、思うように徴兵できず、不安に駆られた追討軍は、富士川の合戦で水鳥の羽音に驚き総崩れとなった。祖父後白河の時代の話とはいえ、博識な後鳥羽が知らなかったとは思われない。院宣・官宣旨の力を過信したというのも疑わしい。

後鳥羽の戦略

では、一千余騎の召集、京都守護伊賀光季の討伐、院宣および官宣旨の発給という一連の流れから、どのような後鳥羽の戦略を読み取るべきであろうか。白井克浩氏は、一千余騎（白井氏は「第一次招集軍」と仮称）の任務は「京中の制圧」であり、約半月もの間、京都を動かなかったのは「当初の作戦計画に基づく予定通りの軍事行動」であったとみる。そして、官宣旨によって募られた兵力（白井氏は「第二次招集軍」と仮称）こそが「義時追討作戦の実戦部隊」であり、後鳥羽に楽観論があったとすれば、「第二次招集軍の向背を完全に見誤った点」にあるとした。

一方、長村祥知氏は、有力御家人には院宣で北条義時の殺害を命じ、官宣旨で「不特定多数の東国武士を動員して」義時を追討するというのが「後鳥羽の計画」であったとみる。なお、官宣旨の宛先が「五畿内諸国」となっているのは「義時の逃亡等に備えて西国にも通達しておくため」としている。

思うに、北条義時の排除という一点に絞れば、最も効率的な戦略は、御家人の一族内の競合・対立などを利用して、幕府内に反義時・反北条の動きを起こさせることであろう。あえて八人の有力御家人を指名して院宣を下した理由はそこにあると考える。これにより、少なくとも幕府内に動揺・混乱を惹起《じゃっき》させることはできよう。ただ、後鳥羽に院宣への過信がなかったとすれば、有力御家人たちを反義時に誘導できなかった場合のことも想定したはずである。それを端的に示すのが官宣旨だったのではないか。むろん院宣と同様、官宣旨によっても東国御家人たちの帰趨《きすう》を決定できるかどうか定かではない。そこで、官宣旨の発給対象を、後鳥羽の権力が浸透している畿内近国や西国、これらを含めた五畿七道の御家人たちにしたのだと考える。つまり、義時を幕府から排除するため、後鳥羽は二段構えの戦略を立てていたのである。

さらに、最初に召集した一千余騎は、後鳥羽・土御門・順徳・雅成・頼仁らが入った院御所高陽院殿の警固にあてている。本陣の防衛という戦略上の鉄則を守っているのである。これを加えれば、後鳥羽は三段構えの万全の戦略を練っていたことになろう。要するに、後鳥羽が立てた戦略は杜撰《ずさん》なものでも楽観論に基づくものでもなかったといえるのである。

しかし、未来には想定外のことが起きる場合がある。その時どのような選択をし、決断をするのか、そこに勝敗を分ける鍵がある。これは幕府にとっても同じである。朝敵として追討を受けるという想定外の事態に対し、北条義時や御家人たちはどのような選択と決断をしたのか、次にこの点についてみていこう。

2　動揺する幕府、反撃する幕府

騒然とする鎌倉

北条義時追討の院宣と官宣旨は、院の下部《しもべ》（雑事に使役される召使い）「押松《おしまつ》」に託された。承久三年（一二二一）五月十六日寅《とら》の刻（午前四時頃）、押松は京都を発った。直前の五月十五日には、兄三浦義村を誘引する書状を携えた胤義の使者、伊賀光季が緊迫した情勢を報せるため、討伐を受ける直前に発遣した使者、そして西園寺公経の家司《けいし》三善長衡が公経・実氏父子の幽閉と、官宣旨が五畿七道に下されたことを報せる使者が京都を発っていた。四人の使者は、五月十九日の午《うま》の刻（正午頃）から酉《とり》の刻（午後六時頃）にかけて相次いで鎌倉に入った。以下、『吾妻鏡』と「慈光寺本」によってその後の展開を追ってみよう。

光季と長衡の使者の報告を受けた幕府首脳部は、想定外の事態に驚愕した。同じ頃、三浦義村も、押松と一緒に下ってきたという弟胤義の使者と会っていた。胤義の書状には「勅定に応じ、右京兆を誅すべし。勲功の賞においては請《せい》に依《よ》るべし（勅命に従い、北条義時を誅殺せよ。勲功の恩賞は望みのままである）」と後鳥羽から仰せを賜ったと書かれていた。義村は返事もせず使者を追い返すと、義時のもとに駆けつけ、「奥ノ人共ニ披露セヌ先ニ、鎌倉中ニテ押松尋《たずね》テ御覧ゼヨ（鎌倉以東の武士たちに伝わる前に、鎌倉中を探索して押松を捕縛なさい）」と進言した。

幕府首脳部の対応は迅速であった。即座に押松の探索を開始し、鎌倉は「谷《やつ》七郷ニ、騒ガヌ所ハナカリケリ」という騒然たる状況になった。しかし、ほどなく「葛西谷《かさいがやつ》の山里殿辺」に潜んでいた押松を捕らえ、「宣旨ならびに大監物光行《だいけんもつみつゆき》（源光行）の副状《そえじょう》、同じく東士の交名《きょうみょう》（名前の一覧）の註進状《ちゅうしんじょう》等」の押収に成功した。幕府首脳部は、院宣・官宣旨が東国御家人たちに伝わるのを未然に防ぐことに成功したのである。

尼将軍の名演説

五月十九日、御家人たちが北条政子の邸宅に参集した。『吾妻鏡』同日条は北条時房・同泰時、大江広元、足利義氏、安達景盛、「慈光寺本」は院宣の宛先八人のうち六人、武田信光、小笠原長清、小山朝政、宇都宮朝綱、長沼宗政、足利義氏が参上したとする。この人々を前に、史上有名な尼将軍北条政子の演説が始まった。

『吾妻鏡』によれば、政子は「皆、心を一つにして奉《うけたまわ》るべし。これ最期の詞《ことば》也」と口を開いたという。「故右大将軍」頼朝が朝敵を征伐して「関東」(鎌倉幕府)を草創して以降、御家人たちは「官位」も「俸禄《ほうろく》」も手に入れた。「その恩は既に山岳よりも高く、溟渤《めいぼつ》(海)よりも深し」「報謝の志(恩に報いる思い)」は浅いはずがない。今「逆臣の讒《ざん》によつて義に非《あら》ざる綸旨《りんじ》を下さる」、つまり謀叛を企む悪臣の讒言によって後鳥羽が道理に背く勅命をお下しになった。「名を惜しむの族《やから》」は「秀康・胤義等」を討ち、「三代の将軍の遺跡《ゆいせき》」、つまり三代にわたる将軍が残した遺産を守るように。ただし、「院中に参らんと欲する者、ただ今申し切るべし」、後鳥羽の側に付きたければ今すぐ申し出よ、と言い放ったのである。

「慈光寺本」はより情緒的である。政子は、まず長女の「姫御前」大姫、夫の「大将殿」頼朝、長男「左衛門督殿」頼家、次男「右大臣殿」実朝に先立たれ、弟の「権大夫」義時が討たれたら五度目の悲しみを味わう身だと嘆いてみせる。そして、都で「内裏大番」を「三年ガ間」務める御家人たちの負担を、「我子《わがこ》ノ大臣殿」実朝が朝廷と交渉して軽くしてくれたではないかと訴え、「大将殿・大臣殿二所ノ御墓所ヲ馬ノ蹄《ひづめ》ニケサセ玉フ（頼朝公・実朝公お二人のお墓を馬の蹄で蹴らせて蹂躙《じゅうりん》なさる）」のは「御恩」を蒙った者のすることではない、「京方ニ付《つい》テ鎌倉ヲ責《せめ》ン共《とも》、鎌倉方ニ付テ京方ヲ責ントモ、有《あり》ノマ、ニ被レ仰《おおせられ》ヨ」と選択を迫ったのである。

鎌倉幕府創設者の未亡人にして二代・三代将軍の生母、従二位という高い位階を持ち、幼き将軍予定者を後見する尼将軍の、聞く者の魂を揺さぶる名演説であった。しかもそこには、北条義時一人に対する追討を、三代にわたる将軍の遺産「鎌倉」、すなわち幕府そのものに対する攻撃にすり替える巧妙さがあった。武田信光が政子に味方する旨を表明すると、誰一人異議を唱える者は出なかった。幕府存亡の危機感を煽られ、御家人たちは異様な興奮の中で、「鎌倉方」に付いて「京方」を攻めるという選択をしたのである。

戦術の選択

しかし、重要な選択が残っていた。『吾妻鏡』五月十九日条によれば、その日の夕刻、北条義時の館で北条時房・同泰時、大江広元、三浦義村、安達景盛らが戦術について評議を凝らしたという。「慈光寺本」は、義時が迷うことも臆《おく》することもなく「軍《いくさ》ノ僉議《せんぎ》」を始め、大軍の派遣を即決したと叙述するが、現実的ではない。そこで、より迫真性のある『吾妻鏡』の記事をもとに幕府の対応をみていくことにしよう。

五月十九日の評議では様々な意見が出た。その結果「足柄《あしがら》・筥根《はこね》両方の道路の関を固め、相待つべき」、足柄・箱根という東海道の二つの関所を固めて防衛に専心し、追討軍を迎撃する戦術をとることに決まりかけた。ここで広元が異を唱えた。「東士一揆《いっき》せずんば、関を守り、日を渉《わた》るの条、還《かえ》つて敗北の因たるべきか、運を天道に任せ、早く軍兵を京都に発遣せらるべし（東国武士が心を一つにしなければ、関を守ったまま日を送ることは、逆に敗北の原因になるだろう。運を天に任せ、早く軍兵を京都に出撃させるべきだ）」というのである。

広元は押松から押収した院宣や関東分の官宣旨を読んでいたはずである。そして、文面からまだ追討使が任命されていないことに気づいたのではないか。さらに、頼朝挙兵の際、追討使任命で朝廷が手間取ったことも、宣旨の効力がさほどではなかったことも実体験で知っていた。むろん平氏政権下の後白河とは異なり、後鳥羽が強力な権力を掌握し、優れた指導力を発揮していることは広元も知っていた。しかし、これまでの経験から、追討使が任命され、追討軍が京都を進発するまでには時間があると踏んだのである。

一方、東国御家人たちが、院を頂点とした朝廷の権威・権力、迫りくる朝敵追討の大軍、こうした目に見えぬ虚像に恐怖を覚え、萎縮《いしゅく》することも、長年の鎌倉在住の経験から広元はわかっていた。そこで、畿内近国・西国の武士らで組織された追討軍が京都を進発する前に、逆に攻勢をかけるのが最善の、しかも唯一の戦術だと結論したのである。

最初の出撃命令

北条義時はこの提案を受け、迎撃と出撃、どちらの戦術を選択すべきか政子に尋ねた。すると政子は、「上洛せずんば、更に官軍を敗り難きか。安保刑部丞実光《あぼぎょうぶのじょうさねみつ》以下の武蔵国の勢を相待ち、速やかに参洛すべし（京都に攻め上らなければ、決して官軍を破ることはできないだろう。安保実光以下の武蔵国の軍勢が到着するのを待って、速やかに都に上るべきだ）」と答えた。

そこで義時は、「遠江・駿河・伊豆・甲斐・相模・武蔵・安房・上総・下総・常陸《ひたち》・信濃・上野《こうずけ》・下野・陸奥・出羽等」の諸国の家々の長に対し、次のような命令を出した。

京都より坂東を襲ふべきの由、その聞えあるの間、相模守・武蔵守、御勢を相具《あいぐ》し打ち立つ所なり。式部丞《しきぶのじょう》を以て北国《ほっこく》に差し向く。この趣を早く一家の人々に相触れ、向ふべき者なり。

「京都」の朝廷が「坂東」の幕府を「襲う」という情報があったので、「相模守」時房・「武蔵守」泰時が幕府の軍勢を率いて出撃する。「式部丞」朝時は北国に差し向ける。この趣を速やかに一家の人々に伝えて出撃せよ、という内容である。

ここでも、北条義時の追討を、朝廷による幕府の襲撃という形に巧みにすり替えている。遠江以東の東海道、信濃以東の東山道は、幕府を支えてきた東国武士の本拠である。幕府存亡の危機を打ち出すことによって東国武士の大量動員を図ったといえよう。しかし、これは逆に、五畿七道に下された官宣旨によって三河以西の東海道、美濃以西の東山道、北陸道、畿内・西国の武士たちが追討軍に組織されるのではないかと、幕府首脳部が懸念を抱いていたことの表れでもある。実際、後鳥羽が最初に召集した一千余騎には東海道の三河・尾張・伊勢、東山道の美濃・近江の武士が含まれており、その懸念も当然であった。

北条泰時、決死の出撃

懸念・不安は一般の東国御家人たちにもあった。当然である。幕府首脳部がいち早く院宣・官宣旨を押収して隠匿したため、詳しい情報がなく、何が起きているのかわからないまま、早く上洛して官軍と戦え、と命じられたからである。

五月二十一日、一条頼氏《よりうじ》（一条能保の孫で、高能の子）が旧交を忘れず鎌倉に下向し、緊迫する京都情勢を伝えると、幕府首脳部は再び評議を凝らした。というのも、「住所を離れ、官軍に向ひ、左右《そう》無く上洛すること、如何《いかが》と思惟《しい》あるべきかの由、異議あるの故（本拠地を離れ、官軍に敵対して不用意に上洛するのはいかがなものか、よく考えるべきではないか、という異議が出てきたから）」である。御家人たちの不安・動揺が表面化してきた。

これに対し大江広元が、上洛の決定から日を経たことで異議が出てきた、武蔵国の軍勢を待ってなお日を重ねれば、その武蔵の武士たちでさえ心変わりする恐れがある、今夜中に北条泰時一人でも出撃すれば、東国武士たちは後に続くだろうと提案した。

老衰のため自宅で療養していた宿老の三善康信を、政子が招いて意見を聞くと、「軍兵を京都に発遣する事、もっとも庶幾《しょき》するの処《ところ》、日数を経るの条、頗《すこぶ》る懈緩《けかん》といふべし。大将軍一人は先《ま》づ進発すべきか（軍勢を京都に出撃させることを強く望んでいたところ、何もせず日を経ているのはまことに怠慢というべきだ。大将軍一人はまず進発すべきだろう）」と答えた。広元・康信二人の宿老の意見が一致をみたことで、北条義時は嫡子の泰時に出撃を命じた。

確かに、ぐずぐずしていれば幕府の基盤である武蔵の武士まで離反する恐れがあった。しかし、当初、迎撃戦術を選択しようとした義時らには迷いもあった。命に関わるかもしれない大手術を受けるべきかどうか悩む患者のようなものである。決断するにはセカンドオピニオンが必要であった。それに応えたのが三善康信だったのである。

かくして承久三年（一二二一）五月二十二日、卯《う》の刻（早朝六時頃）、小雨が降る中、北条泰時が京都に向けて進発した。従ったのは北条時氏《ときうじ》（泰時の子）・同有時《ありとき》・実義《さねよし》（いずれも義時の子）、尾藤景綱《びとうかげつな》、関実忠《せきさねただ》、南条時員《なんじょうときかず》ら、北条の一族や北条氏に仕える武士わずか十八騎。決死の出撃であった。

雪崩をうつ鎌倉方

さらに、五月二十二日のうちに北条時房、足利義氏、三浦義村・泰村《やすむら》父子らが出撃した。北条朝時も「北陸道の大将軍」として鎌倉を発った。一方、北条義時、大江広元、三善康信、中原季時《すえとき》、二階堂行村、葛西清重《かさいきよしげ》、八田知家《ともいえ》、加藤景廉《かとうかげかど》、院宣の宛先にされた小山朝政、宇都宮頼綱ら宿老は鎌倉に留《とど》まり、戦勝の祈禱や軍勢の徴発に力を注ぐことになった。

『吾妻鏡』五月二十五日条によれば、北条泰時が進発した五月二十二日早朝から二十五日早朝までに、しかるべき東国武士は悉《ことごと》く出撃し、義時のもとにその名前が書き留められたという。東海・東山・北陸三道に分かれて上洛する軍勢の総数は、実に十九万騎。『吾妻鏡』同日条によれば、

東海道軍十万余騎。大将軍は北条時房・泰時・時氏、足利義氏、三浦義村、千葉胤綱《たねつな》。
東山道軍五万余騎。大将軍は武田信光、小笠原長清、小山朝長《ともなが》、結城朝光。
北陸道軍四万余騎。大将軍は北条朝時、結城朝広《ともひろ》、佐々木信実《のぶざね》。

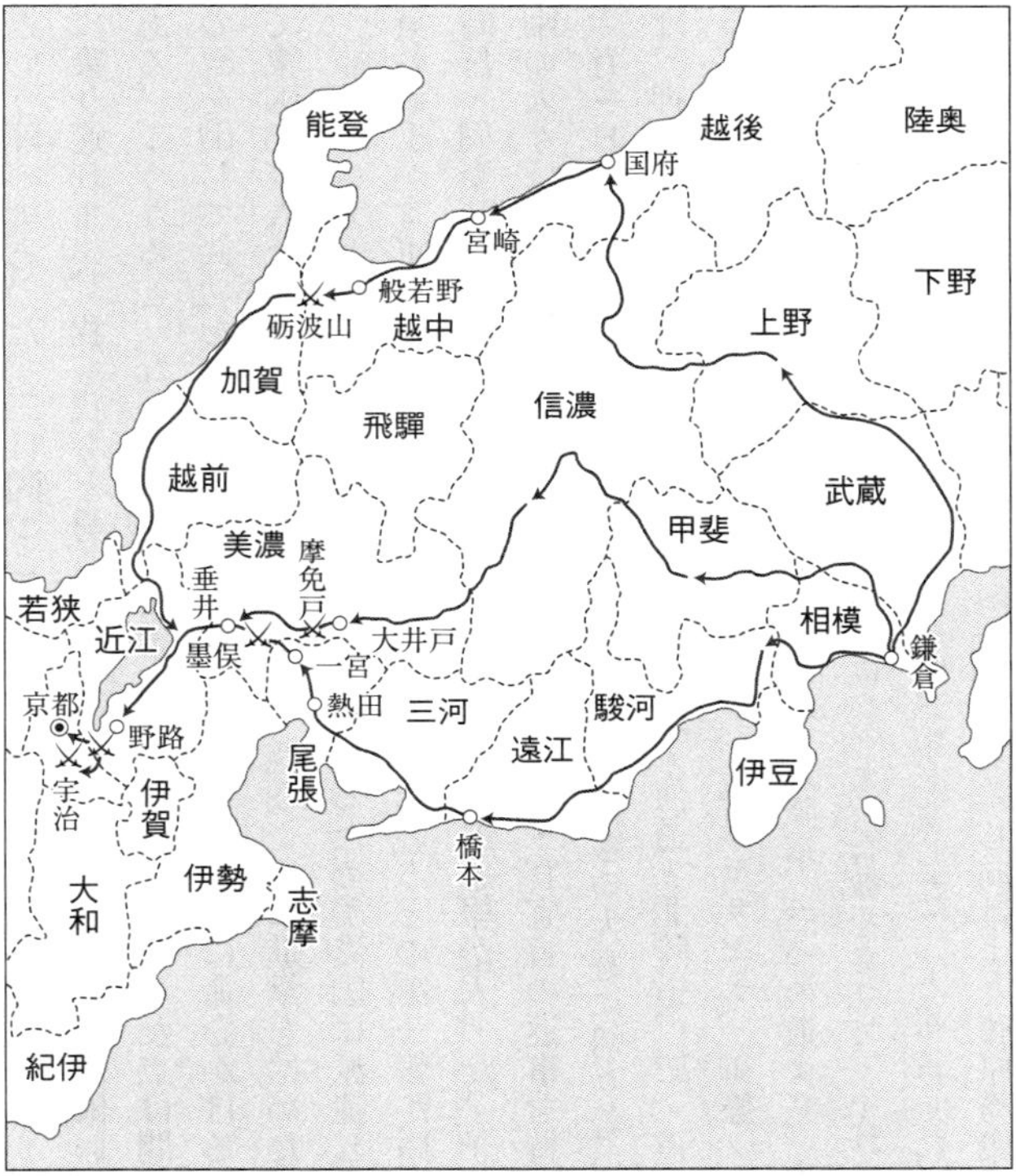

鎌倉方の進路　関幸彦『敗者の日本史６　承久の乱と後鳥羽院』（吉川弘文館）をもとに作成

という陣容であった。三日間でこれだけの数の出撃があったということは、武士たちが流れに乗り遅れまい、我も我もと勇んだ結果であろう。群集心理が働いて雪崩《なだれ》現象が起きたのである。こうなると、なぜ出撃することになったのかといった点は問題ではなくなる。目の前の敵を倒して武功をあげ、名誉と恩賞を手にすることに命をかけるのが武士である。かくして東国御家人たちは懸念・不安を払拭し、競うように進撃を始めた。

京都では五月二十六日、後鳥羽が関を固めるため美濃国に派遣していた藤原秀澄から、関東の武士が官軍を破るために上洛しようとしているとの第一報が届き、二十九日には、北条時房・同泰時が大軍を率いて上洛の途にあるとの急報が入った。予想もしなかった展開に院中の人々は驚き動揺した。さらに、幕府が院宣・官宣旨の返事を持たせて追い返した押松が、六月一日の酉の刻（午後六時頃）、院御所高陽院殿の大庭に帰り着いた。「慈光寺本」によれば、押松は北条義時にいわれた通り「山道・海道・北陸道、三ノ道ヨリ、十九万騎ノ白冠者《しらかじゃ》原《ばら》ヲ上《のぼせ》候ナリ。西国ノ武士ニ召合《めしあわせ》ラレテ、軍《いくさ》ヲセサセテ、御簾《みす》ノ隙《ひま》ヨリ御覧ゼヨ（中略）ト申セ、トコソ申候ツレ（東山道・東海道・北陸道、三つの道より、十九万騎の若い東国武士たちを上洛させます。西国の武士をお召しになって、合戦をさせて、それを御簾の隙より御覧になってください〔中略〕と申し上げよ、と義時が申しました）」と報告した。鎌倉方の進撃はもはや疑いようがない。後鳥羽は急ぎ軍勢を揃えて差し向けよと藤原秀康に命じたという。承久の乱はここに、鎌倉方と京方の全面的な武力衝突の段階へと突入した。

緒戦にみる鎌倉方の勝因分析

合戦の様相をみる前に、ここで緒戦における勝因・敗因分析を行ってみたい。まず、北条義時が朝敵として追討を受けるという驚天動地の想定外の事態に接し、幕府首脳部が取った対応に注目したい。とくに、鎌倉に入るまで後鳥羽の使者押松と一緒だった、と三浦胤義の使者から聞いた三浦義村が、いち早く義時支持を表明した上、押松の探索と院宣・官宣旨の押収を進言したことが極めて大きいと考える。

和田合戦の時も、三寅下向の方針を打ち出した時も、キーパーソンは三浦義村であった。和田合戦では同族の和田義盛との約諾を破り、承久の乱でも弟胤義の勧誘に乗らなかったことから、義村は権謀の人と評価されがちである。鎌倉時代の説話集『古今著聞集《ここんちょもんじゅう》』も、「三浦の犬は友を喰《く》らふぞ」と、他の御家人から義村が裏切り者扱いされた逸話を載せている。しかし、別の角度からみれば、義村は一貫して北条義時の側に立っており、ブレはない。その義村の進言を容れて院宣・官宣旨を押収したことにより、幕府首脳部は情報を隠匿し、しかも都合のいいように情報操作をすることができた。この意義は極めて大きい。

さらに、迎撃か出撃かという戦術の選択において、京下りの文士の御家人で宿老の大江広元・三善康信の進言を、北条政子や義時が採用した点も重要である。もう一つの選択肢である迎撃戦術を取っていたら、幕府の基盤である東国武士が離反する恐れがあっただけでなく、長期戦となれば畿内近国・西国の武士たちが大量に追討軍として組織される可能性があったからである。しかし、広元・康信の的確な情勢分析・戦力分析、それを採用した政子・義時の決断が泰時の決死の出撃というパフォーマンスを演出し、これを知った東国武士たちに出撃の雪崩現象を起こさせることができたのである。

こうしてみると、北条政子・義時姉弟をはじめ、三浦義村、大江広元、三善康信、そこに北条時房・同泰時を加えた幕府首脳部は、各自が適材適所の働きをする、いわば「チーム鎌倉」であったことがわかる。京方・鎌倉方の実情をよく知る広元・康信は、戦いには加わらないが、情勢や戦力を分析する有能な裏方、尼将軍政子は裏方の提言を採用する名監督、それをもとに義時はキャプテンとして的確な指示を選手に伝え、経験豊富な時房・義村、若手のホープ泰時らは中心選手として現場で活躍し、東国武士という一般の選手を引っ張っていく。強固な結束力と高い総合力を持ったチームと評価できよう。

緒戦にみる京方の敗因分析

一方、マルチな才能を持った多芸多才な後鳥羽は、すべてを一人でこなそうとする傾向が顕著であった。確かに、後鳥羽が練った二段構え・三段構えの戦略は杜撰でも楽観的でもなかった。また、卿二位の進言を採り入れ、藤原秀康の報告を待って動くこともあった。しかし、後鳥羽に異論を唱える人は少なく、周囲には秀康のようなイエスマンばかりが集まった。そして、最終的な選択と決断は後鳥羽が一人で行った。それほどまでに後鳥羽の存在は巨大だったのである。要するに、京方は「チーム京都」ではなく、後鳥羽が監督・裏方・キャプテンを兼務する「後鳥羽ワンマンチーム」とでもいうべきものであった。

その上、都に君臨する帝王としてはやむを得ないことではあるが、後鳥羽には鎌倉や東国武士に対するリアリティ（現実感）が欠けていた。たとえば、押松派遣のタイミングである。鎌倉は押松にとって不案内な地であり、平穏な時でも対象の御家人を探し出し、院宣を伝えるのは容易なことではない。にもかかわらず、後鳥羽は伊賀光季の討伐後に押松を一人で鎌倉に送り込んだ。ただ、すでにその時には、土地勘のある三浦胤義の使者や、緊急事態を報せる光季の使者の報告によって鎌倉は騒然たる状況になっていた。その結果、押松は簡単に捕縛され、院宣は対象の御家人の目に触れることなく握りつぶされた。

また、後鳥羽が東国武士の一族内の競合・対立を利用しようとした点は評価できる。しかし、だとすれば、兄三浦義村と競合する胤義を用いて、当の義村を取り込もうと工作するのは自己矛盾である。これも東国武士に対するリアリティの欠如のなせる業といえよう。

以上のことから、強固な結束力と高い総合力を誇る鎌倉方、後鳥羽が独断専行する京方、ここに勝敗を分けるポイントがあったと考える。ただし、戦いは始まったばかり。未来がみえない中での選択・決断はいくつも残されている。合戦の中にそれを探ってみよう。

3　進撃する鎌倉方

迎撃する京方

承久三年（一二二一）六月三日、鎌倉方が遠江国府に着いたとの報を受け、公卿僉議《せんぎ》が開かれ、北陸・東山・東海三道に藤原秀康を追討使とする軍勢の派遣が決められた。陣容は『吾妻鏡』と「慈光寺本」とで相違もあるが、おおよそ以下の通りと考える。

北陸道　宮崎定範《みやざきさだのり》、糟屋有久《かすやありひさ》、仁科盛朝《にしなもりとも》、大江能範

東海・東山両道（以下は、美濃国の要害に対する配置）

［阿井渡《あいのわたり》］　蜂屋《はちや》入道

［大井戸渡《おおいどのわたり》］　大内惟信、五条有長《ありなが》、糟屋久季《ひさすえ》

［鵜沼渡《うぬまのわたり》］　斎藤親頼《ちかより》、神地頼経《こうづちよりつね》

［板橋《いたばし》］　荻野《おぎの》次郎左衛門、山田重継《やまだしげつぐ》

［火御子《ひのみこ》］内海《うつみ》、御料《ごりょう》、寺本《てらもと》
［池瀬《いけせ》（伊義渡《いぎのわたり》）］朝日頼清《あさひよりきよ》、関左衛門尉、土岐判官代国衡《ときほうがんだいくにひら》、開田重知《かいだしげとも》、懸橋《かけはし》、上田《うえだ》
［摩免戸《まめど》］藤原秀康、佐々木広綱、小野盛綱、三浦胤義
［食渡《じきのわたり》］山田左衛門尉、臼井《うすい》太郎入道、惟宗孝親《これむねのたかちか》、下条《しもじょう》、加藤判官
［上瀬《かみのせ》］滋原《しげはら》左衛門、源（渡辺《わたなべ》）翔《かける》
［墨俣《すのまた》］藤原秀澄、山田重忠《しげただ》
［市脇《いちわき》］加藤光員《みつかず》

藤原秀康・秀澄兄弟ら院近臣の武士、大内惟信、佐々木広綱、五条有長、小野盛綱、三浦胤義ら有力な在京御家人、源翔のような西面の武士、山田重忠・重継父子、蜂屋、神地、内海、寺本、開田、懸橋、上田といった美濃・尾張の武士で構成された軍勢である。「慈光寺本」はその総数を、鎌倉方の十分の一程度、「一万九千三百廿六騎」とする。

ところが、「海道大将軍」の藤原秀澄は、このうちの「山道・海道一万二千騎」を「十二ノ木戸へ散ス」、つまり十二ヵ所の防衛用の柵《さく》に分散させる戦術を取ったという。当然、各木戸の兵力はさらに少なくなり、明らかに失策であった。こうした戦術の選択について、「慈光寺本」も「哀レナレ」と批判的に叙述している。

また、後鳥羽は軍事力の増強を図って、武士以外の動員も始めた。宮田敬三氏は、六月に

なると、追討宣旨を発して官軍を下向させただけでなく、「在京・在国の武士や荘官、寺社、公家の兵力を召集した」とする。ただ、「近国御家人や寺社勢力の参陣拒否」「荘官等の本意ではない参戦」などが相次ぎ、十分な兵力を集めることはできなかった。

積極策と消極策

一方、北条時房は遠江国の橋本《はしもと》の宿《しゅく》に進んだ。ここで「慈光寺本」は、京方に付いた主人小野盛綱に合流しようと抜け出した安房国の筑井《つくい》高重《たかしげ》を遠江国の打田《うちだ》党が討ち、時房が「今度ノ軍《いくさ》ニハヤ打勝タリ」と軍神《いくさがみ》に鏑矢《かぶらや》を奉った鎌倉方のエピソードを挙げる。さらに続けて、鎌倉方東山道軍の先遣隊が尾張国府に到着したことを知った美濃源氏重宗流《しげむねりゅう》の山田重忠が、藤原秀澄に戦術の献策を行ったという京方のエピソードを叙述する。

重忠の戦術とは、十二ノ木戸に分散させた山道・海道一万二千騎を一つにまとめ、墨俣から長良川《ながらがわ》・木曽川《きそがわ》を渡って尾張国府に攻め寄せ、次いで遠江国橋本の宿にいる北条時房・同泰時を打ち破り、そのまま鎌倉に押し寄せて北条義時を討ち取った上、北陸道へ回って北条朝時をも討ち果たすという勇猛果敢な積極策であった。ところが、「天性臆病武者」の秀澄は、北陸道軍の朝時や東山道軍の武田・小笠原に挟撃される危険があるとして重忠の策を用いず、墨俣で鎌倉方を迎え撃つ消極策を選択する決断をした。鎌倉方が大江広元・三善康信の策を採用し、迎撃から出撃に戦術を変えたのとは対照的である。確かに重忠の積極策が功を奏するかどうか、この時点で未来の予測はつかない。しかし、結果的に、秀澄の選択・決断によって京方は戦況を打開するチャンスを自ら手放すことになった。

恩賞のリアリティ

六月五日、鎌倉方東海・東山両道軍は尾張国一宮《いちのみや》に着くと、軍議を開き、攻撃の分担を決めた。『吾妻鏡』同日条によれば、それは以下の通りであった。

［鵜沼渡］　毛利季光《もうりすえみつ》
［池瀬］　足利義氏
［板橋］　狩野宗茂《むねもち》
［摩免戸］　北条泰時、三浦義村、以下侍所祗候《しこう》の者
［墨俣］　北条時房、安達景盛、豊島《としま》、足立《あだち》、江戸《えど》、川越《かわごえ》

京方・鎌倉方ともに、主力を摩免戸・墨俣の要害に投入していることがわかる。

「慈光寺本」はここで注目すべき叙述を挿入する。美濃国大井戸付近まで来た鎌倉方東山道軍の大将軍武田信光が、小笠原長清に「鎌倉勝《かた》バ鎌倉ニ付《つき》ナンズ。京方勝バ京方ニ付ナンズ。弓箭取身《ゆみやとるみ》ノ習《ならい》ゾカシ（鎌倉方が勝つならば鎌倉方に付こう。京方が勝つならば京方に味方しよう。

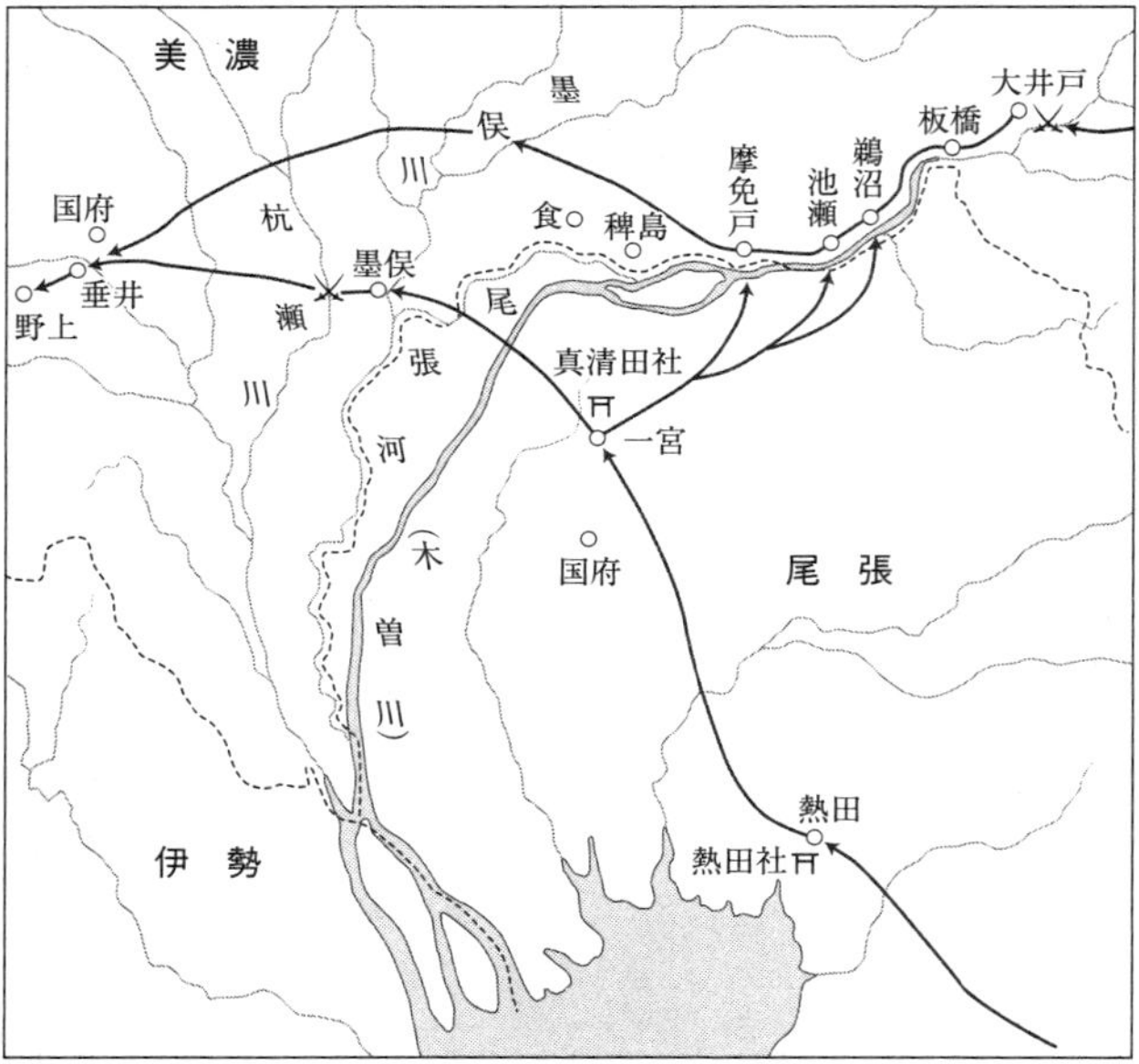

尾張・美濃戦線　関幸彦『敗者の日本史6　承久の乱と後鳥羽院』（吉川弘文館）をもとに作成

これこそ弓矢の道に生きる武士のしきたりだ）」と持ちかけたのである。ところが、武田・小笠原の出方を予測していた北条時房が書状を送り、大井戸・河合《かわい》の渡河作戦を成功させたら「美濃・尾張・甲斐・信濃・常陸・下野六箇国ヲ奉ラン」、つまり恩賞として六ヵ国の守護職を保証すると提案した。リアルな恩賞を提示され、武田・小笠原は即座に渡河を決行したという。むろん、文学的な脚色や誇張が含まれている可能性もあろう。しかし、合戦の中で武士たちが戦況をみきわめ、優勢な側に付くという事例は他にもみられる。「慈光寺本」の叙述は、武士たちの価値観・行動パターンの一端を示したエピソードといえる。

ただ、より注目すべきは、自軍の武将の性格・傾向を把握し、リアルな恩賞を提示して裏切りを阻止した時房の眼力と決断力である。六ヵ国の守護職の保証というのは誇張かもしれないが、武田・小笠原の心に響く何らかの具体的な恩賞を提示したのであろう。後鳥羽が選んだ海道大将軍秀澄と比べると、そこには埋め難い差がある。ひいてはこれは、後鳥羽との差でもある。後鳥羽は追討の院宣で褒美を与える、官宣旨では院庁への参上と上奏を許可するという形で恩賞を示した。しかし、畿内近国はともかく、東国に本拠を置く武士にどれほどのリアリティをもって伝わったか疑わしい。後鳥羽の東国武士に対するリアリティの欠如は、合戦の勝敗をも左右するものだったと考える。

美濃の合戦

六月五日、大井戸・河合で木曽川を渡った武田・小笠原の鎌倉方東山道軍に対し、京方は奮戦したものの、子の帯刀左衛門《たてわきさえもん》惟忠《これただ》を討たれた大内惟信は戦場から逃亡、蜂屋入道は負傷して自害、その子蜂屋三郎も戦死し、京方東山道軍は悉く退却した。そこで、武田・小笠原軍は下流の鵜沼渡に向けて進撃を開始した。

「慈光寺本」によれば、鵜沼を防御していた京方の神地《こうづち》頼経は、人の身にとって命ほどの宝はないから、降参した方がいいという上田刑部の勧めに従い、泰時のもとに参上した。ところが、泰時は「弓矢トル身ト成《なり》テハ、京方ニ附《つか》バ、一府ニ京方ニナリ、鎌倉方ニ付バ、一府ニ鎌倉ニ付ベキニ、其儀《そのぎ》ハナクシテ、是《これ》ヘオハシタルコソ心得ネ（弓矢の道に生きる武士となっては、京方に付くならば専ら京方になり、鎌倉方に付いたならば専ら鎌倉に味方すべきなのに、そうはせず、のこのことやってくるとはけしからん）」といって見せしめのために神地父子ら九騎を梟首《きょうしゅ》（さらし首）にしたという。

もっとも、『吾妻鏡』六月二十日条に、神地頼経は乱後に生け捕りにされたとあり、この時に梟首されたかどうか定かではない。「慈光寺本」が泰時の正義感・純粋さを称揚するために挿入した感もある。しかし、武田・小笠原のごとく、恩賞のために行動し、場合によっては裏切りも辞さないという価値観と、忠臣二君に仕えずといった、裏切りを許さない価値観とが当時の武士社会に混在していたことの表れとみることはできよう。

こうした中、板橋では荻野左衛門、山田重継（重忠の子）が、伊義渡（池瀬）では開田、懸橋、上田が、火御子では内海、御料、寺本が必死に防戦し、鎌倉方に損害を与えたものの、力尽きて逃亡もしくは戦死した。摩免戸を防御する藤原秀康、三浦胤義も多くの敵を討ち取ったが、最後には退却せざるを得なかった。食渡の惟宗孝親、下条は、鎌倉方の狩野宗茂、大和入道らが川を渡るのをみて、矢を一つも射ることなく逃亡した。

次々と京方の防御柵が破られる中、勇猛ぶりをみせたのが上瀬を守る摂津渡辺党の西面の武士源翔であった。敵中に馬で駆け込んで組打ちをし、入れ違いに馬を馳せ、「我ハ翔、我ハ翔」と叫びながら敵を討ち取ったのである。しかし、その翔も最後には退却した。

山田重忠の奮戦

翌六月六日の早朝、北条時氏・同有時という十九歳・二十二歳の若武者二人が、大江佐房《すけふさ》、阿曽沼親綱《あそぬまちかつな》、小鹿島公成《おがしまきんなり》、波多野経朝《はたのつねとも》、三善康知《やすとも》、安保実光らとともに摩免戸を打ち渡った。矢を放つこともなく敗走する京方の中で、山田重忠と鏡久綱《かがみひさつな》（佐々木広綱の甥）は留まって戦ったが、最後には重忠が退却、久綱は自害した。

この山田重忠が、藤原秀澄に積極策を進言したことは先に述べた。尾張と美濃の境に本拠を置く重忠であるが、出自は美濃源氏の重宗流であった。鎌倉幕府の成立以降、美濃国では国房流《くにふさりゅう》が勢力を拡大し、重宗流は圧迫を受けていた。系図集『尊卑分脈《そんぴぶんみゃく》』は、重忠・重継父子同様、開田重国《しげくに》・重知《しげとも》父子、木田重季《きだしげすえ》、高田重朝《たかだしげとも》・重村《しげむら》・重慶《しげよし》兄弟、小島重茂《こじましげもち》、その甥の重継《しげつぐ》・重通《しげみち》兄弟、足助重成《あすけしげなり》らに「承久京方美濃国大豆戸《まめど》において討たれ了《おわんぬ》」「承久京方討たれ了」などの注釈を加えている。彼らは「重」の字を通字とする美濃源氏重宗流の武士で

美濃源氏（国房流と重宗流）略系図

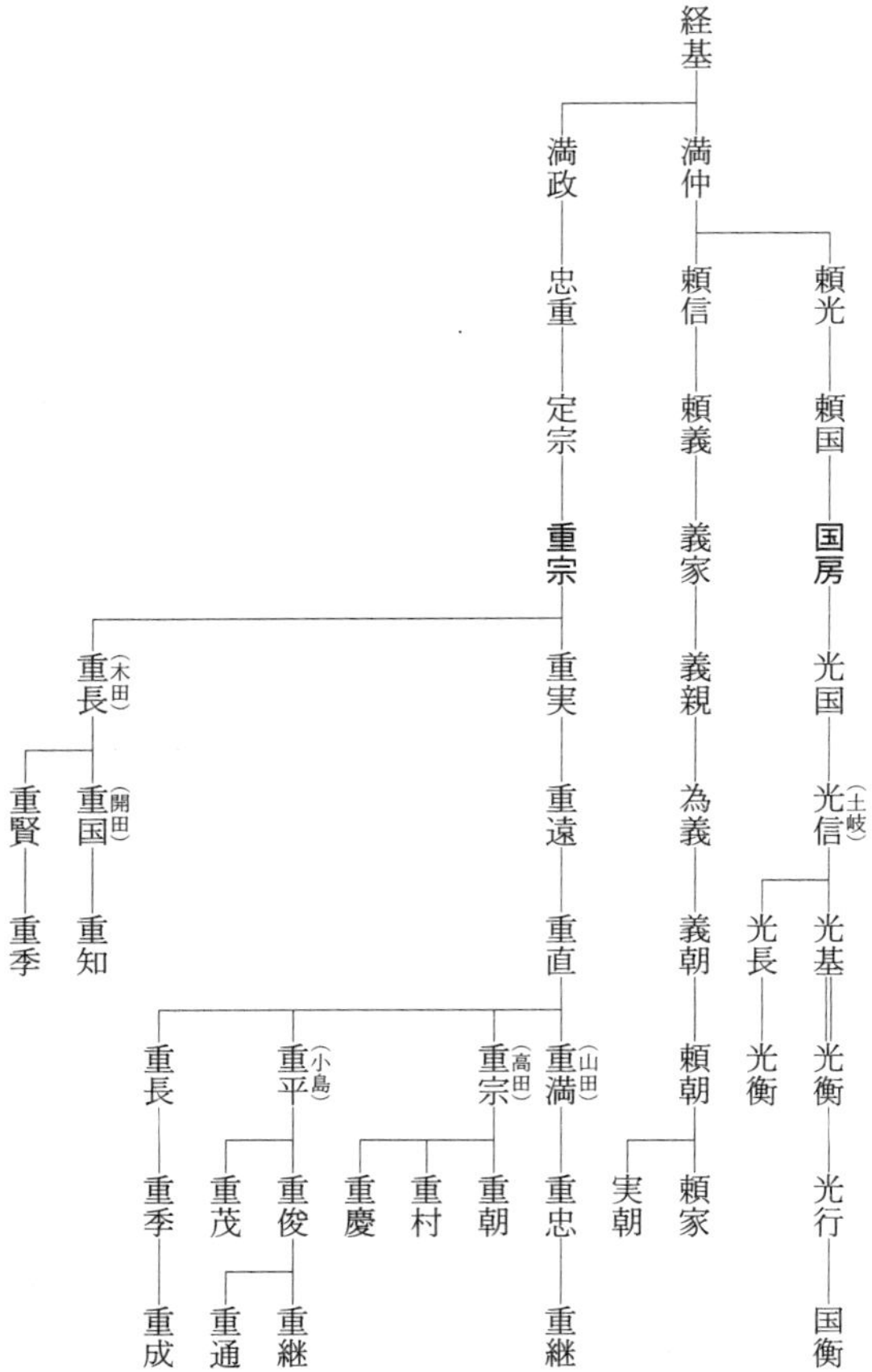

ある。在地の現状を打開するため京方に付いたが、その思いもむなしく各所で敗退したのである。夜には、海道大将軍藤原秀澄も墨俣を棄てて退却した。

ただ、山田重忠は諦《あきら》めていなかった。「慈光寺本」によれば、重忠は三百余騎を率いて東海・東山両道の合流地点である杭瀬河《くいせがわ》に向かったという。そこに武蔵七党（武蔵国を本拠として形成された七つの同族的武士団）の児玉党《こだまとう》三千騎が攻め寄せた。重忠は「我ヲバ誰トカ御覧ズル。美濃ト尾張トノ堺《さかい》ニ、六孫王《ろくそんのう》ノ末葉《ばつよう》、山田次郎重定（重忠）トハ我事ナリ」と名乗りをあげ、「散々《さんざん》ニ切テ出、火出《いず》ル程」激しく戦った。あっという間に児玉党百余騎が討ち取られ、重忠勢も四十八騎が討たれた。その後も重忠は、敵が引いたらこちらも引き、敵が馬を馳せてきたらこちらも攻めるよう指示を出し、「命ヲ惜マズシテ、励メ、殿原《とのばら》」と号令をかけて命の限り戦った。しかし、兵力の差はいかんともし難く、最後は都を指して落ちていった。かくして美濃の合戦は、わずか二日ほどで京方の大敗に終わった。

追いつめられる京方

六月七日、北条時房・同泰時ら鎌倉方東海・東山両道軍は、美濃国府近くの垂井《たるい》・野上《のがみ》の宿《しゅく》で軍議を開いた。ここで三浦義村が、北陸道軍の上洛以前に兵を要害に派遣することを提案した。『吾妻鏡』同日条によれば配置は以下の通りである。

［勢多《せた》（瀬田）］　北条時房
［手上《たのかみ》］　安達景盛、武田信光
［宇治］　北条泰時
［芋洗《いもあらい》］　毛利季光
［淀渡《よどのわたり》］　結城朝光、三浦義村

なお、「勢多」の地名表記は、より一般的な「瀬田」を用いることにしたい。

また、翌六月八日には、北陸道を進撃していた北条朝時、結城朝広、佐々木信実らの鎌倉方が、越中の在国武士たちを率いた宮崎定範、糟屋有長、仁科盛朝、友野《ともの》（伴野）遠久《とおひさ》ら京方と合戦し、勝利をあげた。鎌倉方北陸道軍の上洛もそう遠いことではなくなった。

同じ六月八日、京方の藤原秀康と五条有長は、傷を負いながら帰洛し、摩免戸での敗戦を報告した。院中は騒然となり、坊門忠信、源（土御門）定通《さだみち》・同有雅、高倉範茂ら院近臣の公卿も、宇治・瀬田・田原方面の防衛に向かうことになった。

追いつめられた後鳥羽は、比叡山延暦寺の僧兵に期待をかけた。土御門・順徳両院、雅成・頼仁両親王らと、院近臣二位法印尊長の邸宅で評議を凝らした上、六月八日の夕刻、比叡山に御幸した。甲冑を身につけた源通光《みちみつ》、藤原定輔・同親兼《ちかかね》・同信成《のぶなり》・同隆親《たかちか》ら公卿・殿上人と尊長を従え、西園寺公経・実氏父子を囚人のように引き連れた。幼い仲恭天皇も行幸し、後鳥羽とともに西坂本《にしさかもと》の梶井《かじい》御所に泊まった。二人の親王は十禅師《じゅうぜんじ》（日吉山王七社権現《ひえさんのうしちしゃごんげん》の一つ）に宿泊した。しかし、翌九日、延暦寺から届いた返答は「衆徒《しゅと》の微力」では「東士の強威」を防ぎ難いというつれないものであった。翌十日、後鳥羽たちはむなしく高陽院殿に還御した。

延暦寺の衆徒が祈禱のような宗教的手段ではなく、武力によって都を守護したことはなかった。京方の武士を破って進撃してくる鎌倉方の武士と戦い、都を防衛することなど思いも寄らなかったであろう。後鳥羽もわかっていたはずである。にもかかわらず、あえてそこに望みをつながなくてはならないほど追いつめられていた。結局、京方に加わったのは一部の悪僧《あくそう》（武芸に優れた僧）だけであった。後鳥羽は高陽院殿に還御した六月十日、西園寺父子の勅勘《ちょっかん》を解いた。幕府と親密な彼らを和平交渉に当たらせようと考え始めたのであろう。

貧弱な陣容と兵力

それでも後鳥羽は六月十二日、京方の軍勢を諸所に派遣した。『吾妻鏡』同日条によれば、

［三穂崎《みおがさき》（水尾崎）］　美濃竪者観厳《りっしゃかんげん》ら一千騎
［瀬田］　山田重忠、伊藤左衛門尉、山僧ら三千騎
［食渡］　大江親広、藤原秀康、小野盛綱、三浦胤義ら二千騎

［鵜飼瀬］　藤原秀澄、長瀬判官代ら一千余騎
［宇治］　源有雅、高倉範茂、藤原朝俊《ともとし》、伊勢清定《きよさだ》、佐々木広綱・高重、快実《かいじつ》ら二万余騎
［真木島《まきしま》（槙島）］　安達親長《ちかなが》
［芋洗］　一条信能、尊長
［淀渡］　坊門忠信
という配置であった。
「慈光寺本」には宇治・瀬田の合戦の叙述がないため、『承久記』は「古活字本」を用いたい。「古活字本」が『吾妻鏡』と異なるのは、熊野・奈良の悪僧が宇治の防衛に加わったとする点、宇治と供御瀬《くごのせ》が各一万余騎、芋洗と淀が各一千余騎、槙島（真木島）と広瀬《ひろせ》が各五百余騎であったとする点である。ただ、坊門忠信、高倉範茂、一条信能といった現役の公卿、近臣の僧侶や熊野・奈良の悪僧らを含めても、総勢は二万数千騎であった。こうした貧弱な陣容と兵力で、京方は最後の攻防を迎えなくてはならなくなったのである。

第五章　大乱決着

1　最後の攻防

瀬田の激戦

承久三年（一二二一）六月十二日、北条時房・同泰時らは東海道の宿駅である野路《のじ》駅付近に陣を敷き、しばしの休息を取った。そこへ、泰時を慕う幸島行時《さしまゆきとき》が一門の人々から離れて駆けつけた。一族とは別の場所であっても、泰時のために傷つき死ぬのは日頃からの本懐であるという。酒宴の最中だった泰時は喜びの余り、行時を上座に招いて盃《さかずき》を与え、郎従や小舎人童《こどねりわらわ》まで陣幕の際に呼んで食事を与えた。泰時の思いやりある振舞いをみて、人々はいよいよ勇気を奮い起こしたという。

翌六月十三日、『吾妻鏡』同日条によれば、雨が降りしきる中、北条時房は瀬田、泰時は宇治、酉《とり》の刻（午後六時頃）には毛利季光と三浦義村が淀・芋洗に向けて出陣したという。「古活字本」によれば、時房ら鎌倉方が瀬田に着くと、橋の中ほどの板二間《にけん》を引き落とし、楯《たて》を並べ、鏃《やじり》を揃えた山田重忠、比叡山の悪僧ら京方三千騎が待ち構えていた。雨で川は濁流と化している。鎌倉方の武士たちが橋を渡ろうと押し寄せると、京方は一斉に矢を射かけてきた。さらに、播磨竪者《りっしゃ》（竪者は僧の肩書の一種）ら「カチダチ（徒立ち）」の達者である悪僧たちは、板を落とした橋桁《はしげた》の上で大太刀《おおだち》・長刀《なぎなた》を自在に操って立ち回り、鎌倉方の武士がやっとの思いで橋桁に上っても切り伏せられて川に落とされた。今までにない苦戦である。

こうした中、五十六騎を率いて馳せ着いた鎌倉方の宇都宮頼業《よりなり》は、あえて橋上の戦闘をせず、橋より一町余（約百十メートル）川上に陣を取り、川端から遠矢を放って戦っていた。すると、京方の射た遠矢が頼業の冑《かぶと》の鉢に射立った。「信濃国住人、福地十郎俊政《ふくちのじゅうろうとしなり》」と「矢ジルシ」を記した十三束三伏《じゅうさんぞくみつぶせ》の大矢である。負けじ、とばかりに頼業も「宇都宮四郎頼成（業）」と矢印をつけた十三束二伏の大矢を思い切り引き絞って放った。矢は何と三町余（約三百三十メートル）も飛び、対岸で指揮を取っていた山田重忠のすぐ近くに突き刺さった。驚いた重忠は急いで退いた。さらに頼業は、三穂崎（水尾崎）から舟を漕《こ》いできた美濃竪者観厳らにも矢を射かけ、法師武者を二人倒した。観厳もたまらず引き退いた。

北条時房は、矢種が尽き、兵が討たれるのを避けるため、いったん攻撃をやめるよう命じ

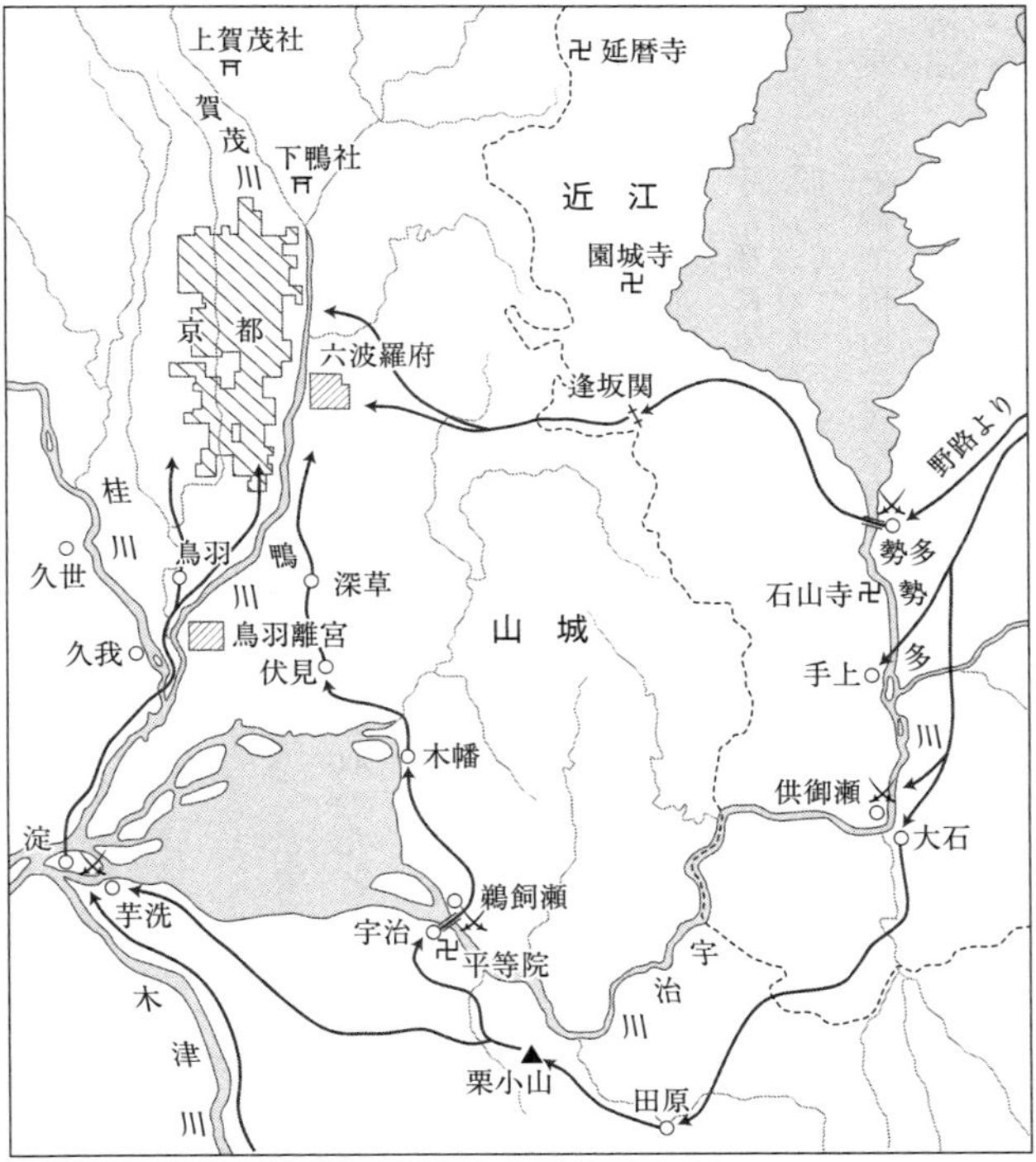

宇治・瀬田戦線　関幸彦『敗者の日本史６　承久の乱と後鳥羽院』（吉川弘文館）をもとに作成

た。最初は気づかなかった血気盛んな武士たちも、大声で命令を伝える使者に従い、川端・橋上の戦闘を中止した。瀬田の合戦はそれほどまでに激戦だったのである。

宇治の激戦

六月十三日、宇治に向かった北条泰時は、『吾妻鏡』同日条によれば「栗小山《くりこやま》（栗駒山）」に、「古活字本」によれば「岩橋《いわはし》」に陣を取ったという。泰時自身は翌朝に開戦する心づもりであった。ところが、三浦泰村と足利義氏は泰時に告げず、勝手に宇治橋に攻め寄せた。宇治には源有雅、高倉範茂《のりもち》ら院近臣を大将軍に、佐々木広綱と甥高重、熊野・奈良の悪僧ら、京方の主力二万余騎（『吾妻鏡』六月十二日条。「古活字本」では「一万余騎」）が待ち構えていた。京方は雨あられのごとく矢を射かけ、鎌倉方に死傷する者が続出した。

宇治からの急報で、戦端が開かれて多数の死傷者が出たことを聞いた北条泰時は、激しい雨の中を宇治橋に駆けつけた。この間も戦いは続き、京方の奈良法師土護覚心、円音二人が、大長刀を振るいつつ宇治橋の橋桁の上で飛び跳ねるように攻めていた。鎌倉方の武士たちも名乗りをあげて橋桁を渡ろうとするが、慣れぬ橋上の戦闘に苦戦する。これをみた泰時は、瀬田の時房と同様、いったん攻撃をやめるよう命じた。血気にはやる武士たちは、最初は戦いをやめなかったが、やがて指示に従い川端・橋上の戦闘を中止した。その夜、泰時らは平等院に陣を取り、休息を取った。

　野口実氏によれば、承久の乱における宇治川の合戦は「史上稀《まれ》に見る大激戦」で、『平家物語』にみえる治承四年（一一八〇）の「橋合戦」、元暦《げんりゃく》元年（一一八四）の「宇治川合戦」の叙述も、承久宇治川合戦や南都悪僧の強訴にまつわる逸話をベースとして、文学的虚構が付加されて作られたとみるべきだという。それほど人々の記憶に残る激戦だったのである。

　川を渡らなければ京方を打ち破ることはできないと判断した北条泰時は、翌六月十四日、水練の達者、芝田兼義《しばたかねよし》に渡河できそうな浅瀬を探るよう指示した。前日の大雨で川は増水し、白波が漲《みなぎ》り落ちている。兼義は南条七郎を連れてやや下流の真木島まで馳せ下った。そして、二股《ふたまた》になった瀬の付近にいた土地の者らしき翁《おきな》を脅して、浅瀬の位置を聞き出した。知りたい情報を手に入れると、兼義は非道にも翁を切り捨てた。情報が漏れるのを防ぐためである。『平家物語』には、佐々木盛綱《もりつな》が藤戸《ふじと》の浅瀬を聞き出した土地の者を切り殺した逸話がみえる。これも兼義の話をもとに作られた可能性が高い。いずれにせよ、戦争の犠牲になるのはいつの時代でも庶民である。

　裸になって刀を口にくわえた兼義が中洲の真木島まで泳ぎ渡ると、すぐそこの対岸に敵が控えているのがみえた。兼義は取って返し、渡河できる浅瀬をみつけた旨を泰時に報告した。卯《う》の三刻《さんこく》（午前六時半頃）、北条泰時は芝田兼義、春日貞幸《かすがさだゆき》らに渡河を命じ、佐々木信綱《のぶつな》（広綱の弟)、中山重継《なかやましげつぐ》、安東忠家《あんどうただいえ》らが従った。宇治川をはさんだ最後の激闘が始まろうとしていた。

激闘、決着!

六月十四日、佐々木信綱は北条義時から賜った「御局《おつぼね》」という名の駿馬《しゅんめ》を駆って宇治川に入り、兼義の馬を二段《たん》(約二十二メートル)ほど引き離した。そして、中洲に着く手前で「近江国住人、佐々木四郎左衛門尉源信綱、今日ノ宇治河ノ先陣也」と高らかに名乗りをあげた。続いて兼義も「奥州住人、芝田橘六《きつろく》兼能(義)、今日ノ宇治河ノ先陣」と同じく大声をあげた。これをみて鎌倉方の武士たちは轡《くつわ》を並べて川に入り、京方は矢を放って防戦した。しかし、何といっても大雨で増水した濁流である。十人中、二、三人は戦わずして流れに飲まれ溺死した。関左衛門入道、幸島四郎行時、伊佐大進《いさだいしん》太郎、三善右衛門太郎康知、長江小四郎、安保刑部丞実光以下の九十六人である。

敗色濃厚な戦況をみた北条泰時は、長男の時氏を招き寄せ、速やかに川を渡って敵の陣中に入り、命を捨てよと命じた。時氏は佐久満家盛《さくまいえもり》、南条時員以下六騎を率い、また三浦泰村も主従五騎で川を渡った。泰時も駒を進めて川に入ろうとしたが、春日貞幸が一計を案じて思いとどまらせた。乱後、貞幸の功名は先陣にも勝ると鎌倉で高く評価されたという。

時氏は、中洲で時を過ごしていた佐々木信綱とほぼ同時に対岸に着いた。信綱は渡河を防ぐため京方が水中に張った太い綱を大刀で切り捨て、兼義は馬を射られて流されたものの、さすがに水練の達者、泳いで対岸にたどり着いた。時氏は旗を高く掲げて矢を放ち、鎌倉方と京方の激闘が続いた。これにより鎌倉方は九十八人が負傷した。

その後、尾藤景綱が平出《ひらいで》弥三郎に命じて民家を取り壊し、筏《いかだ》を作らせた。北条泰時、足利義氏らはその筏に乗って対岸に渡った。川を渡り切る武士も増え始め、迎え撃つ京方の武士と組み討ちをし、あるいは取り囲んで首を取った。

さらに、『百錬抄』六月十三日条は「勇敢の輩《ともがら》、身命を棄《す》て真木島に渡り、兵粮《ひょうろう》を奪ひ取り、勝《かち》に乗ず（鎌倉方の勇猛な武士たちは、命をかけて宇治川の中洲である真木島に渡り、京方の兵粮を奪い取り、勝利を得て勢いづいた）」とする。体力の限界まで激しく戦ってきた両軍の武士たちにとって、兵粮を奪うか守れるかは戦闘を続けるか否かの士気に関わる。奪取に成功した鎌倉方が勝ちに乗じたのもうなずける。

ちなみに、乱後の十月二十九日に出された「官宣旨」（二八五五号、二八五六号）によれば、朝廷は「備前・備中の二箇国を武士に宛て賜ひ、諸国諸庄の三升米の濫責《らんせき》を停止《ちょうじ》せらる（備前・備中二ヵ国からの徴収分を駐留する鎌倉方の兵粮用に充当し、諸国の諸荘園で鎌倉方が行ってきた兵粮米三升の苛烈な取り立てを止めさせた）」という。乱後ですらこの通りであるから、当然、合戦の中では兵粮米の厳しい徴収、あるいは強奪が行われたと考えられる。先の『百錬抄』の記事はこうした生々しい現実を伝える貴重な史料といえよう。

戦況は完全に逆転した。奈良・熊野の悪僧たちも組み伏せられて討たれ、あるいは馬にも乗らず走って逃げていった。京方の大将軍として宇治に派遣されていた公卿の源有雅と高倉範茂は、防戦もせず逃げ去った。八田知尚、佐々木惟綱《これつな》(広綱の子)、小野成時らは、新たに右衛門佐《うえもんのすけ》藤原朝俊を大将軍に立てて抗戦したものの、力尽きて戦死した。弓矢を棄てて敗走した京方は、北条時氏に追われて宇治川北辺の民家に逃げ込んだが、火をつけられて、あぶり出された。

一方、瀬田でも北条時房率いる鎌倉方が優勢となり、夜には京方の大江親広、藤原秀康、小野盛綱、三浦胤義らが陣を棄てて帰京した。淀・芋洗でも毛利季光・三浦義村が京方を撃破し、宇治・瀬田・淀・芋洗の激闘は、鎌倉方の勝利で決着した。

宇治の激戦に勝利した北条泰時は深草河原《ふかくさがわら》に陣を取り、西園寺公経が遣わした使者三善長衡《ながひら》と会った。泰時は、明日の朝、入京する旨を伝え、公経の屋敷を警固するよう南条時員に命じ、帰京する長衡に付き添わせた。

後鳥羽の仕打ち

一方、敗残の京方武将は次々と帰京した。このうち、大江親広は山城・近江の国境《くにざかい》、逢坂関《おうさかのせき》の東にある関寺《せきでら》付近で行方をくらました。藤原秀康、三浦胤義らは『吾妻鏡』六月十五日条によれば、寅《とら》の刻（午前四時頃）、四辻殿《よつつじどの》に参上して、宇治・瀬田の合戦で敗北したこと、鎌倉方の武士たちが大挙して入京する形勢にあることを奏聞《そうもん》したという。

一方「慈光寺本」は、胤義が源翔《かける》・山田重忠らとともに、六月十四日の夜半、院御所高陽院殿《かやのいんどの》の門前に参上して、「君ハ、早《はや》、軍《いくさ》ニ負《まけ》サセオハシマシヌ。門ヲ開カセマシマセ。御所ニ祗候《しこう》シテ、敵待請《かたきまちうけ》、手際軍《てのきわいくさつかまつり》仕テ、親《まのあた》リ君ノ御見参ニ入《いれ》テ、討死ヲ仕ラン（君は早くも合戦に負けておしまいになりました。門をお開けください。御所に籠って敵勢を待ち受け、力の限り戦って、その有様を間近で君のお目にかけて、討死をいたす所存です）」と奏上したとする。

ところが、後鳥羽は「男共御所ニ籠《こも》ラバ、鎌倉ノ武者共打囲《うちかこみ》テ、我ヲ攻《せめ》ン事ノ口惜ケレバ、只今《ただいま》ハトクトク何《いず》クヘモ引退《ひきしりぞ》ケ（胤義たちが御所に立て籠ったら、鎌倉方の武士たちが御所を包囲して、自分〔後鳥羽〕を攻撃することになる、それは不本意であるから、今は早くどこへなりとも立ち去れ）」と返答したのである。胤義は驚きあきれ、後鳥羽の誘いに乗って謀叛を起こしたことを後悔した。そして、淀路から入京する兄義村に自分の思いをぶつけ、兄の手にかかって命を捨てようと決意し、東寺《とうじ》に立て籠った。鎌倉方が入京し始めたのはその直後である。

京方武将、最後の奮戦

後鳥羽に門前払いにされた京方の勇士たちは最後の戦いに臨んだ。源翔は「我ヲバ誰トカ御覧ズル。王城ヨリハ西、摂津国十四郡ガ中ニ、渡辺党ハ身ノキハ千騎ガ其中ニ、西面衆《さいめんしゅう》愛王左衛門《あいおうさえもん》翔《かける》トハ、我事《わがこと》ナリ（私を誰だと思ってらっしゃるのか。都よりは西、摂津国十四郡の、渡辺党の勇猛無双な千騎の中でも名の知れた、西面の武士愛王左衛門翔とは自分のことだ）」と名乗りをあげ、入京した鎌倉方と戦ったのち、大江山《おおえやま》へと落ちていった。おそらくそこで自害したのであろう。山田重忠も名乗りをあげて激しく戦い、鎌倉方十五騎を討ち取った。ただ、自軍の兵も多数討ち取られたため、嵯峨《さが》の奥に落ちていき、押し寄せてきた天野《あまの》左衛門の軍勢と戦ったのちに自害した。

東寺に籠った三浦胤義は、淀・芋洗の要害を破り、淀路から入洛してきた兄義村の「黄村《きむら》紺《ご》」（黄紫紅《きむらごう》。三浦氏の三色の紋章「三引両《みつひきりょう》」）の旗をみつけると、馬を馳せて大声を上げた。「慈光寺本」によれば、胤義は後鳥羽に従って謀叛を起こしたのは兄弟不仲であったからだと心情を訴えた上、和田合戦で伯父（和田義盛）を滅ぼすような、根っからの北条義時の味方である義村を頼って誘引の書状を送ったことを悔しがったという。

しかし、当の義村は「シレ者ニカケ合テ、無益《むやく》ナリ（愚か者と渡り合っても無駄だ）」、と考え、朱雀大路《すざくおおじ》と九条大路が交わる四墓《よつづか》付近へと退いてしまった。胤義は、残った義村配下の軍勢や三浦一門の佐原《さわら》氏の軍勢と最後の戦いを繰り広げたのち、洛西の木島里《このしまのさと》に落ちていき、「十五日ノ辰《たつ》ノ時」（午前八時頃。『吾妻鏡』は「申《さる》の刻（午後四時頃）」とする）、子の重連《しげつら》とともに自害した。人々はその死を惜しんだという。また、『吾妻鏡』六月十五日条によると、郎従が太秦《うずまさ》の宅に持ち帰った胤義の首は、兄義村によって探し出され、北条泰時のもとに送られたという。

2　大乱後の京都

鎌倉方の入京

承久三年（一二二一）六月十五日、北条時房・同泰時をはじめとした鎌倉方の東海・東山両道軍は入京を果たした。仁和寺の僧侶が書いた記録『承久三年四年日次記《ひなみき》』の同日条によれば、辰の刻、勅使の小槻国宗《おづきのくにむね》が官掌《かんしょう》二人、使部《しぶ》二十人などの下級役人を伴い、六条河原で鎌倉方と対面したという。源実朝の家司《けいし》であった中原俊職《としもと》が、東国武士のことをよく知る者として添えられた。北条泰時、三浦義村、堺常秀《さかいつねひで》、佐竹能繁《さたけよししげ》が下馬の礼を取り、勅定を承った。その内容は「義時朝臣追討の宣旨」の撤回、「帝都」での狼藉《ろうぜき》禁止、すべて「申請に任せて」「聖断」を下すというものであった。泰時らは承諾し、武士たちの禁中参入を停《ちょう》止《じ》すると返答した。その上で、三浦義村は「別して宮中を守護」するよう「関東の命」を受けているとして、大内守護をしていた頼茂《よりもち》の子である右近将監《うこんのしょうげん》源頼重《よりしげ》らを差し遣わした。

一方、『吾妻鏡』同日条によれば、辰の刻、院宣を捧《ささ》げ持った勅使の国宗が樋口河原《ひぐちがわら》で泰時と対面したという。下馬の礼を取った泰時は、院宣を読むことができる者として、五千人余の勇士の中から武蔵国の住人藤田能国《ふじたよしくに》を召し出した。能国が読み上げた院宣の内容は、今回の大乱は「叡慮《えいりょ》」、つまり後鳥羽のご意思によって起きたのではなく、謀叛を企む「謀臣」が起こしたものである。今となっては、泰時らの申請通りに宣下するつもりである。洛中で狼藉を行わないよう配下の武士たちに命令せよ、というものであった。その後、御随身《みずいじん》の秦頼武《はたよりたけ》が、院中への武士の参入はすでに禁じたという後鳥羽の決定を伝えてきた。

帝王の責任回避

勅使の最も重要な役割は、鎌倉方に「義時朝臣追討の宣旨（官宣旨カ）」の撤回を伝えることだったと考える。『承久三年四年日次記』の叙述は詳細にして要を得たものである。勅使に対面したのも『吾妻鏡』のように北条泰時一人だったのではなく、三浦義村や千葉氏の堺常秀、佐竹氏の能繁など複数の有力武将だったと考えられる。なかでも三浦義村の存在が大きかったことは、北条義時から宮中守護という特別な任務を与えられていたことからもわかる。

一方、『吾妻鏡』で注目すべきは、後鳥羽が今回の大乱を「叡慮」からではなく「謀臣」の企みで起きたと主張した、としている点である。帝王の責任回避、家臣への責任転嫁を図ったものである。門前払いを受けた三浦胤義らが失望し憤った無責任な姿勢である。しかし、所詮、帝王とはこのようなものである。かつて源義経に強要されて頼朝追討の院宣を発給するという失策を犯した後鳥羽の祖父後白河も、詰問の使者として上洛してきた北条時政に似たような対応をし、責任回避・責任転嫁を図った。この祖父と孫に類似点が多いことは第一章で触れたが、今回も期せずして類似の行動を取ってしまったのである。ただ、大乱を起こした後鳥羽が支払う代償は、祖父とは比べものにならないほど大きかった。

院宣を承った北条時房・同泰時らの軍勢は、六月十五日の巳《み》の刻（午前十時頃）、京都における幕府の拠点「六波羅」に到着した。北条朝時が率いる北陸道軍もやや遅れて入京した。「慈光寺本」は六月十七日、『百錬抄』は六月二十日、『武家年代記』は六月二十四日に入京したとする。東海・東山両道軍に遅れること四、五日といったところであろう。

残党の掃討

六月十五日の夕刻になると、京方の宿所が放火され数ヵ所が焼失した。『吾妻鏡』六月十六日条によれば、疑わしい者の刑は軽くするとの合議があり、世の称賛を受けたという。たとえば、鷲尾《わしお》に逃れたとの風聞のあった佐々木経高《つねたか》（法名経蓮《きょうれん》）に対し、北条泰時は使者を送って関東に恩赦を申請すると伝えた。ただ、経高はこれを恥じて自殺した。また、高倉範茂に従って宇治の合戦に赴いた清水寺の僧敬月《きょうげつ》（「古活字本」は「鏡月」とする）は、弟子の常陸房、美濃房とともに捕縛され、斬罪に処されそうになったが、「勅《ちょく》ナレバ　身ヲバ捨《すて》テキ　武士《もののふ》ノ　ヤソ宇治河ノ　瀬ニハタ、ネド」という和歌を泰時に献じ、遠流《おんる》に減刑された。この話は広く世の知るところとなったらしく、文永年間《ぶんえい》（一二六四〜七五）に文机房隆円《ぶんきぼうりゅうえん》が著した琵琶に関する楽書《がくしょ》『文机談《ぶんきだん》』にもみえている。

しかし、『吾妻鏡』の記事は、勅使との対面の記事と同様、泰時を称揚しようとする側面が強い。現実には、徹底した残党の掃討が行われたと考えていい。『承久三年四年日次記』六月十九日条によれば、この日、逃亡した「藤原秀康以下」を「追討」せよとの「宣旨」が「京畿《けいき》諸国」に下されたという。同じ日「弓馬・相撲《すまい》の達者にして壮力人を越ゆる勇士」（『吾妻鏡』同日条）と評された錦織義継《にしごりよしつぐ》が佐野《さの》太郎らによって六波羅で捕縛され、六月二十日には、前章第3節でも触れたように、美濃源氏の神地頼経《こうづち》が貴船《きふね》付近で生け捕りにされた。また、六月二十八日、泰時は京方の「張本《ちょうほん》」（首謀者のこと）の一人、伊予国の河野通信《こうのみちのぶ》を討伐するよう伊予国内の武士たちに命じた。九月になると、藤原秀康・秀澄兄弟が南都に隠れているとの情報が六波羅にもたらされ、北条時房が追討のために家人を派遣した。二人はいったん河内国に逃れたが、十月六日ついに捕縛され、六波羅に護送された後、斬罪に処された。

残党の掃討は長く続き、六年後の『吾妻鏡』嘉禄《かろく》三年（一二二七）六月十四日条によれば、六月七日、院近臣の僧侶二位法印尊長を鷹司《たかつかさ》油小路《あぶらこうじ》で捕らえたという。尊長は自殺を図り、翌六月八日、運ばれてきた六波羅で死去した。また、六月十四日には、和田朝盛も捕縛された。第二章第2節で述べたように、朝盛は和田義盛の孫で、和歌を通じて源実朝と固い絆で結ばれていた。和田合戦後に逃亡した朝盛は、一族の敵である北条義時を討つため京方に加わり、敗戦後は姿をくらましていたが、この日、捕らえられたのである。

勲功の審理

残党の掃討と並行して、北条時房・同泰時らは鎌倉方の武士たちの勲功の審理にあたった。武士たちが最も関心を寄せる重大事である。六月十七日、宇治川の先陣をめぐって佐々木信綱と芝田兼義が、時房・泰時の前で激しく主張をぶつけ合った。『吾妻鏡』同日条によれば、佐々木は先に川に入ったのは芝田の馬であるが、敵陣に入ることを先陣というのであって、敵のいる対岸に着いたのは信綱が先だったと主張した。芝田は佐々木が川を渡れたのは瀬踏みをした自分の導きによるのであって、浅瀬を知らない佐々木が先に進めるわけがないと反論した。一緒に川を渡った春日貞幸に事情を尋ねることになり、貞幸は起請文を書いた上、証言をまとめた文書を提出した。その結果、佐々木が芝田より先に進んでいたことが明らかになった。泰時が芝田を呼んで、この内容を鎌倉に注進すると伝えると、芝田はなかなか承服しなかったという。

なお、『平家物語』にみえる佐々木高綱《たかつな》・梶原景季《かげすえ》の宇治川先陣争いも、佐々木と芝田の相論《そうろん》（主張をぶつけ合うこと。訴訟）をもとに創作された可能性が高いとされる。いずれにせよこの相論は、先陣の名誉や勲功の恩賞に対する東国武士の強烈な執着心、命をかけて戦う武士たちのリアルな生き様を如実に表したものである。こうした武士たちの思いを理解し、その行動を統御できなければ支持を得ることなどできない。後鳥羽には理解しがたい世界であろう。

また、後藤基綱は関実忠、金持兵衛尉《かねもちひょうえのじょう》の協力を得て、勲功を上げた武士や討ち取られた武士の交名《きょうみょう》を作成し、北条泰時に提出した。『吾妻鏡』同日条には「六月十四日の宇治の合戦にて敵を討つ人々」、「六月十三日・十四日の宇治橋の合戦にて手負ふ人々」、「六月十四日の宇治橋の合戦の間、河を越え懸くる時、御方の人々死ぬる日記」という三種類の交名が載っている。最初の交名から鎌倉方の討ち取った京方が二百五十五人、二つ目から鎌倉方の負傷者が百三十二人、三つ目からは宇治川で溺死した鎌倉方が九十六人だったことが判明する。合戦の激しさを今に伝える貴重な史料である。泰時はこれを、六月十八日、恩賞の審理のため飛脚に持たせて鎌倉に送った。

戦勝の報告と北条義時の反応

交名を送る二日前、六月十六日に北条泰時が鎌倉に発遣した戦勝報告の飛脚は、六月二十三日の未明、丑《うし》の刻（午前二時頃）に鎌倉に着いた。『吾妻鏡』同日条によれば、京方との合戦に勝利し、天下が静謐《せいひつ》に帰した経緯を詳細に記した書状が開かれると、公私の喜びはたとえようがなかったという。「慈光寺本」は、北条義時が「今ハ義時思フ事ナシ。義時ハ果報ハ、王ノ果報ニハ猶《なお》マサリマイラセタリケレ。義時ガ昔《むかしのほうぎょう》報行、今一《いまひとつ》足ラズシテ、下臈《げろう》ノ報ト生レタリケル（今は義時、何も思うことがない。義時の果報は帝王の果報に優り申し上げていた。この世に報いる前世の良い行いが今一つ足りなくて、武士のような下臈の身分に生まれたにすぎなかったのだ）」と喜びを爆発させたと叙述する。

一ヵ月前の五月二十二日、嫡子の泰時を先頭に鎌倉方の軍勢を出撃させてからというもの、義時は戦勝と世の平安を願う祈禱を鶴岡八幡宮、勝長寿院、永福寺、大慈寺で行わせてきた。六月八日、義時の館の釜殿《かなえどの》（湯や御膳を調進するための釜を置いた建物）に雷が落ち、人夫一人が死亡すると、凶事の前兆ではないかと恐れおののいた。しかし、大江広元が、源頼朝の奥州合戦の陣営にも雷が落ちたという先例を挙げ、恐れる必要はないと義時を励まし、陰陽師たちも口を揃えて「最吉」という占い結果を告げた。未来がどうなるかわからない状況にあって、考え得る最善の選択と決断をしつつも、これほどまでに義時は不安に駆られていたのである。戦勝報告を受けて湧《わ》き上がった喜び、そして安堵《あんど》はたとえようもなかったに違いない。

大乱の戦後処理

しかし、北条義時ら幕府首脳部は喜びに浸ってばかりはいられなかった。後鳥羽をはじめ京方の公卿・殿上人の処罰、朝廷人事の刷新など、厳格かつ迅速に断行しなくてはならない戦後処理の課題が山ほどあったからである。報告を受けた六月二十三日のうちに、大江広元が文治元年（一一八五）の平家滅亡時の先例に基づいて指示する内容を文書にまとめ、翌二十四日の寅の刻（午前四時頃）、使者の安東光成《みつなり》に託して京都に送った。義時が直接こと細かに光成に指示内容を言い含めるという念の入れようであった。

「慈光寺本」によれば、北条義時は、後鳥羽の兄「持明院ノ宮《じみょういんのみや》」守貞《もりさだ》親王を院に定めよ、守貞の「三郎宮」茂仁《ゆたひと》親王を次の天皇に立てよ、「本院」後鳥羽は隠岐国に流罪、「宮々」雅成・頼仁親王は「武蔵守」泰時の判断で適切な国に配流、公卿・殿上人は坂東に下せ、それ以下の身分の人々には情けをかけることなくすべて頸《くび》を切れ、都での狼藉を禁止せよ、とくに「近衛殿下」家実、「九条殿下」道家、「七条女院」殖子、「六条院」、「仁和寺ノ宮」道助《どうじょ》法親王《ほっしんのう》（法親王は出家後に親王宣下を受けた皇子）、「徳大寺大臣殿」公継《きんつぐ》、「中山太政入道殿」頼実、「大宮大将殿」公経の周辺で狼藉がないよう注意せよ、これを破った者は鎌倉方でも頸を切れ、と指示したという。実際に行われた戦後処理の内容をもとに叙述したものであろう。

しかし、鎌倉から指示が届く前に北条時房・同泰時、三浦義村ら京都駐留組は動き始めていた。『承久三年四年日次記』六月十九日条によれば、この日、後鳥羽を四辻殿に移し、土御門、順徳、雅成・頼仁両親王を本来の御所に戻した。これは院御所高陽院殿に敗残の京方が隠れ籠っているのではないかという疑いがあったからである。翌六月二十日、仲恭天皇も閑院内裏に還御した。また、『吾妻鏡』『百錬抄』『公卿補任《ぶにん》』によれば、六月二十四日、「合戦の張本の公卿」とされた藤原光親、源有雅、中御門宗行、高倉範茂が、翌二十五日には坊門忠信、一条信能、僧の長厳《ちょうごん》・観厳が時房・泰時の申請によって六波羅に移され、武田信光、小笠原長清、小山朝長、北条朝時、千葉胤綱《たねつな》、結城朝光、遠山景朝《かげとも》ら有力御家人に預けられた。

六月二十九日、鎌倉からの使者安東光成が六波羅に入った。北条時房・同泰時、三浦義村、毛利季光らは評議を行い、指示の内容を実行に移していった。まず七月一日、幕府の申請に基づいて、張本の公卿以下を断罪すべし、との宣旨が下されると、泰時は公卿を預かる武士たちに、身柄を関東に護送するよう命じた。翌二日には、西面の武士として京方に加わった御家人、後藤基清、五条有範、佐々木広綱、大江能範を梟首《きょうしゅ》した。

後高倉院と後堀河天皇

七月九日、仲恭から茂仁への譲位が行われた。後堀河《ごほりかわ》天皇、十歳の践祚《せんそ》である。前日の七月八日には、持明院入道行助《ぎょうじょ》すなわち守貞親王が治天《ちてん》の君《きみ》として院政を開始した。後高倉《ごたかくら》院政である。摂政も九条道家から前関白近衛家実に代わった。

野口実氏は、こうした宮中の戦後処理において、最も重要な役割を果たしたのは三浦義村であったとする。義村が北条義時から「別して宮中を守護すべきの由」を命じられていたことは先にみた。さらに、北白河殿《きたしらかわどの》でひっそりと暮らしていた茂仁を「せめいだしまいらせて、おがみまいらせて（無理やり連れ出し申し上げて、拝むようにお願い申し上げて）」（『賀茂旧記』）践祚させたのも、また後鳥羽の所領を後高倉に進上する際、「武家要用の時は返し給ふべきの由（幕府が必要になった時には返還なさってくださいということ）」（『武家年代記』下の裏書《うらがき》）

を申し入れたのも義村であった。『吾妻鏡』には北条泰時をクローズアップし、称揚する記事が多いが、野口氏の指摘通り、実際には義村の存在が大きかったと考えられる。

ところで、幕府による戦後処理の中で、人々が衝撃を受けたのはいうまでもなく後鳥羽の隠岐配流であった。人並みはずれたマルチな才能を持った文化の巨人であり、誰もが認める強大な権力と権威によって君臨した帝王が、武家の力によって、都から遠く離れた孤島へと流されたのである。人々の衝撃は現代の我々の想像を絶するものであったろう。

ただ、歴史的にみて、より注目すべきは、新たな天皇と院を幕府が決定したことである。院政期、天皇を選定する人事権は治天の君が握っていた。ところが、その治天の君が幕府によって流罪に処されるという前例のない異常事態が起きた。そのため、圧倒的な勝利を収めた幕府の前に、王家・摂関家・公卿たちの合議は全く機能せず、天皇・院の人事権を幕府に握られてしまったのである。

ちなみに、院となった守貞親王は、寿永二年（一一八三）、平家によって兄の安徳とともに西海に連行されたため、皇位にはついていない。平家滅亡後、帰京した守貞を養育したのは後白河の姉上西門院であった。その後、上西門院の乳母《めのと》の子持明院基家《じみょういんもといえ》の娘と結婚した守貞は、持明院殿を御所とし、出家して持明院入道行助と名乗った。幕府はその守貞の皇子茂仁を践祚させ、父守貞をあえて治天の君とし、院政を行わせたのである。天皇の位につかずに治天の君となったのは、史上、守貞だけである。

こうした幕府の異例の措置は、天皇の直系尊属が治天の君として政治を主宰する政治形態すなわち院政が、すでに社会に定着していたことを示すとともに、守貞から茂仁へという、後鳥羽の皇統とは別の皇統を打ち立てようとする幕府の強い意志の表れであった。

以後も院政という政治形態は長く続いていくが、白河・鳥羽・後白河・後鳥羽と四代続いた院政とは異なり、武家優位のもとで展開されるようになる。したがって、幕府の主導による後高倉の院政開始、後堀河の践祚は、極めて重大な歴史上の画期であり、転換点であったと評価することができる。

勝因・敗因の最終分析

さて、戦いに敗れた後鳥羽や貴族・武士たちの運命をみる前に、今一度、鎌倉方・京方の勝因・敗因を分析しておこう。前章で行った分析は、後鳥羽が二段構え・三段構えの戦略のもと、北条義時追討の院宣と官宣旨を下すという攻めの一手を打ったのに対し、幕府が院宣・官宣旨を使者から奪い取って情報を隠匿・操作した上、迎撃という守りではなく大軍の出撃という積極的な攻めの一手で返した、という時点でのものであった。

そして、鎌倉方が驚天動地の想定外の事態の中で、「チーム鎌倉」として結束力・総合力を十二分に発揮したのに対し、あらゆる意味で巨大な存在であった後鳥羽が独断専行する京方は、「後鳥羽ワンマンチーム」としての力しか発揮できず、帝王にありがちな武士に対するリアリティの欠如といった弱点が、そのまま京方の弱点として露呈したとみなした。その結果、杜撰でも楽観的でもなかったはずの後鳥羽の戦略にほころびが生じ、先手を打ったにもかかわらず、逆に劣勢に立たされることになったと分析したのである。

しかし、この時点ではまだ合戦は始まっていない。戦いの中で京方が劣勢を挽回《ばんかい》する可能性はあった。たとえば、鎌倉方出撃の報を受け、後鳥羽が即座に官宣旨の補強策、すなわち畿内近国・西国の武士たちの大量動員を働きかけていれば、また前線のどこかの要害に戦力を集中させて鎌倉方の勢いをそぎ、時間を稼いでいれば、鎌倉方が最も恐れる長期戦に持ち込めた可能性は十分にある。ところが、後鳥羽の初期対応は遅く鈍かった。

後鳥羽にすれば、諸勢力の上に君臨する自分が、王権の象徴たる大内裏の再建を中止してまで北条義時の追討を優先したのである、必ず成功するはずだという確信めいた思いがあったのではないか。むろん、これは後鳥羽の主観にすぎず、客観的な根拠は何もない。ただ、そうした思いが強かったとすれば、想定外の反撃を受けた際の初期対応は遅れるであろう。しかも、後鳥羽には実戦の経験がなかった。鎌倉という地や東国武士に対してだけでなく、合戦に対するリアリティの欠如も大きな問題であったと考える。

一方、鎌倉方は、わずか八年前、建暦三年（一二一三）の和田合戦で激闘を経験済みであった。北条義時・泰時・時房も、三浦義村も、女性である北条政子や文士の御家人である大江広元、三善康信ですら、命の危険を体験したのである。こうした実戦経験があったからこそ、鎌倉方の前線の指揮官たちは戦況に応じた的確な指示を出すことができた。美濃の合戦で、時房が武田・小笠原の不穏な動きを察知して具体的な恩賞を提示し、裏切りを事前に阻止したのはその端的な例である。

京方にも大内惟信、五条有範、後藤基清、佐々木広綱のような歴戦の勇士はいたが、検非違使《けびいし》・武者所《むしゃどころ》（内裏や院御所の警固を担当する機関）・西面などに祗候しており、和田合戦の激闘を経験したのは三浦胤義などごく一部であった。しかも、前線の指揮官は、藤原秀康・秀澄兄弟のような、後鳥羽が集めた実戦経験の乏しいイエスマンであった。そのため、もともと数の少ない軍勢を複数の要害に分散させた上、土地勘のある山田重忠のような在地武士の献策を却下するといった失敗を犯したのである。宇治・瀬田の合戦では、大雨による川の増水という自然条件が京方に有利に働き、激戦に持ち込めたが、結局は無策のまま敗退した。要するに、合戦の中でも京方は、逆転できる可能性のある選択をすべて自ら放棄したといえるのである。

以上のことから、第三章での分析結果に、実戦経験の有無、合戦に対するリアリティの有無を加えれば、そのまま乱全体の勝因・敗因になると結論したい。

3　敗者の運命

後鳥羽の運命

後鳥羽に対する幕府の処断は、都から遠く離れた隠岐島への配流であった。承久三年（一二二一）七月六日、後鳥羽は身柄を洛中の四辻殿から洛南の鳥羽殿に移された。後鳥羽を乗せた牛車の後ろには、西園寺実氏、藤原信成、藤原（伊王）能茂《よしもち》の三人が騎馬で付き随《したが》った。鳥羽殿は水無瀬殿と同じく、後鳥羽がしばしば遊興のために訪れた離宮である。ただ、今回は囚われの身としての御幸であり、君臣ともに断腸の思いであった。

七月八日、後鳥羽は似絵《にせえ》の名手藤原信実《のぶざね》に御影《みえい》を描かせた。大阪府三島《みしま》郡島本町《しまもとちょう》の水無瀬神宮に所蔵される肖像画である（「はじめに」の後鳥羽院画像を参照）。その後、子の仁和寺御室道助法親王を戒師に出家した。警固の武士に懇願して対面を許された母の七条院殖子は、悲涙を抑えて帰っていった。

「慈光寺本」は、七月十日、北条泰時の子「武蔵太郎時氏」が鳥羽殿に参上し、弓の片端で御簾をかき揚げて「君ハ流罪セサセオハシマス。トクトク出《いで》サセオハシマセ（君は流罪におなりになりました。早くお出でくださいませ)」と責め立てたと叙述する。後鳥羽は返事すらできなかった。しかし、再び責められると、昔から寵愛していた「伊王左衛門能茂」に今一度会いたいと答えた。時氏が泰時にその旨を書状で伝えると、泰時は能茂を出家させた上で鳥羽殿に行かせた。後鳥羽は能茂の姿をみて、「出家シテケルナ。我モ今ハサマカヘン(出家したのだなあ。自分も今は姿を変えよう)」と仁和寺御室を戒師に出家し、切った髻《もとどり》(髪を頭上に束ねたもの)を七条院に送った。これをみた母は声も惜しまず涙を流し、悲しんだという。そこには、正統な王たろうと志し、諸勢力の上に君臨した稀代の帝王、多芸多才の極致に達した文化の巨人の姿はみられない。勝者に屈し、憐《あわ》れみにすがるしかない敗者の姿があった。

隠岐への旅路

七月十三日、後鳥羽は鳥羽殿から隠岐島に移送される旅路についた。「慈光寺本」によれば、伊東祐時《すけとき》が身柄を受け取り、「四方《よも》ノ逆輿《さかごし》」に乗せたという。輿を進行方向と逆向きにする、罪人移送の際の作法である。供奉《ぐぶ》したのは「伊王左衛門入道」藤原能茂と、坊門信清の娘で頼仁親王の母「西ノ御方《にしのおんかた》」(坊門局)ら女房二、三人、旅先での急死に備えて用意された聖《ひじり》一人であった。『吾妻鏡』は、「内蔵頭《くらのかみ》(高倉)清範《きよのり》入道」も従ったが、途中で召し返されたため、「施薬院使《やくいんし》（和気《わけ》）長成入道《ながなり》」と「（藤原）能茂入道」が追って参上したとする。いずれにせよ護送の武士以外は、ほんの少数の供奉人だけであった。

道中では遥《はる》かに水無瀬殿に思いを馳せつつ、播磨国・美作国《みまさかのくに》・伯耆国《ほうきのくに》を経て、「慈光寺本」によれば十四日ほどで「出雲国《いずものくに》ノ大浜浦《おおはまのうら》」に着いたという。また、『吾妻鏡』七月二十七日条には、出雲国大浜湊《みなと》に着いた後鳥羽は、ここでいったん船に乗り換えたとある。武士たちの多くはここで帰京した。その機会を捉え、後鳥羽は母の七条院殖子と寵妃の修明門院重子に和歌を送った。

一方、「古活字本」には「出雲国大八浦」「見尾崎《みおがさき》」という地名がみえる。さらに『吾妻鏡』八月五日条には「上皇、遂に隠岐国阿摩《あま》郡苅田《かった》郷に著（着）御す」とある。こうした記事を総合すると、「大浜湊」から船で「見尾崎」に至った後鳥羽は、風を待ってしばらくここに滞在した後、八月五日、再び船に乗って隠岐島に渡ったと考えられる。

順徳・土御門・両親王の運命

後鳥羽に賛同した順徳は、七月二十日、佐渡国《さどのくに》に配流された。一条能氏《よしうじ》、藤原範経《のりつね》、上北面の源康光《やすみつ》、女房二人が付き随った。しかし、能氏が途中で病を得て帰京し、範経も重病になったため越後国寺泊浦《てらどまりのうら》に留まった。七月二十四日には六条宮雅成親王が但馬国へ、翌二十五日には冷泉宮頼仁親王が備前国に配流された。

また、閏十月十日、順徳の兄土御門が、乱に協力はしなかったものの、土佐国《とさのくに》（のちには、より都に近い阿波国《あわのくに》）に配流となった。源定通が土御門を乗せる牛車を寄せ、源雅具《まさとも》・同俊平《としひら》、女房四人が付き随った。『吾妻鏡』同日条によれば、配流が申請されずに日数を経ていたところ、土御門自身の「叡慮」によって急に「南海」に遷幸したのだという。かくして承久の乱は、三人の院が流罪になる「三上皇配流」という前代未聞の結末を迎えることになった。

京方貴族・僧侶たちの運命

幕府は京方に属した貴族・僧侶たちの処罰も断行した。「慈光寺本」によれば、北条義時の指示は「公卿・殿上人ヲバ坂東国へ下シ奉ルベシ」ということであった。しかし、現実は厳しかった。その多くが坂東に下向する途中で斬首されたのである。『吾妻鏡』、「慈光寺本」、「古活字本」によって彼らの最期を追ってみよう。

承久三年（一二二一）七月五日、遠山景朝に伴われて美濃国に下向した一条信能は遠山荘《とおやまのしょう》で斬首された。信能は西方浄土を信じて念仏を怠らず、最期の時には、美しい紫の雲が空にたなびき、たいそうよい香りが漂い、空から音楽が聞こえる奇跡が起きたという。「慈光寺本」は、信能の甥一条能継《よしつぐ》も丹波芦田《あしだ》に流された後、斬首されたとする。

小山朝長に伴われて遠江国菊河《きくがわ》駅に下った中御門宗行は、七月十日、一晩中眠ることができず、一人静かに窓に向かって法華《ほけ》経《きょう》を読誦《どくじゅ》した。そして、「昔南陽《なんよう》県の菊水《きくすい》、下流を汲《く》みて齢《よわい》を延ぶ、今東海道の菊河、西岸に宿して命を失ふ（昔、中国の南陽県の菊水では、下流でその水を汲んで寿命を延ばしたという。今、日本の東海道の菊河で、私は西岸に泊まって命を失うのだ）」という漢詩を宿の柱に書きつけた。後鳥羽に『貞観政要』を講じた宗行らしい、中国の故事をふまえた漢詩である。

七月十二日、藤原光親は武田信光に伴われて駿河国に下向し、加古坂《かごさか》（籠坂峠）で斬首された。享年四十六。無双の寵臣であった光親は頻《しき》りに後鳥羽を諫めたが、叡慮を変えることはできず、進退窮《きわ》まって追討の宣旨の執筆《しゅひつ》役を務めた。後日、院御所に残っていた諫言の申状《もうしじょう》をみた泰時は、光親の斬首を後悔したという。

七月十三日、宗行は駿河国浮島原《うきしまがはら》を過ぎたところで、主人の遺骨を拾って帰京する光親の従者に出合った。それまでは一縷《いちる》の望みを抱いていた宗行であったが、自分と同罪の人の運命を聞き、黄瀬川《きせがわ》の宿《しゅく》で休息した折、傍らに死を覚悟した和歌を書きつけた。

今日スグル　身ヲ浮島ノ　原ニテモ　ツヰノ道ヲバ　聞サダメツル

この身を死の淵から浮かばせることができるのではないかと過ごしてきたが、今日過ぎた浮島原でも死は免れないという道を聞き、最期を迎える覚悟を定めたことだ、との意である。この歌は『吾妻鏡』『六代勝事記』『海道記』にも収められた。翌七月十四日、宗行は駿河国藍沢原《あいざわがはら》で斬首された。享年四十七。最期まで法華経の読誦を怠らなかったという。

七月十八日、北条朝時に伴われて下向した高倉範茂は、足柄山の麓、相模国の早河《はやかわ》の川底に伏し漬け（簀《す》巻《ま》きにして重石《おもし》をつけ、水中に沈めること）にされた。「慈光寺本」によれば、範茂は「剣《つるぎ》刀《やいば》ノ先ニカ、リテ死スル者ハ、修羅道《しゅらどう》ニ落《おつ》ルナレバ、範茂ヲバフシ漬《づけ》ニセヨ」と自ら朝時に訴えたという。そこで、「大籠《おおかご》ヲ組《くみ》テ、ツケ参ラセ」たのであった。御台所《みだいどころ》への遺書には、

遥《はるか》ナル　千尋《ちひろ》ノ底へ　入時《いるとき》ハ　アカデ別《わかれ》シ　ツマゾコヒシキ

と、遥かな千尋の水底に沈む時は、都で別れた妻の姿が限りなく恋しく思われることだ、という辞世の和歌を書き残したという。

七月二十九日、小笠原長清に伴われて甲斐国に下向した源有雅は、北条政子に聊《いささ》か縁があるので命を救ってくれるよう頼んでいる、しばらく死罪を待ってほしいと懇願したが、長清は許さず稲積荘《いなづみのしょう》小瀬《こせ》村で斬罪に処した。享年四十六。その後、刑罰を宥《なだ》めよという政子の書状が届いたという。亡魂の恨みが残る処刑であった。

京方に属して戦った僧侶たちも断罪された。先にみたように、逃亡の末、嘉禄三年（一二

二七）六月に捕縛された二位法印尊長は自害した。尊長は一条信能の兄弟で、調伏《ちょうぶく》の祈禱を行っただけでなく、信能とともに芋洗の戦場に立った。宇治で戦った熊野の悪僧、小松《こまつ》法印（田辺《たなべ》法印とも）快実も捕らえられ、六月二十五日、梟首された。比叡山延暦寺の悪僧で、三穂崎から船で瀬田の合戦に加わった美濃竪者《りっしゃ》観厳も捕らえられ、身柄を結城朝光に預けられた。記録は残っていないが、ほどなく斬罪に処されたことであろう。

死を免れた人々

一方、死を免れた人々もいた。坊門大納言忠信は千葉胤綱に伴われて遠江国舞沢《まいさわ》まで下ったが、八月一日、赦免され帰京した。忠信は淀渡の大将軍だったものの、源実朝の御台所、西八条禅尼《にしはちじょうぜんに》の兄という「強縁《ごうえん》」（権力者との縁故）によって命を救われたのである。

清久行盛《きよくゆきもり》に伴われて鎌倉の金洗沢《かねあらいさわ》まで下向した大監物源光行の場合は、幕府に出仕していた嫡子が、西園寺公経の猶子で、北条義時の娘を妻に持つ一条実雅に働きかけて父の助命を嘆願した。これが功を奏し、死罪を免れたのであった。

また僧侶では、後鳥羽の護持僧《ごじそう》（天皇・院・将軍などの安穏を祈る僧）であり、京方戦勝の祈禱を行った刑部僧正長厳《ちょうごん》が、九月十日、陸奥国に配流となった。同日には、神官として戦勝祈願をした賀茂社の禰宜祐綱《ねぎすけつな》が甲斐国、神主の能久《よしひさ》が鎮西《ちんぜい》にそれぞれ配流と決まった。

新興の院近臣家

以上、断罪された貴族・僧侶たちの運命をみてきた。目につくのは、摂関家、西園寺家、徳大寺家など伝統ある公卿の家ではなく、一条家（五摂《ごせっ》家《け》の一条家とは別流）、坊門家、高倉家といった新興の院近臣家の人々である。

一条家は、信能・尊長・実雅の父である能保が、源頼朝の同母妹を妻としたことから幕府と親密な関係を築き、京都守護を務めるなど京都政界で勢力を伸張した。能保とその長男高能が建久八、九年（一一九七、九八）に相次いで亡くなると、源通親の策謀や三左衛門事件（一条家の侍三人による通親襲撃未遂事件）で低迷したが、後鳥羽・順徳の人脈に連なることによって勢力回復を果たした。

また、源実朝との関係も良好で、左近衛大将拝賀・右大臣拝賀には、実雅、信能と、高能の三人の子能継・能氏・頼氏の五人が揃って参列した。ところが、実朝横死によって、後鳥羽同様、信能、能継、そして尊長の運命は大きく変わってしまったのである。

坊門家は忠信の父信清の代に後鳥羽の院近臣として急成長した。後鳥羽の母七条院殖子は信清の姉妹、信清の三人の娘のうち、坊門局は後鳥羽の女房、位子《いし》は順徳の女房、西八条禅尼は実朝の御台所となり、信清は内大臣に昇った。忠信も権大納言にまでなったが、後鳥羽と運命をともにすることになったのである。

高倉家も後鳥羽と親密な関係を築くことによって台頭した院近臣家である。早河に伏し漬けにされた範茂の父範季は、後鳥羽の乳母卿二位兼子・刑部卿三位《さんみ》範子の養父、後鳥羽の寵妃で順徳と雅成の母となった修明門院重子の実父であった。極めて濃密な関係である。その上、範茂と重子の母は平教盛《のりもり》（清盛の弟）の娘、範茂の妻は平知盛《とももり》（清盛の子）の娘であり、平家の生き残りの人々とのつながりも強かった。これが幕府に敵意を抱く一因になったとする指摘もある。高倉範茂は後鳥羽とともに栄え、ともに滅びる運命にあったといえる。

京方武士たちの運命

京方に属した武士たちの運命も過酷であった。首謀者の藤原秀康・秀澄が逃亡の末、河内国で捕縛されて処刑されたこと、勇猛に戦った山田重忠、源翔、三浦胤義が自害したことは先に述べた。なお、山田重忠は、鎌倉中期に成立した説話集『沙石集《しゃせきしゅう》』に「弓箭《きゅうせん》の道人に許され、心も猛《たけ》く、器量も人に勝《すぐ》れたりける者ながら、心やさしくて、民の煩《わずら》ひも思ひ知りて、よろづ優《ゆう》なる人なりけり（武芸の道では世間の人に認められる腕前で、心も勇猛で能力も人より優れた者でありながら、思いやりが深く、民の苦労もよく理解して、何につけてもすばらしい人である）」と評された武士であった。源翔は、酒呑童子《しゅてんどうじ》説話で有名な源頼光《よりみつ》四天王の一人、摂津国渡辺党の渡辺綱《つな》の末裔《まつえい》であった。「慈光寺本」は翔が「大江山ヘゾ落《おち》ニケル」と叙述する。説話の舞台「大江山」に落ちたとする点が興味深い。三浦胤義に関しては、「古活字本」が幼い子供たちの処刑悲話を伝えている。

また、幕府の御家人にして西面の武士という、朝廷・幕府に両属した後藤基清、五条有範、佐々木広綱、大江能範が梟首されたことも先に述べた。他にも朝幕両属の京方武士は少なくなかった。大内惟信、小野盛綱、大江親広、佐々木経高・高重父子らである。

大内惟信は、『明月記』寛喜《かんぎ》二年（一二三〇）十二月十四日条に、比叡山の日吉社《ひえしゃ》で法師となって潜んでいたところを六波羅に捕らえられたとある。「慈光寺本」も出家して比叡山にいたが、捕縛されて西国に流されたとする。清和源氏義光流《よしみつりゅう》の大内氏は、惟義が頼朝の挙兵に従い、源氏一門の有力御家人として活躍した。その子惟信は、元久二年（一二〇五）の牧氏事件で平賀朝雅が誅殺された後、朝雅の伊賀・伊勢守護を継承し、父から相伝した美濃守護と合わせ三ヵ国の守護を兼ねた。建保四年（一二一六）、実朝の将軍親裁強化で政所別当に加わり、後鳥羽と実朝の朝幕協調で重要な位置を占めた。しかし、在京することの多かった惟信は、実朝横死後、後鳥羽側に立つことになったのである。

小野盛綱は武蔵七党の横山党小野氏であった。盛綱の父成綱《なりつな》は頼朝の代に尾張守護に補任された有力御家人であった。父から尾張守護を相伝した盛綱は、下総守に推挙されるなど優遇されていた。ただ、建暦三年（一二一三）の和田合戦で、小野氏が属する横山党が和田義盛方に立って大打撃を受け、北条氏への反感を抱くようになった可能性がある。盛綱の甥成時も京方に属し、宇治の合戦では最後まで奮戦して討死した。盛綱は「佐野本系図」に「京方に候ずる故、誅さる」とあり、乱後に誅殺されたことがわかる。

　大江親広は大江広元の嫡子であり、父を補佐して朝幕をつなぐパイプ役を務めた。実朝横死後、幕府から京都の守護を命じられて上洛したが、乱直前に後鳥羽から圧力を受け、京方に立つことになった。宇治の合戦後、逢坂関の東にある関寺付近で行方知れずとなった。そこで死去したとも、所領の出羽国寒河江《さがえの》荘《しょう》に下って没したともいわれる。

　佐々木経高・高重父子であるが、鷲尾に逃れた経高が自害したことは先に述べた。高重は『吾妻鏡』承久三年（一二二一）六月十四日条に誅殺されたとある。

佐々木氏は、頼朝の挙兵に定綱《さだつな》・経高・盛綱・高綱の四兄弟で従った有力御家人である。定綱の長男が御家人にして西面

佐々木氏略系図

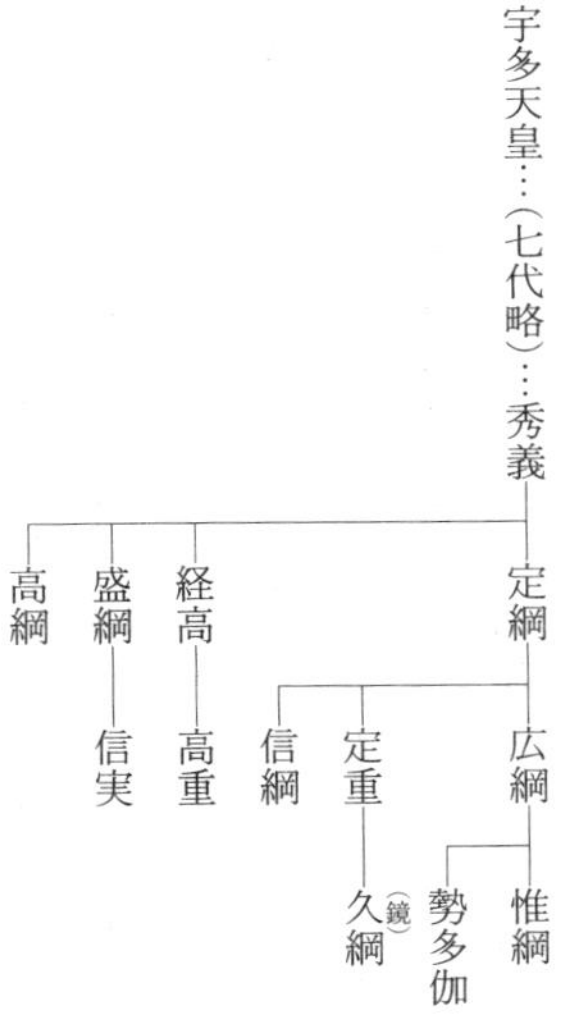

衆の広綱、四男が鎌倉方として宇治川の先陣争いをした信綱である。定綱・広綱父子は近江守護、広綱は山城守を兼ねた。経高・高重父子は淡路・阿波守護であった。彼らは在京することも多く、元久二年（一二〇五）閏七月、鎌倉からの指令で平賀朝雅誅殺に向かった在京御家人の中にも広綱・高重の名がみえる。一方、兄広綱と不仲であった信綱は鎌倉方に立ち、乱後は近江守護を受け継いだ。なお、「慈光寺本」「古活字本」『吾妻鏡』は、広綱の子で仁和寺御室道助法親王の寵童であった勢多伽丸《せいたかまる》が、北条泰時によっていったんは助命されたものの、これに反対した信綱に引き渡され、斬首されたという悲話を載せている。以上、在京御家人を中心に京方に属した武士たちの運命をみた。

ただ、後鳥羽とともに敗者の運命を背負わざるを得なかった新興の院近臣家の貴族たちも、在京の武士たちも、さらには北条義時、泰時、時房、政子たちですら、八百年前のその時点では、どのような未来が待ち受けているかわからなかったはずである。勝者も敗者も自らの運命を予見できたわけではない。彼らの選択や決断に対し、結果がどうなるかを知っていて、しかも命の危険にさらされることのない八百年後の平和な世に生きる我々が、軽々しく批判や非難を加えるべきではない。我々にできるのは、客観的に勝因・敗因を分析し、彼らの選択・決断の持つ真の意味、真の価値を評価することであると考える。

第六章　乱後の世界

1　新たな時代の政治

六波羅探題と西国守護

承久三年（一二二一）六月中旬から、京都では北条泰時・同時房、さらには三浦義村らが精力的に戦後処理を行った。拠点としたのが六波羅である。六波羅は平家の一族が居館を構えた地であるが、滅亡後は没官領《もっかんりょう》として源頼朝に与えられ、都における幕府の拠点となっていた。この六波羅に泰時・時房が駐留し、朝廷との折衝や京中・京周辺の治安維持を担当した。貞応《じょうおう》三年（一二二四）に泰時、翌嘉禄元年（一二二五）に時房が相次いで鎌倉に帰還するが、泰時の後には嫡子の時氏が北方《きたかた》として、時房の後には嫡子朝直《ともなお》、次いで時盛《ときもり》が南《みなみ》方《かた》として六波羅に入った。その後も六波羅には北条一門が一名もしくは二名常駐し、西国守護と御家人を指揮した。これが西国支配のための幕府の出先機関、六波羅探題《たんだい》（北方・南方の両探題）である。

六波羅探題はやがて裁判権も行使するようになる。ただし、裁許《さいきょ》（判決）に不服があれば鎌倉に訴えることができた。また、当事者が和与《わよ》（和解）したい場合には、関東下知状《かんとうげちじょう》（鎌倉在住の執権・連署《れんしょ》が将軍の命令を受けて下す幕府の命令書）で和解内容を認めてもらう必要があった。要するに、独自に後鳥羽の朝廷と結びついた乱前の在京御家人とは違い、六波羅探題はあくまでも幕府の出先機関であり、鎌倉の指示に従うよう厳しく規制されていたのである。この点が乱前との決定的相違であり、逆転した公武の力関係を維持していく上で重大な意味を持った。

また、六波羅探題の指揮下に入った西国守護にも大きな変動があった。幕府は京方の在京御家人の守護職《しゅごしき》を没収し、有力な東国御家人に与えたのである。たとえば、山陽道では播磨守護を後藤基清から安保実員《さねかず》、次いで小山朝政に、山陰道では但馬守護を安達親長から法橋《ほっきょう》昌明《しょうめい》に、安芸守護は宗孝親《むねのたかちか》から武田信光に、南海道の淡路守護を佐々木経高から長沼宗政に、三河以西の東海道では尾張守護を小野盛綱から中条家長《なかじょういえなが》、伊勢守護は大内惟信から北条時房に、美濃以西の東山道でも近江守護を佐々木広綱から信綱に替えた。さらに、院の熊野詣の費用を捻出《ねんしゅつ》するため守護が停廃《ちょうはい》され、「仙洞御計《せんとうおんはからい》」すなわち後鳥羽の管轄下に組み込まれていた和泉《いずみ》・紀伊両国でも、和泉守護に逸見《へんみ》氏、紀伊守護に三浦義村を補任した。鎌倉中期以降は、北条氏家督や北条一門の西国守護も増えていく。

新補地頭と新補率法

京方の貴族や武士の所領三千余ヵ所も没収され、鎌倉方の御家人たちに恩賞として配分された。新恩を給与された東国御家人は、西国の没収地に新補《しんぽ》地頭として次々と移住した。このいわゆる西遷《せいせん》御家人により、幕府の支配権は西国にまで及ぶことになった。しかし、西国における地頭の得分《とくぶん》（収益）は、謀叛人の跡（謀叛を起こして土地を没収された人の収益）を継承するというのが原則であったため、それでは少なすぎると主張して東国の慣例を導入しようとする地頭側と、現地の先例を踏襲すべきであると主張する本所・領家側との間で紛争が多発した。

そこで幕府は、貞応二年（一二二三）六月、新補地頭の得分の比率を宣旨によって決定するよう朝廷に要請した。その結果、地頭は総田畠の十一分の一を得分（地頭給《じとうきゅう》）とし、その他の田畠については一段《たん》（反《たん》とも書く。約一〇アール）あたり五升《しょう》の加徴米《かちょうまい》を徴収できることになった。これを新補率法《りっぽう》という。さらに幕府は、山野河海《さんやかかい》からの取得物の半分、犯罪者からの没収物の三分の一を地頭の得分とすることも定めた。ただし、新補率法を採るか、現地の先例に従うかの選択は、個々の地頭の判断にゆだねられた。中世における荘園・公領制、つまり地頭制を組み込んだ公武にまたがる土地制度は、承久の乱を経たことによって一つの完成形に到達したのである。

このように、承久の乱に勝利した幕府は、京都に設置した六波羅探題、東国御家人を補任した新たな西国守護、西遷御家人として西国に移住した新補地頭、さらには宣旨によって定められた新補率法などにより、支配関係を全国規模でシャッフルして勢力地図を大きく塗り替え、社会に大変動を起こした。後鳥羽の存在が巨大であっただけに、その後鳥羽を倒した幕府はそれを凌《しの》ぐ存在であると、誰もが、朝廷の貴族たちも西国の人々も、そして幕府の御家人たち自身も感じ取っていたのである。

西園寺公経と九条道家

朝廷では、後高倉が承久三年（一二二一）から貞応二年（一二二三）に亡くなるまで、約二年間院政を行った。後高倉の死後は若い後堀河の親政に移行した。ただ、朝廷政治の実権を握ったのは、乱の勃発直前、後鳥羽に幽閉され、命の危険すら経験した西園寺公経であった。乱後の閏十月、幕府の支援を得た公経は内大臣、翌貞応元年八月には太政大臣に昇り、父実宗《さねむね》の極官《ごっかん》を超えた。翌貞応二年一月、従一位に叙され、四月に太政大臣を辞したが、幕府の絶大な支持を受けて朝幕間の折衝にあたり、朝廷政治の中心に立ち続けた。公経の地位は、やがて関東申次《かんとうもうしつぎ》という正式な役職になる。

この公経と姻戚関係を結んで連携していたのが、摂関家の九条道家である。道家は、承元二年（一二〇八）、公経の娘綸子《りんし》と結婚し、教実、良実《よしざね》、竴子《しゅんし》、そして鎌倉に下向した三寅をもうけていた。しかし、道家は後鳥羽や順徳とも親密な関係にあった。近衛家の勢力を抑えたい後鳥羽が、九条家の若い当主道家の後ろ盾になったのである。さらに、道家の姉立《りゅう》子《し》は順徳に入内して懐成《かねなり》親王（のちの仲恭天皇）を産み、懐成が践祚《せんそ》すると外戚である道家が摂政になった。

王家・九条家・西園寺家関係系図

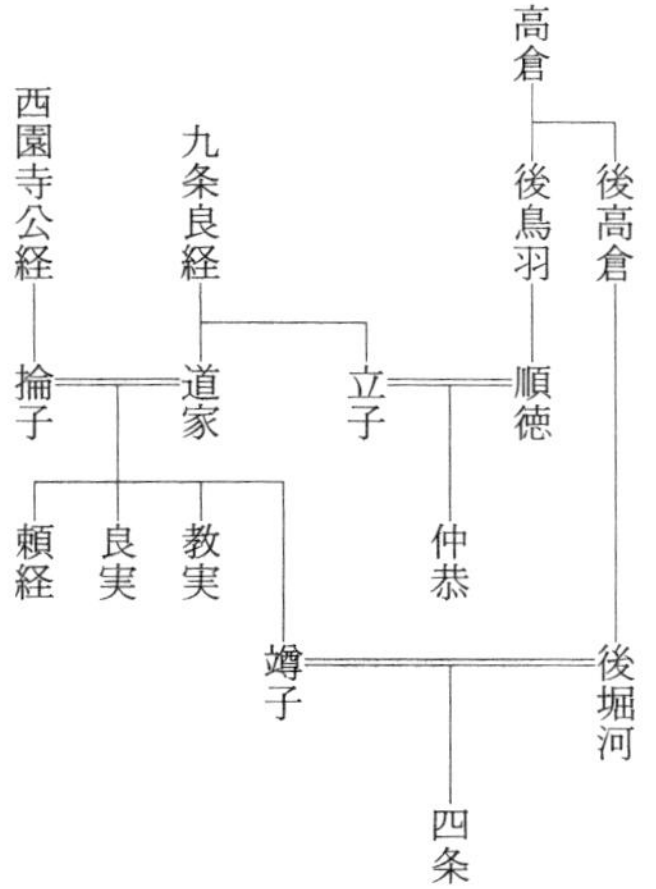

乱が勃発してからは静観する立場を取った道家であったが、こうした事情により、乱後は摂政を辞めざるを得なかった。後任の摂政（のちに関白）には、幕府の意を受けた公経らが近衛家実を選んだ。道家は政治の表舞台からいったん退くことになった。

頼経の将軍宣下と道家の政界復帰

しかし、ほどなく転機が訪れる。貞応三年（一二二四）六月、北条義時が急死したのである。急遽《きゅうきょ》鎌倉に帰還した泰時は、一条実雅を将軍に擁立し、我が子政村を執権に立てようとする義時未亡人伊賀氏の陰謀（伊賀氏事件）を、政子の強力な指導力によって乗り切ると、三代目の執権となった。しかし、その政子も翌嘉禄元年（一二二五）七月に死去した。一ヵ月前の六月には大江広元も死去していた。享年は義時が六十二、政子が六十九、広元が七十八であった。源実朝亡き後の幕府を実質的に動かしてきた義時、それを陰で支えた広元、尼将軍として御家人たちをまとめ、対外的に幕府の顔となってきた政子、この三人の相次ぐ死は一つの時代の終焉《しゅうえん》を意味していた。

嘉禄元年（一二二五）十二月二十日、執権北条泰時は三寅を若宮大路近くの宇都宮辻子《うつのみやずし》に新造した御所に移すと、翌二十一日、連署（執権の補佐役）の時房、有力御家人を御所に集めて評議始《ひょうぎはじめ》を行った。執権・連署・評定衆《ひょうじょうしゅう》が政治を運営する執権政治の開始である。二十九日、三寅は泰時を加冠役《かかんやく》・理髪役《りはつやく》に元服し、名を頼経と改めた。次いで幕府は、頼経の任官と将軍宣下を朝廷に申請し、嘉禄二年一月二十七日、頼経は正五位下・右近衛少将・征夷大将軍に叙任された。九歳の摂家将軍である。道家の政界復帰への環境が整ってきた。

安貞《あんてい》二年（一二二八）十二月、道家の復権を図る西園寺公経、頼経の幕府の圧力を受けて近衛家実が関白を辞め、道家がこれに代わった。道家は自分の娘で、公経の孫にあたる竴子を後堀河に入内させ、寛喜二年（一二三〇）二月、中宮（女院号は藻璧門院《そうへきもんいん》）に立てた。以後しばらくの間、道家は公経と協調しつつ朝廷政治を主導していく。

寛喜の飢饉と朝廷の徳政

寛喜二年（一二三〇）は六月に雪が降り、七月に霜が降りるという異常気象に見舞われ、全国的に大凶作となった。翌年にかけて餓死者が巷《ちまた》にあふれ、疫病が蔓延《まんえん》し、治安も悪化した。寛喜の飢饉である。朝廷にも幕府にも徳政《とくせい》（仁徳ある善政）が求められる状況になった。

朝廷は、寛喜二年の年末から翌年にかけて、年中行事に関する倹約の「新制《しんせい》」（天皇や院の意思に基づき、公卿の議定《ぎじょう》を経て出される特別法令）を発布した。次いで、翌寛喜三年二月、九条道家の娘竴子が後堀河の皇子秀仁《みつひと》を産むと、道家が主導して飢饉対策のための祈禱・改元・倹約・賑給《しんごう》（被災者や高齢者などに稲穀《とうこく》・布・塩などを支給する制度）に関する審議を行い、さらに同年十一月三日には四十二ヵ条の寛喜の新制を発布した。

ただ、その内容は「諸社の祭礼・年中神事」「恒例・臨時の仏事」「恒例・臨時の公事《くじ》」の励行、衣服や儀式の「過差《かさ》」（度を過ごした贅沢）の禁止が中心で、飢饉に苦しむ人々を救うための政策は「賑給・施米を興行すべき事」の一条ぐらいであった。治安政策に至っては、諸国海陸の盗賊追討を、国司に対してだけでなく、「左近衛権中将藤原頼経朝臣」つまり、将軍頼経に命じている。道家が主導した徳政は朝廷の伝統的な政策を継承し、かつ承久の乱後の朝幕関係を反映して治安・警察政策を幕府に依存するものだったのである。

むろん、神事・仏事を盛んにして神仏の威光を輝かし、朝廷の儀礼・行事などの公事を間違いなく執行することは、国家安泰・五穀豊穣を実現するために不可欠とされた時代である。しかし、現実に人々が飢えに苦しむ中、莫大な費用のかかる諸儀礼を遂行することは、やはり「撫民《ぶみん》」には程遠いといえよう。

幕府の徳政と『御成敗式目』

一方、幕府の徳政は執権北条泰時が主導した。寛喜三年（一二三一）一月二十九日、泰時は幕府に祗候《しこう》する人々の「過差」を禁ずる倹約令を出し、次いで三月十九日、伊豆・駿河両国の飢えに苦しむ人々に出挙米《すいこまい》（貸し付け米）を施すよう命じた。翌年の『吾妻鏡』三月九日条にも、「伊豆国仁科《にしなの》庄《しょう》の土民等、飢饉に依《よっ》て餓死に及ぶの間、こころならずも農業の計《はから》ひを抛《なげう》つの由、武州（武蔵守泰時）の御方に愁ひ申す。仍《よっ》て出挙三十石《こく》を下行《げぎょう》すべし（中略）この事すでに数度に及ぶ（伊豆国の仁科荘の荘民たちが、飢饉によって餓死しそうなので、農作業を放棄せざるを得ないと北条泰時に愁訴した。そこで泰時は、貸し付け米三十石を支給せよと命じた。〔中略〕こうした措置はすでに数度に及んでいる)」とみえる。泰時が主導する幕府の徳政は「撫民」の徳政だったといえよう。

また、寛喜三年（一二三一）四月から翌貞永《じょうえい》元年（一二三二、四月二日に改元）四月にかけて、泰時は相次いで法令を出した。「盗賊の贓物《ぞうもつ》（盗品）の事」「強盗殺害人の事」「諸国新補地頭の得分の条々」「諸社祭の時、飛礫《つぶて》の事」「諸国守護人・地頭、六波羅の召文《めしぶみ》を承引せざる事」「諸国守護人奉行の事」「海路往反《おうへん》の船の事」「京都大番役の事」などである。治安維持や、守護・地頭に関わるものが多く、幕府の徳政が撫民だけでなく、御家人統制・御家人保護の性格を兼ね備えたものであったことがわかる。

こうした徳政の到達点が『御成敗式目《ごせいばいしきもく》』（『貞永式目』ともいう）であった。『吾妻鏡』貞永元年（一二三二）五月十四日条によれば、「濫訴《らんそ》」（むやみに訴訟を起こすこと）を断つためには「法」を固める必要があると考えた泰時は、この日、内々に思案していた「御成敗の式条」の制定に入ったという。そして、七月十日、十一人の評定衆が連署した「起請文」に「相州（時房）・武州（泰時）」が「理非決断の職《しき》」として署判を加え、形を整えて八月十日、『御成敗式目』を制定した。『吾妻鏡』同日条によれば、「今日以後、訴論《そろん》の是非、固くこの法を守り、裁許せらるべきの由定められ」たという。合議に基づく執権政治は、成文法典という客観的な拠り所を得たわけである。

後嵯峨の践祚

同じ貞永元年（一二三二）の十月、朝廷では寛喜の飢饉を乗り切った道家が、幕府が不快の念を示したにもかかわらず、二歳の孫秀仁を践祚させた。四条《しじょう》天皇である。ところが、この時摂政に就任した道家の子の九条教実が文暦《ぶんりゃく》二年（一二三五）に早逝してしまう。そこで道家が再び摂政となった。二年後の嘉禎《かてい》三年（一二三七）、摂政は娘婿の近衛兼経《かねつね》に譲ったが、天皇の外戚にして将軍の父という地位を手に入れた道家は、その権勢を揺るぎないものにした。

ところが、七年後の仁治《にんじ》三年（一二四二）一月九日、状況が一変する。十二歳になった四条が急死したのである。むろん後嗣はいない。父の後堀河も天福《てんぷく》二年（一二三四）に死去しており、ただちに天皇の選定を行わなくてはならない状況になった。候補は二人。土御門の皇子で、土御門の母承明門院（在子）の異父弟土御門定通が庇護《ひご》する二十三歳の邦仁《くにひと》王と、後鳥羽の寵妃で順徳の母修明門院が庇護する順徳の皇子二十一歳の忠成《ただなり》王であった。

後鳥羽・順徳の復帰を願い、還京《かんきょう》運動を展開したことがあった道家は、順徳の皇子忠成の皇位継承を望んだ。ただ、乱後の朝幕の力関係を顧慮して、今度は幕府に諮問してみることにした。将軍の我が子頼経はすでに二十五歳に達している。自分の意向を察してくれるとの見通しもあったと考えられる。しかし、一月十九日に鎌倉から届いた返答は、土御門の皇子邦仁王を天皇に立てるべきであるというものであった。

実は、邦仁を庇護する土御門定通の妻竹殿《たけどの》は北条泰時の異母妹であった。そうした人脈が影響したことは否定できない。しかし、より本質的な問題は、承久の乱に積極的に関与した人物の関係者か否かであった。忠成王を選定すれば、父の順徳を帰京させて治天《ちてん》の君《きみ》に立てようとする動きが起きる可能性が高い。幕府としては、これだけは避けなくてはならない。乱前の朝廷に戻すわけにはいかなかったからである。

王家・土御門家・執権北条氏関係系図

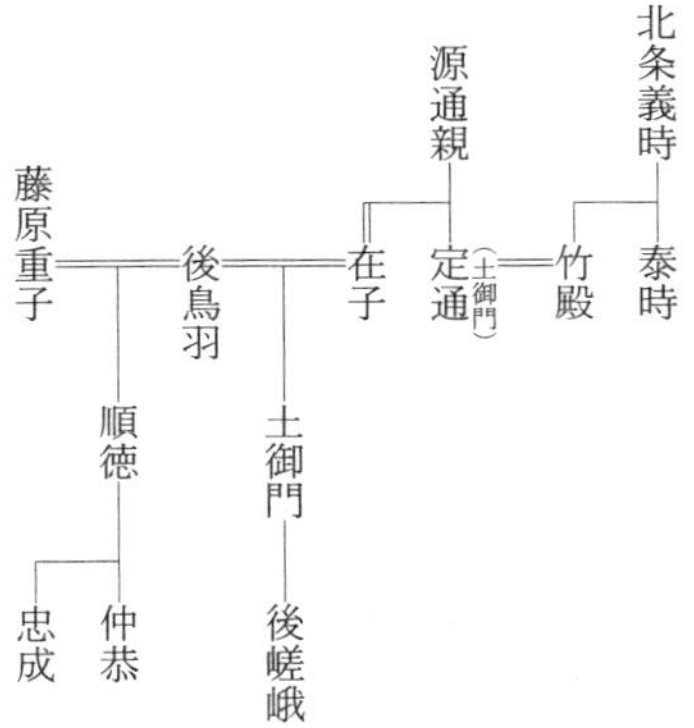

十一日間の天皇空位を経て、仁治三年（一二四二）一月二十日、邦仁王は親王宣下を受け、即日、践祚した。土御門の皇統を継ぐ後嵯峨《ごさが》天皇である。関白には四条の摂政であった近衛兼経が就いた。兼経は道家の娘仁子《じんし》を妻とし、九条家・近衛家の関係は修復されていたが、忠成王の践祚を幕府に拒否された道家の権勢には陰りがみえ始めた。

王家略系図②（数字は皇位継承の順序）

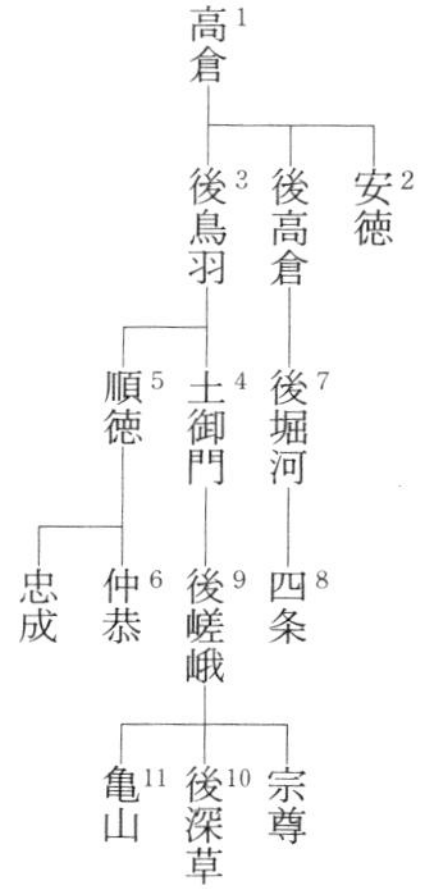

後嵯峨院政と親王将軍の時代へ

九条道家と協調しつつ朝廷政治の中心にいた西園寺公経・実氏父子は、幕府が邦仁王を推したと知ると、すばやい身のこなしで道家から距離を取った。さらに、仁治三年（一二四二）六月には実氏の娘姞子《きっし》を後嵯峨に入内させ、八月に中宮に立てた。この姞子が翌寛元《かんげん》元年（一二四三）六月に出産した皇子久仁《ひさひと》が、のちの後深草《ごふかくさ》天皇である。

一方、鎌倉では、仁治三年（一二四二）六月、北条泰時が死去した。享年六十。承久の乱で鎌倉方の大軍を率い、乱後は六波羅で戦後処理をこなし、父義時の死後、鎌倉に戻って『御成敗式目』を制定するなど、北条氏が主導する執権政治を確立した名執権であった。二年前には叔父の時房も六十六歳で死去しており、また一つの時代が幕を閉じた。

泰時の長男時氏がすでに死去していたため、新たな執権には時氏の子、十九歳の経時《つねとき》が就いた。将軍頼経は二十五歳。将軍・執権の年齢が逆転し、幕政の主導権をめぐる緊張関係が生じた。寛元二年（一二四四）四月、頼経は子の頼嗣に将軍職を譲り、「大殿」として勢力を保持した。しかし、寛元四年三月、病に倒れた経時に代わって執権となった弟の時頼《ときより》が攻勢に出た。六月、頼経派の粛清を敢行し、七月には頼経自身をも京都に送還したのである。これは北条氏の嫡流である「得宗《とくそう》」が専制権力をふるう道を開くものであった。

同じ寛元四年一月には、後嵯峨が久仁親王に譲位し、すでに院政を開始していた。頼経の京都送還で痛手を受けた九条道家は、幕府から関東申次も更迭され失脚した。新たな関東申次には幕府の指名を受けた西園寺実氏が就任し、以後、この職は西園寺家の世襲となる。

承久の乱から二十数年が経ち、朝幕ともに主要メンバー・勢力関係が一新されたことで、後嵯峨院政期には朝幕協調が復活した。その象徴が建長《けんちょう》四年（一二五二）四月の後嵯峨の皇子宗尊《むねたか》親王の鎌倉下向、源実朝が夢見た親王将軍の推戴である。ただ、それは実朝が構想した「東国の王権」とは別物であった。時代が劇的に変化していたからである。将軍となった宗尊も、専制権力を握った北条得宗家によってやがては京都に送還される運命にあった。

とはいえ、十三世紀半ば、乱後の世界にようやくしばしの平和が訪れたことは確かであった。

2　新たな時代の文化

『六代勝事記』の成立

文化の巨人であった後鳥羽が倒されたことにより、文化の世界にも劇的な変化が起きた。

公然と後鳥羽を批判する作品が現れたのである。『六代勝事記』である。高倉から後堀河までの「六代」における「勝事」（人の耳目をひく優れたこと、または異常な出来事）を、序文・歴史叙述部・評論部ともいうべき三部にまとめた「記」である。弓削繁氏、五味文彦氏、長村祥知氏などの研究があり、著者に関しては藤原隆忠《たかただ》、藤原長兼《ながかね》など説が分かれるが、乱直後の貞応年間（一二二二〜二四）の成立という点では一致している。

序文で、著者は自らを六十余歳の「世すて人」とし、「身のためにしてこれをしるさず、世のため民のためにして是《これ》を記せり」と執筆意図を明記する。歴史叙述部では六代の勝事を記すだけでなく、後白河も含め高倉から順徳までの六人の帝王に批評を加え、評論部では「時の人」と「心有人《こころあるひと》」との問答によって政道論や歴史観を披瀝《ひれき》する。

評論部の問答の一部をみてみよう。「時の人」が、

我国はもとより神国也。人王の位をつぐ、すでに天照大神《あまてらすおおみかみ》の皇孫也。何によりてか三帝一時に遠流《おんる》のはぢある。

我が国はもともと「神国」である。その「天照大神の皇孫」である「三帝」が、どうして「一時に遠流」されるという「恥」にまみれたのであろうか、と問うたのに対し、「心有人」は「宝祚長短《ほうそのちょうたん》はかならず政《まつりごと》の善悪によれり（帝王の治世の長短は善政か悪政かによる）」と答える。そして、

帝範《ていはん》に二の徳あり。知人《ちじん》と撫民と也。知人とは、太平の功は一人《いちにん》の略《りゃく》にあらず。君ありて臣なきは、春秋にそしれるいひ也。撫民とは、民は君の体也。体のいたむときに、その御身またい《（全き）》事《こと》えたまはむや。

と続け、『帝範』（唐の太宗撰による帝王学の書）が挙げる二つの徳、「知人」と「撫民」の重要性を指摘する。「知人」とは、太平の世を招来するのは一人の考えによるものではないということをふまえ、君主が臣下と良好な関係を築くという徳であり、「撫民」とは君主が民をいたわる徳である。この二つを欠いた帝王の政治が悪政なのである。

帝徳批判の意図

『六代勝事記』の思想的根拠は、平安後期の貴族社会に受容されていた『帝範』『貞観政要』などにみられる儒教の徳治主義であった。後鳥羽も学んだ書であり、その政道論を知らなかったはずはない。また、後鳥羽の治世は後白河死後の親政期を含めると三十年の長きに及ぶ。ところが、現実には「三帝一時に遠流のはぢ」という衝撃的な出来事が起きてしまった。帝王の権威のいまだかつてない失墜であり、恥である。強い危機感を覚えた著者は、その原因を後鳥羽の悪政、後鳥羽の帝徳欠如に求めずにはいられなかった。

それを端的に示すのが、歴史叙述部における手厳しい後鳥羽批評である。

隠岐院《おきのいん》（後鳥羽のこと）天皇は（中略）芸能二つをまなぶなかに、文章に疎《そ》にして弓馬に長じ給へり。国の老父ひそかに、文を左にして武を右にするに、帝徳のかけたるをうれふる事は（下略）

帝王は文章に長じ、自らは武力を率いるべきではないが、後鳥羽はその逆の「文章に疎にして弓馬に長じ」た「帝徳のかけたる」帝王だと痛烈に批判するのである。

ただ、後鳥羽は『新古今集』を親撰し、習礼《しゅらい》・公事《くじ》竪義《りゅうぎ》を繰り返して朝廷儀礼を復興した、文に長じた帝王であった。著者はそれをあえて無視し、乱は後鳥羽一人の帝徳欠如によって起きたと主張する。後鳥羽に全責任を負わせることで、乱後に践祚した後堀河の帝王の権威、「神国」たる「我国」の「天照大神の皇孫」の権威の失墜を防ごうとしたのである。これが「世のため民のため」に『六代勝事記』を執筆した著者の意図であった。

『承久記』の後鳥羽批判

『六代勝事記』の影響を受けた作品は少なくない。一二三〇年代に原型が作られた『承久記』もその一つである。最も古態を留める「慈光寺本」の後鳥羽評をみてみよう。

凡《およそ》、御心操《ごしんそう》コソ世間ニ傾《かた》ブキ申《もうし》ケレ。伏物、越内、水練、早態《はやわざ》、相撲、笠懸ノミナラズ、朝夕武芸ヲ事トシテ、昼夜ニ兵具《ひょうぐ》ヲ整ヘテ、兵乱ヲ巧《たくみ》マシ〱ケリ。御腹悪《おんはらあしく》テ、少《すこし》モ御気色《ごきそく》ニ違《たがう》者ヲバ、親《まのあた》リ乱罪《らんざい》ニ行ハル。大臣・公卿ノ宿所・山荘ヲ御覧ジテハ、御目留ル所ヲバ召シテ、御所ト号セラル。（中略）御遊《ぎょゆう》ノ余《あまり》ニハ、四方《よも》ノ白拍子《しらびょうし》ヲ召集《めしあつめ》、結番《けちばん》、寵愛ノ族《やから》ヲバ、十二殿《じゅうにでん》ノ上、錦《にしき》ノ茵《しとね》ニ召上《めしのぼ》セテ、踏汚《ふみけが》サセラレケルコソ、王法・王威モ傾《かたぶ》キマシマス覧ト覚テ浅猿《あさまし》ケレ。

これによれば、後鳥羽の「御心操」（心ばえ）は世間から「傾ブキ」つまり非難されていたという。「武芸」を専らにして「兵具」を整え、「御腹悪」（すぐに腹を立てて）気に入らない者を罰し、「大臣・公卿」の邸宅を取り上げては自分の御所とし、「白拍子」を召し集めた上、寵愛する者は内裏の「十二殿」（大内裏の正庁である朝堂院《ちょうどういん》）に上げて錦の敷物を踏み汚すなど、「王法・王威」を損なう振舞いは呆《あき》れるほどであったという。文を疎かにして武を専らにし、君臣関係を傷つける振舞いに終始する帝徳の欠けた帝王、『六代勝事記』の帝徳批判と同じ、いやそれをはるかに超える酷評である。後鳥羽が文に長じていた点を無視しているところも同じである。『六代勝事記』が切り開いた後鳥羽批判の文化の一つといえよう。

「慈光寺本」の歴史観

ただ、「慈光寺本」には後鳥羽の帝徳欠如と乱の勃発を結びつける叙述がない。序文を「娑婆《しゃば》世界ニ衆生利益《しゅじょうりやく》ノ為ニトテ、仏ハ世ニ出給《いでたま》フ（現世に生きるあらゆる生類《しょうるい》に恵みを与えるためとして、仏はこの世に現れなさった）」と書き起こす「慈光寺本」は、儒教の徳治主義ではなく、仏教の世界観を根底に置いているからである。戦勝報告を聞いた北条義時が「義時ハ果報ハ、王ノ果報ニハ猶《なお》マサリマイラセタリケレ。義時ガ昔報行《むかしのほうぎょう》、今一《いまひとつ》足ラズシテ、下﨟《げろう》ノ報ト生レタリケル」と喜ぶ叙述がある（二〇一頁参照）が、これも仏教の因果応報論に基づいている。現世の出来事やその結果は前世の「果報」によって決まり、帝徳が欠如していたから乱が起きたということにはならないのである。

また、後鳥羽と義時の身分の差も、前世の「果報」で変わり得るものであり、両者の間に絶対的な君臣関係が設定されることはない。そのため「慈光寺本」では後鳥羽と義時がほぼ対等に扱われている。長村祥知氏は、「果報」という人間不可測の原理が歴史を動かす、という「慈光寺本」の歴史観を「果報史観」と呼んでいる。

これに従えば、現世で起きたことの原因は前世にあるわけであるから、現実の出来事をそのまま肯定的に捉えるという傾向が出てくる。支配のためのイデオロギーによって脚色を加えられることも少ない。史料としての純粋さが保たれるわけである。「慈光寺本」の史料的価値が高く評価されているのも、最古態であるからというだけではないのである。

ここまで、乱後の世界に生まれた後鳥羽批判の文化についてみてきた。ただ、注目すべき新たな動きは他にもある。「武」の力によって「王権」の巨人後鳥羽が倒された承久の乱は、「武者の世」の到来を告げた保元の乱から六十五年に及ぶ戦乱の世に終止符を打った。と同時に人々を歴史の回顧、そして反省へと向かわせることにもなったのである。

すでに慈円は、保元の乱以来の戦死者を鎮魂し、世の泰平を祈るための道場として大懺法《だいせんぽう》院《いん》を建立していたが、乱後、これに整備を加え、平教盛の子で実朝の幕府でも祈禱を行った小川《おがわ》法印《ほういん》忠快《ちゅうかい》、説教の名手安居院《あぐい》法印《ほういん》澄憲《ちょうけん》（信西の子）の子聖覚《せいかく》といった僧侶や、『平家物語』の作者ともされる信濃前司《しなののぜんじ》行長《ゆきなが》のような芸能に秀でた者を集めた。

一方、後高倉・後堀河の宮廷にも変化が起きていた。もともと平知盛に養育されていた後高倉は、平家滅亡後、前節で述べたように平頼盛《よりもり》（清盛の弟）の娘を妻とする持明院基家の邸宅を御所とした。そして、基家の娘すなわち頼盛の孫娘陳子《ちんし》（女院号は北白川院《きたしらかわいん》）を妻に迎え、後堀河をもうけ

王家・平家・藤原成親関係系図

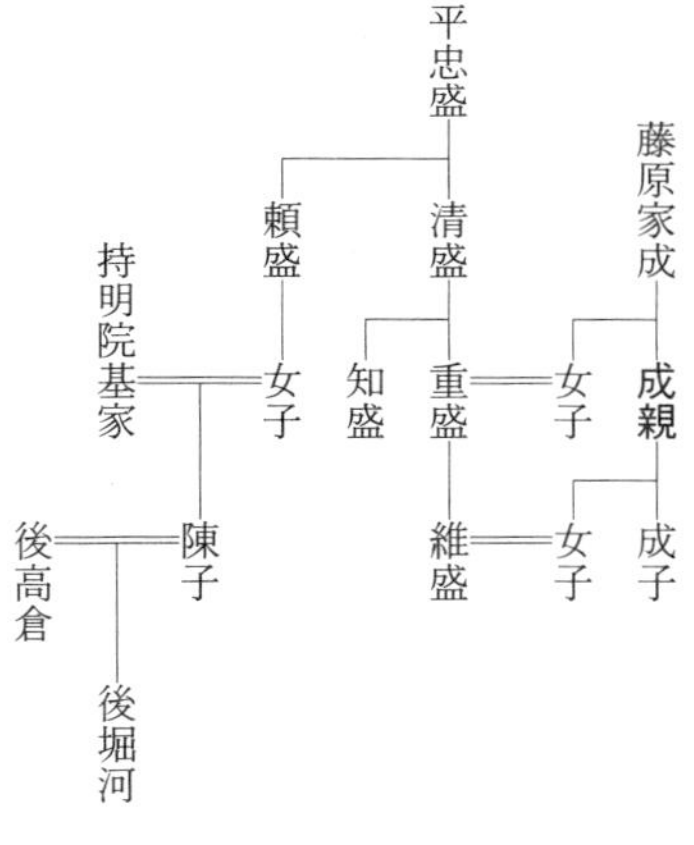

た。その後堀河の乳母《めのと》は、平重盛（清盛の長男）を妹婿、重盛の子維盛を娘婿とし、平家と二代にわたって姻戚関係を結んだ藤原成親の娘成子《せいし》であった。しかも、知盛の未亡人や娘、頼盛の息子、教盛の息子、維盛の娘は承久の乱後も健在で、後高倉・後堀河の宮廷には平家ゆかりのコミュニティが復活した。

かくして人々の間に、王家の崇徳院、安徳天皇はもちろん、藤原頼長、信西、俊寛らの貴族・僧侶、源義朝・為朝・義仲や平清盛・知盛・重衡ら源平の武将、人生の半ばにして命を落とした者たちを追慕・鎮魂しようとする気運が高まってきた。

軍記物語の成立・成長

こうした時流を背景に、一二三〇年代から四〇年代初めにかけて、つまり『承久記』原型の成立とほぼ時を同じくして、保元の乱、平治の乱、治承・寿永の乱を活写した『保元物語』『平治物語』『平家物語』の原型が作られた。これらの軍記物語は、敗れ去り、死んでいった人々への追慕・鎮魂という精神的な基盤の上に成立したのである。

現実には、どの戦乱でも、勇敢な武士たちは命を惜しまず激しい戦いを繰り広げた。勝者として生き延び、名誉と恩賞を手にする者がいる一方、敗者には残酷な死、理不尽な死、妄執を残す死、諦めの果ての死、様々な死が待っていた。親子・兄弟・夫婦・主従の絆は無残にも断ち切られ、残された者たちは悲しみや怨念《おんねん》にうちふるえた。

　ところが、軍記物語には戦場における血みどろの叙述が少ない。それは、作者が戦いを「物語の世界」の一環として構築しているからである。また、承久の乱を通じて、人々は「武」の力が王や貴族たちの伝統的権威を打ち破るのを目の当たりにした。新たな時代の幕開きを実感したのである。こうした時代認識のもと、王朝貴族社会の権威の凋落《ちょうらく》を描く一方、王権をも左右する「武」の力を認め、源為朝や源義経のような英雄像を創出したのである。

　その後、軍記物語は幾人もの作者によって、また幾種類もの構想に基づいて、増補・削除・改変を施され、幾種類ものテキスト（たとえば、『平家物語』では「覚一《かくいち》本」「延慶本」、『承久記』では「慈光寺本」「古活字本」など）へと成長を遂げていった。

京都の和歌と鎌倉の大仏

　新たな時代の文化について、もう少しだけみておこう。乱前の後鳥羽の時代は和歌の活況期であった。その頂点に位置づけられるのが、下命者たる後鳥羽の親撰ともいうべき『新古今集』であった。乱後の朝廷でも、寛喜の飢饉を乗り切った貞永元年（一二三二）六月、後堀河が勅撰集の編纂を下命した。撰者は藤原定家ただ一人。ところが、二年後の天福二年（一二三四）八月、後堀河が死去してしまう。失意の定家は草稿本を焼き捨てた。

しかし、九条道家・教実父子らの後援を受けて編纂は続けられ、翌文暦二年（一二三五）三月、四条天皇に奏上された。『新勅撰和歌集』二十巻である。ただ、道家は撰歌にも口を出した。後鳥羽・順徳らの歌を削除するよう定家に指示したのである。その結果、承久京方の歌人の歌が除外される一方、源実朝、北条泰時ら武家歌人の歌が多数入集《にっしゅう》した。定家は不本意だったであろうが、乱後の政治を反映した勅撰集となったのである。全体としては、『新古今集』の華やかさと対照的に、平明枯淡で保守的な歌が多いとされている。

同じ頃、鎌倉では大仏が造立されていた。『吾妻鏡』嘉禎四年（一二三八）五月十八日条によれば、この日、鎌倉西部の深沢《ふかさわ》の里で大仏の頭部を身体の上に載せる作業があったという。鋳造の場合には不可能な作業であり、この大仏が木造だったことがわかる。また、身体の部分はすでに完成していたわけであるから、造立事業の立ち上げは寛喜の飢饉を乗り切った頃であったと考えられる。その後、仁治二年（一二四一）三月、大仏殿の上棟、寛元元年（一二四三）六月に八丈余の阿弥陀如来像を安置した大仏殿の落慶供養があった。ところが、建長四年（一二五二）、なぜか同じ深沢の里で金銅《こんどう》八丈の釈迦如来像の鋳造が始められたという。両者の関係は不明である。鎌倉大仏には何かと謎が多いのである。

ただ、確かなことが一つある。大仏の造立された地が鎌倉の西の玄関口だったことである。都・西国などから鎌倉を訪れる人々は、この巨大なモニュメントを目にして驚嘆したことであろう。承久の乱に勝利した幕府は、鎌倉という武家の都が王法を行うのにふさわしい仏法に守護された地であることを、巨大モニュメントの造立によって宣言したのである。『新勅撰和歌集』も鎌倉大仏も、乱後の世界を象徴する新たな文化に他ならなかった。

以上、承久の乱後、とくに十三世紀半ばまでの政治と文化についてみてきた。そこには、乱前とは本質的に異なる新たな世界が展開していた。逆にいえば、それほどまでに承久の乱は、歴史を劇的に変えた大事件だったということである。

終章　帝王たちと承久の乱

後鳥羽の配流地隠岐島

ここで少し時代をさかのぼらせ、後鳥羽を中心に配流地の帝王たちについてみてみよう。承久三年（一二二一）七月十三日、洛南の鳥羽殿を発ち、二週間ほどで出雲国の大浜湊、次いで見尾崎に着いた後鳥羽は、ここで風待ちをした後、八月五日、船で隠岐島に渡った。大浜湊は現在の島根県安来《やすぎ》市の安来港付近、見尾崎は現在の島根県松江《まつえ》市美保関町《みほのせきちょう》付近に比定されている。見尾崎には、三穂津姫命《みほつひめのみこと》・事代主神《ことしろぬしのかみ》を祭神とする美保《みほ》神社が鎮座する。大社造《たいしゃづくり》の堂々たる本殿は国指定の重要文化財である。美保神社の東隣には後鳥羽の行在所《あんざいしょ》と伝えられる古刹仏谷寺《こさつぶっこくじ》がある。国の重要文化財に指定された貞観《じょうがん》仏《ぶつ》五体を所蔵するが、狭い境内に小さな堂の建つ小寺院で、後鳥羽が船出に適した風を待つ間、ほんの数日滞在しただけとはいえ、はかなさ・寂しさを禁じ得ない。

美保神社・仏谷寺の前には緩やかなカーブを描く美保湾、そして青々とした日本海が開けている。船出をした後鳥羽は、すぐに隠岐の島影を遠望することができたであろう。日本地図をみると、隠岐島は本州から遠く離れた孤島のように感じられるが、実は晴れた日にはうっすらと島影を視認できるほどの距離にある。鳥取県境港《さかいみなと》市の境港か、島根県松江市の七類《しちるい》港からフェリーで最短二時間半ほど、私も境港からフェリーに乗って外洋に出た際、北北西の方角に島影をみつけて驚いたことを記憶している。

隠岐島は島前《どうぜん》（西ノ島《にしのしま》・中ノ島《なかのしま》・知夫里島《ちぶりじま》）と島後《どうご》、および多数の小島から成る。後鳥羽が渡ったのは島前の中ノ島、現在の海士町《あまちょう》である。船は島の南東部、崎《さき》という地に着いた。のどかな崎港の片隅に「後鳥羽上皇御着船の地」という碑が立っている。背後の小高い丘には三穂《みほ》神社という神社があり、後鳥羽はそこの参籠舎で最初の夜を明かしたという。その後、出雲・隠岐の守護である佐々木氏の指示により、隠岐国の在庁官人村上氏が「阿摩郡苅田郷」源福寺《げんぷくじ》の「黒木御所《くろきのごしょ》」（荒削りの材木を用いた御所）に案内した。ここが隠岐における後鳥羽の行在所となる。現在の島根県隠岐郡海士町海士の源福寺跡付近である。

「我こそは　新島守よ」

源福寺は明治初年に廃寺となり、干拓が行われて海岸線が遠のいたが、行在所だった頃は目の前が海であった。後鳥羽は日々この海を眺め、都に思いを馳せたことであろう。南北朝期に成立した歴史物語『増鏡』にも次のような叙述がある。

このおはします所は、人離れ、里遠き島の中なり。（中略）水無瀬殿おぼし出づるも夢のやうになん。はるばると見やらるる海の眺望、二千里の外も残りなき心地する、いまさらめきたり。潮風のいとこちたく吹来るをきこしめして、

我こそは　新島守《にいじまもり》よ　隠岐の海の　荒き浪風《なみかぜ》　心して吹け

この「我こそは」詠は、配流後ほど経ぬ頃に詠まれた『遠島百首《えんとうひゃくしゅ》』の「雑」九七歌である。歌の解釈は二通りに分かれる。自分は新参の島守なのだから、どうか隠岐の海の浪風よ、静かに吹いておくれ、と自嘲《じちょう》を込めて浪風に懇願する哀切な歌とみる解釈と、遠島に配流された身でありながら、我こそは新しい島守である、浪風よ、荒く吹くな、気をつけて吹けよ、と今なお失わぬ帝王の気概を示した歌とみる解釈である。

確かに、一首だけを取れば、どちらの解釈も成り立ちそうに思われる。ただ、『遠島百首』は配流後間もない頃の作である。遠流《おんる》の身を嘆き悲しみ、苦悩し、都を恋焦がれ、古歌の表現を借りつつも、そうした心情・実感をストレートに詠じた歌が多い。とすれば、「我

こそは」詠も浪風に懇願する哀切な歌と解釈する方が妥当であろう。

前章でみた「慈光寺本」の叙述を思い返してみたい。鳥羽殿で北条時氏に流罪を告げられた後鳥羽は、すぐには返事をすることもできず、寵愛する藤原能茂《よしもち》に今一度会いたいと懇願するのがやっとであった。勝者の憐れみにすがるしかない敗者の姿からは、遠島に配流されてもなお失わぬ帝王の気概など読み取ることはできない。『増鏡』の作者も、引用の仕方からみて、傷心の後鳥羽が詠んだ哀願の歌と解釈していたと考えられる。

隠岐における和歌活動

後鳥羽は何もない配流地隠岐で、和歌活動と仏道修行に明け暮れた。ただ、都にいた時のように歌を詠みかわす歌人はいない。後鳥羽に仕えることが許されたのは、藤原能茂、水無瀬親成《ちかなり》、伊賀局（亀菊）のようなごく少数の近臣・女房だけであった。しかも、幕府は都人が隠岐に渡ることを厳しく制限した。そうした中、卿二位の甥内蔵頭《くらのかみ》高倉清範が、都と隠岐を往還して情報の収集・伝達にあたった。母七条院、寵妃修明門院、寵臣卿二位、歌人藤原家隆、高僧の明恵《みょうえ》・聖覚、さらには配所の順徳や土御門と、書状・詠草《えいそう》・歌書などのやり取りも比較的自由に行えた。これらの情報や資料を参考に、後鳥羽は『遠島百首』『後鳥羽院御自歌合《おんじかあわせ》』『定家家隆両卿撰歌合《ていかかりゅうりょうきょうせんかあわせ》』『時代不同歌合《じだいふどううたあわせ》』『遠島御歌合』「詠五百首和歌」

『隠岐本新古今和歌集』を残した。相変わらずエネルギッシュである。

樋口芳麻呂氏や寺島恒世氏の膨大かつ詳細な研究によれば、『後鳥羽院御自歌合』は配流から五年目の嘉禄二年（一二二六）、自詠二十首を十番に番《つが》え、藤原家隆に判詞《はんし》を請うため都に送った歌合。『定家家隆両卿撰歌合』は、承久二年（一二二〇）の勅勘以来、交渉のなかった藤原定家、終生後鳥羽に忠誠を尽くした家隆、この新古今時代を代表する二人の歌人の歌を五十首ずつ撰《えら》んで番えた百首の撰歌合。『時代不同歌合』は文字通り時代の異なる百人の歌人の歌を三首ずつ、合計三百首を撰び百五十番に番えた歌合で、『百人一首』との関連が指摘されている。『遠島御歌合』は嘉禎二年（一二三六）、家隆、源通光、坊門忠信、水無瀬信成《のぶなり》・親成父子、源家長の娘少輔《しょうゆう》ら、都と隠岐の歌人十六人に詠進させて後鳥羽が判詞を書いた歌合。後鳥羽五十七歳、晩年の作である。

そして、後鳥羽の詠作の総決算が、四季三百首、恋百首、雑百首の五百首から成る「詠五百首和歌」である。配流間もない頃の『遠島百首』には心情・実感の告白という面が強かったが、ここでは隠岐が詠まれることはなく、「偏ることのない総合性への志向」「網羅性への志向」が認められるという。成立時期は確定していないが、晩年と考えられる。

同じ頃、『新古今集』に改訂を加えた『隠岐本新古今和歌集』が完成する。後鳥羽は巻末の「跋《ばつ》」において、入集歌《にっしゅうか》二千首というのは多すぎた、しかもその中に、身づからが歌をいれたる事、三十首にあまれり。道にふける思ひ深しといへども、いかでか集のやつれをかへりみざるべき。

自詠を三十首余りも入れたのは、歌道への執心が深いといっても、集の価値が下がることを顧慮しない振舞いだったと反省の弁を述べる。そして、二割近い三百八十余首を削除した。後鳥羽にとって『新古今集』は、「世を治め民をやはらぐる」正統な王たることの象徴であった。しかし、晩年に隠岐で到達したのは、帝王としてだけでなく、歌人として追求し続けた勅撰和歌集の純然たる最終形態であった。「詠五百首和歌」と『隠岐本新古今和歌集』は、文化の巨人たる帝王、後鳥羽その人自身に他ならなかった。

幕府による還京の否定

後鳥羽の流人生活は最終的に十九年に及んだ。その間、還京の期待を抱く機会もあった。まず、北条義時・政子、大江広元が死去し、北条泰時が幕府を主導し始めた嘉禄二年（一二二六）、次いで後鳥羽の怨念のせいで飢饉が起きたと噂された寛喜三年（一二三一）である。ただ、還京を模索する動きはあったものの、風説が流れる程度で終わってしまった。

ところが、三度目は違っていた。嘉禎元年（一二三五）三月、朝廷政治を主導する九条道家が、幕府の評定衆中原師員《もろかず》を通じて、後鳥羽の還京を本格的に幕府に働きかけたのである。

都でも隠岐でも期待が高まった。しかし、その期待はすぐに打ち砕かれる。『明月記』嘉禎元年五月十四日条によれば、「家人、一同に然るべからざる由」を申すということで、執権北条泰時は後鳥羽の還京を明確に否定してきたのである。乱前の朝廷に戻すことは決してない、という幕府の断固たる意思表明であった。これにより、還京の望みは消え、後鳥羽は配流地隠岐での死を覚悟するようになった。

帝王たちの死

延応《えんおう》元年（一二三九）、六十歳を迎えた後鳥羽は、仏道修行の日々を送る中、法会の際に仏徳を讃《たた》えて唱える講式《こうしき》を制作した。『無常講式』である。第二段の著名な一文「凡《およ》そ墓無《はかな》き者は、人の始中終《しちゅうじゅう》、幻の如きは一期《いちご》の過ぐる程なり、三界《さんがい》は無常なり（およそ頼りないものは、人生の初めと中頃と終わり、人の一生は幻のごときものである。欲界《よくかい》・色界《しきかい》・無色界《むしきかい》の三界は無常である）」に表された無常観は、第三段の「月卿雲客《げっけいうんかく》の身は、生頸《いけくび》を他郷の雲に切られ、槐門棘路《かいもんきょくろ》の人は、紅涙を征路の月に落す（公卿・殿上人は、都から離れた見知らぬ地で首を切られ、大臣・公卿は、旅の夜の月に血の涙を落とす）」にみえる藤原光親、中御門宗行、一条信能ら処刑された京方貴族たちの運命、さらには配流地で生涯を終えようとしている我が身の運命と、真剣に向き合うことによってたどり着いた境地だったのであろう。

同年二月九日、後鳥羽は隠岐で長らく仕えてきた水無瀬親成に宛てて、また翌二月十日には都にいる親成の父信成に宛てて、置文《おきぶみ》（将来にわたって守るべき訓戒、所領配分などを記した遺書に類する文書）を書いた。「所労次第に大事に成れは、いまは思定てある也（病が次第に重くなってきたので、今は、これで最期と思い定めている）」に始まるその内容は、親成に水無瀬、井内《いうち》、加賀《かが》、持田《もちだ》の諸荘を与えるので、子々孫々に至るまで水無瀬に居住して、後鳥羽の菩提を弔うよう命じたものである。そして、「水無瀬をハ、昔より我ふかく心をとめたる所也（中略）我なからん後も、つねにハあまかけりて見んする也（水無瀬は、昔より自分が深く心にとめて愛してきたところである。〔中略〕亡くなった後も、常に天翔《あまがけ》って見守り続けるつもりだ）」と記したのであった。

その十二日後、延応元年（一二三九）二月二十二日、後鳥羽は配流地隠岐で没した。享年六十。稀代の帝王の波乱に満ちた生涯であった。遺骨は能茂が首にかけて都に持ち帰った。まず水無瀬に赴き、次いで大原西林院《おおはらさいりんいん》に納めた。仁治元年（一二四〇）には、信成・親成父子が水無瀬に後鳥羽の御影堂《みえいどう》を建立した。現在の水無瀬神宮のもととなった堂である。

また、幕府から処断されなかったにもかかわらず、自ら土佐国に赴き、次いで阿波国に移った土御門は、寛喜三年（一二三一）十月、我が子邦仁が践祚《せんそ》するのをみることなく阿波で没した。享年三十七、父より八年早い死であった。

一方、仁治三年（一二四二）の邦仁践祚によって、我が子忠成の皇位継承も、還京の望みも絶たれた佐渡の順徳は病床に伏した。死を望むに至った順徳は自ら飲食を断ち、九月十二日、死去した。享年四十六。かくして承久の乱で流罪になった三人の帝王たちは、都に還《かえ》ることなく、それぞれの配流地で死を迎えたのであった。

怨霊鎮撫

人々は、後鳥羽の生前から、その怨念・生霊《いきりょう》に恐れを抱いていた。北条義時・政子、大江広元の死はもちろん、数え切れない餓死者が出た寛喜の飢饉も、後堀河の中宮藻璧門院《そうへきもんいん》竴子《しゅんし》、廃位された順徳の子仲恭、幕府に擁立された後堀河の三人が、天福元年から同二年（一二三三、三四）にかけて相次いで死去したことも、後鳥羽の怨念の仕業ではないかと噂された。竴子は後堀河の皇子を死産したのちに二十五歳で、仲恭は十七歳、後堀河は二十三歳での早逝であった。嘉禎元年（一二三五）、娘竴子を失った九条道家が後鳥羽の還京に動いた背景には、怨霊鎮撫の意味もあったと考えられる。

その後鳥羽が延応元年（一二三九）二月、隠岐で死去した。五月には、「隠岐院」と呼ばれていた後鳥羽に「顕徳院《けんとくいん》」の諡号《しごう》が贈られた。しかし、怨霊鎮撫とはならなかった。その年の十二月五日、鎌倉方の有力武将で、乱後の都でも存在感を示した三浦義村が頓死《とんし》、仁治三年（一二四二）一月九日には四条が十二歳で夭折《ようせつ》、同年六月十五日、順徳の皇子忠成の践祚を拒否した北条泰時が急死したのである。参議平経高《つねたか》の日記『平戸記《へいこき》』六月二十日条によれば、泰時は数日間高熱に苦しんだ末「辛苦悩乱」して絶命したという。「顕徳院の御霊《ごりょう》、顕現す」と人々は恐怖した。

そこで七月八日、「顕徳院」の諡号を「後鳥羽院」に改めるという、前例のない措置が取られた。「後鳥羽」の名はこの時に始まる。幕府も宝治《ほうじ》元年（一二四七）四月二十五日、後鳥羽の御霊を鶴岡八幡宮北西の山麓《さんろく》に勧請《かんじょう》して祀った。『吾妻鏡』同日条によれば「これ、彼《か》の怨霊を宥《なだ》め奉《たてまつ》らんがため」であったという。「佐渡院《さどのいん》」と呼ばれていた順徳に「順徳院」の追号があったのはその二年後、建長元年（一二四九）七月二十日のことであった。

歴史認識の変化

鎮撫の効果があったのか、後嵯峨院政で朝幕協調が実現したためか、十三世紀後半には後鳥羽の怨霊も問題視されなくなった。再び注目されるのは、「倒幕」を果たした後醍醐《ごだいご》天皇の建武の新政が瓦解《がかい》し、南北朝の動乱が展開する十四世紀半ばに至ってからである。同じ頃、承久の乱に対する歴史認識にも変化が現れる。後鳥羽は「関東ヲ滅サルベキニ成ヌ」（『保暦間記《ほうりゃくかんき》』）、「関東ヲ亡《ほろぼ》サン為ニ」（『梅松論《ばいしょうろん》』上）乱を起こしたとする認識である。

実は、十四世紀前半までの文献には、「関東を滅ぼす（亡ぼす）」「倒幕」「討幕」などの表現はみられない。承久の乱は、院宣・宣旨・官宣旨など文書の様式はまちまちであるが、後鳥羽の北条義時追討命令によって起きたと認識されていた。確かに、軍記物語の「慈光寺本」には過激な叙述もある。政子の演説では「京方ニ付《つき》、鎌倉ヲ責給フ《せめたま》、大将殿・大臣殿二所ノ御墓所ヲ馬ノ蹄《ひづめ》ニケサセ玉フ」といった表現がみえる（一六一頁参照）。しかし、卿二位ですら後鳥羽に進言する際、義時を討って日本国を意のままに支配するよう勧めるだけで、幕府を倒せといっていないのである。

そうした中、唯一『吾妻鏡』が「京都より坂東を襲ふべきの由、その聞えある」、つまり朝廷が幕府を襲おうとしていると明記した。幕府首脳部が義時追討命令を幕府存亡の危機に読み替え、御家人たちを煽ったことは事実だったのであろう。その結果、結束した幕府は後鳥羽の朝廷に圧勝し、朝幕の力関係を劇的に逆転させた。

ところが、その強い幕府が後醍醐によって倒された。「倒幕」が現実のものとなったのである。しかも、打倒計画の途上、後醍醐は後鳥羽と同じく隠岐島に流罪になった。この類似性は、後醍醐同様、後鳥羽も「倒幕」を目指したのではないかとする認識を醸成する契機となった。十四世紀半ば以降、承久の乱は後鳥羽が「倒幕」を企て、失敗した事件であったと捉える歴史認識が生まれ、広がりをみせ始めたのである。

十五、十六世紀になると、この傾向はいっそう顕著になる。十三、十四世紀には人々に享受されることのなかった『吾妻鏡』が、十五世紀後半の応仁《おうにん》・文明《ぶんめい》の乱後、広く受容されるようになったことも影響している。現代の人々が抱く承久の乱の一般的なイメージは、すでに中世末期にその根幹が形作られていたのである。

承久の乱の歴史的位置づけ

本書は「はじめに」で二つの視角を重視するとした。第一は公家政権における院政の成立・展開、武家政権である鎌倉幕府の成立・発展、この大きな歴史の流れの中に承久の乱を位置づけること、第二は一般の読者にも理解しやすいよう現代社会の事象にたとえて論述することであった。第二点は会社組織やスポーツにたとえることで、何とかクリアできたのではないかと思う。また、第一点は本書の構成自体にその方向性を示したつもりである。それをふまえて、承久の乱を歴史の流れの中に位置づけてみると、次のようになる。

十一世紀末の応徳三年(一〇八六)、白河の譲位によって始まった院政は、「治天《ちてん》の君《きみ》」白河の強烈な個性とあいまって公家政権の政治形態として定着し、鳥羽・後白河に受け継がれ発展した。一方、院政期に勢力を増大させた武士は、「武者の世」の到来を告げる保元の乱を経て王権を動揺させるまでに成長し、十二世紀末には源頼朝が史上初の本格的武家政権=

鎌倉幕府を樹立するまでになった。

ただ、公家・武家の関係は、依然として公家である朝廷が優位を保っていた。とくに、マルチな才能に恵まれ、諸勢力の上に君臨して日本全土を統治する正統な王たろうとした「治天の君」後鳥羽が、源実朝の幕府とも協調関係にあった十三世紀初頭は、朝廷の政治・文化の興隆期であり、公武関係の安定期であった。その到達点が、後鳥羽の親王を将軍に推戴し、右大臣に昇った実朝が補佐するという朝幕の合意であった。これにより、後鳥羽は我が子や実朝を通じて幕府をコントロール下に置き、実朝は幕府を「東国の王権」として発展させる、という道が開かれるはずであった。

ところが、建保七年（一二一九）一月、実朝が甥の公暁に斬殺されると、歴史が大きく動き始める。一人の若者の凶行が歴史を変えたのである。幕府は九条道家の子三寅（のちの頼経）を将軍予定者に立て、北条政子・義時姉弟を中心とした新たな体制を築いた。

一方、京都では、承久元年（一二一九）七月、源頼茂の謀叛によって、王権の象徴たる大内裏が焼失するという衝撃的な事件が起きた。ショックを受けた後鳥羽は直ちに再建に着手するが、全国的な造内裏役に対する抵抗にあい、苛立ちを募らせた。そもそも大内裏の焼失は幕府内の権力闘争が都に持ち込まれたことが原因ではないか。こう考えた後鳥羽は、実朝の横死後、幕府をコントロールすることができなくなった元凶、北条義時を排除する決意を固めた。そして、最優先すべき大内裏の再建を中断してまで、承久三年五月、北条義時追討の院宣・官宣旨を下した。承久の乱の勃発である。

自ら武技を練り、有力な在京御家人をも指揮下に置いた後鳥羽が目指したのは、あくまで義時を追討して幕府をコントロール下に置くことであった。しかし、幕府首脳部が義時追討の院宣・官宣旨を幕府全体への攻撃に読み替え、存亡の危機感を煽ったことにより、鎌倉方の御家人たちは結束、大挙して進撃し、後鳥羽の京方に圧倒的な勝利をおさめた。後鳥羽をはじめとした三人の院が流罪となり、京方の貴族・僧侶・武士が多数処刑・配流された。

巨大な存在である後鳥羽を倒した幕府は、その後鳥羽をも凌ぐ存在であることを証明した。乱後、幕府は治天の君・天皇の選定権を握った上、京都に六波羅探題を設置、西国守護を京方の在京御家人から東国の有力御家人に替え、没収地には新補地頭を補任《ぶにん》した。その結果、多数の東国御家人が西国に移住し、幕府の支配権、東国の秩序が京都・西国に浸透した。承久の乱は、朝廷と幕府、公家政権と武家政権の力関係を逆転させるとともに、全国規模で社会的な大変動を起こしたのである。

ところで、晩年に頼朝が王権に接近しようとしたのも、実朝が後鳥羽の親王を将軍に推戴するという「東国の王権」構想を抱いたのも、伝統ある公家政権の王権によって、史上初の本格的武家政権である幕府を権威づけ、発展させようと志向したものであった。しかし、乱後の幕府は、王権のあり方を左右するほどの力を得て、公武の関係を劇的に変えた。後鳥羽は幕府をコントロール下に置こうとして失敗したが、乱に勝利した幕府は王権をコントロールする方向へと一歩踏み出したのである。鎌倉幕府の成立は、確かに「画期的な事件」であった。しかし、乱後の幕府に比べれば、頼朝・頼家・実朝三代にわたる源氏将軍の幕府は、成長過程にある過渡的な武家政権とすらいえる。

むろん、武家政権が公家政権を完全にコントロール下に置くところまで歩みを進めるには、まだ数百年単位の時間が必要であった。ただ、承久の乱がそこに至るための重く確かな一歩であったことは間違いない。その後、後醍醐による二年間の建武の新政はあったものの、承久三年（一二二一）に逆転した公武の力関係が覆されることはなかった。極端ないい方をすれば、江戸時代の末、大政奉還によって政権を天皇に返上するまで、武家は自らの優位性を公家に渡すことはなかったのである。

古代半ば、十世紀の延喜の聖代に軍事貴族として武士が誕生してから三百余年、中世初頭、十一世紀末に院政が始まってから百三十五年、「武者の世」が到来したと人々が感じた保元の乱から六十五年、「真の武者の世」は承久三年に始まったのである。承久の乱とは、それほどまでに「画期的な大事件」であり、大きな意味を持つ歴史の転換点であった。

あとがき

二〇一四年十一月のことだったと思う。中公新書の編集者並木光晴氏から書面とメールで執筆依頼が届いた。実は、この年の七月、私は『源実朝』(講談社選書メチエ)という本を上《じょう》梓《し》していた。ここで私は実朝の生涯をたどり、歴史家の眼で和歌を読み解くとどうなるか、暗殺劇の真相はどうだったのかといった考察に挑戦した。しかし、実朝の死後、承久の乱に至る歴史についてはごく簡単に触れただけであった。並木氏はここに着目され、実朝横死後の展開について知りたい、書いてほしいと依頼をされてきたのである。もちろん私自身も興味がなかったわけではない。ただ、承久の乱自体を専門的に考察している研究者は少なからずいる。そうした方々ではなく、なぜ私なのか。とまどう気持ちが強かったのも正直なところである。とはいえ、せっかくのご依頼なので、お引き受けすることにした。

二ヵ月後、何とか本書の構成・梗概《こうがい》をまとめ、並木氏に渡すことができた。とくに意識したのが、承久の乱を大きな歴史の流れの中に位置づけることと、政治面・軍事面だけではなく文化面にも目を配ることであった。これが本書の基本軸となった。

文化、なかでも和歌については、実朝を書いた経験や、『岩波講座　日本歴史』中世1で担当した「中世前期の文化」に関する考察が役に立つと踏んでいた。ところが、すぐにこれが甘い見通しだったことに気づかされた。実朝の和歌は数も少なく、都の歌人・歌壇と交流がないまま、鎌倉で彼独特の個性によって詠まれたものであった。ただ、それがゆえに、逆に歴史の史料として読み解けるかもしれないという可能性を感じさせた。ところが、後鳥羽は文化の巨人であり、新古今時代の歌人たちと濃密な関係を築いていた。対象とする和歌は膨大な数に上り、とうてい私ごときの手に負えるものではなかった。行き詰まった私は、陰に陽に激励をしてくださる並木氏を随分と困らせたことであろう。

そうした中、二〇一七年六月、かねてより予定していたドイツ滞在の日がやってきた。私は日欧の文化比較研究のため、二〇〇〇年から一年間、ドイツのデュッセルドルフ市に住んだ経験がある。この思い出深い地に、今度は三ヵ月間であるが、再び家を借りて暮らす機会を得た。デュッセルドルフを拠点にドイツ各地、フランス・イタリアなどにも足を延ばして見聞を広め、最後にはポルトガルのリスボンで開かれたEAJS（ヨーロッパ日本研究協会）の大会にも顔を出した。国際学会に参加する（発表はしなかったが）のは初めてであったが、日本から顔見知りの歴史学・文学・芸能史学の研究者が数多く出席していて刺激を受けた。大いにリフレッシュした私は、九月に帰国すると執筆にとりかかり、後鳥羽の和歌にはあまり深く踏み込まず、一年ほどで脱稿にこぎつけた次第である。

このような面白くもない個人的事情を長々と書き連ねて恐縮であるが、恐縮ついでにもう一つ個人的話題に触れさせていただきたい。帰国した九月半ば、私は、保護猫活動をしている団体から子猫二匹を譲り受けた。生後二ヵ月半、体重一キロちょっとの小さな三毛猫とキジトラ猫の姉妹である。ミケラとレオナと名付けられた（名付け親は妻）二匹は、家の中を走り回り、いくつも用意してある猫用ベッドを渡り歩いてはぐっすり眠り、愛らしい瞳《ひとみ》と鳴き声でご飯をねだってくる。執筆に疲れたり、うまく書けずに落ち込んだりした時、彼女たちのしなやかな姿を眺め、艶《つや》やかな毛並みをなでると元気が出た。一歳半近くになって、人間でいえば二十歳代の若者に成長した二匹は、体重も四キロを超えて立派な体格になったが、今でも毎日、愛猫家の私たち家族を癒《いや》してくれている。

最後は少しまじめな話をしよう。二〇一九年（平成三十一年）四月末から五月初めにかけて、歴史上の画期となる出来事がある。今上天皇の退位と皇太子の即位である。明治以後の近代日本において生前退位は初のことであり、「上皇」という呼称が用いられるのも初めてである。中世史を研究する者として、「上皇」の誕生に立ち会えることは驚きであり、喜びでもある。本書の主人公の一人は後鳥羽「上皇」であり、不思議なめぐり合わせを感じる。

ただし、現代の日本は象徴天皇制をとっており、呼称は同じ「上皇」でも政治的な権力とは無縁である。本書が後鳥羽「上皇」を、あえて中世で一般的に用いられていた「院」と記しているのも、現代の「上皇」と同一視することがないよう配慮したためでもある。

今こうして私が「あとがき」を書いている最中にも、並木氏は校正の赤字と格闘し、仕上げに向けて汗を流されていることであろう。四年も前にご依頼をいただきながら、脱稿がここまで遅れてしまったことをお詫びするとともに、気持ちよく執筆できるよう絶えず励ましてくださったことに、あらためて感謝の言葉を申し上げたい。

二〇一八年（平成三十年）十一月一日

坂井孝一

主要参考文献

秋山哲雄『都市鎌倉の中世史』（吉川弘文館、二〇一〇年）
浅田徹・勝原晴希・鈴木健一・花部英雄・渡部泰明編『和歌を開く』一～五（岩波書店、二〇〇五～〇六年）
池田忍「王権と美術」（『京・鎌倉の王権』〔「日本の時代史」8〕吉川弘文館、二〇〇三年）
伊藤大輔・加須屋誠『治天のまなざし、王朝美の再構築』（「天皇の美術史」2、吉川弘文館、二〇一七年）
稲垣弘明『中世蹴鞠史の研究』（思文閣出版、二〇〇八年）
井上幸治「九条道家」（『公武権力の変容と仏教界』〔「中世の人物　京・鎌倉の時代編」第三巻〕清文堂出版、二〇一四年）
井原今朝雄「摂関・院政と天皇」（『天皇権力の構造と展開その一』〔「講座前近代の天皇」1〕青木書店、一九九二年）
井原今朝雄「中世儀礼における漢詩・管絃・和歌」（国立歴史民俗博物館編『和歌と貴族の世界』塙書房、二〇〇七年）
今関敏子『実朝の歌　金槐和歌集訳注』（青簡舎、二〇一三年）
今関敏子『金槐和歌集論』（青簡舎、二〇一六年）
岩田慎平「九条頼経・頼嗣」（『公武権力の変容と仏教界』〔「中世の人物　京・鎌倉の時代編」第三巻〕清文堂出版、二〇一四年）

大村拓生「日記の記録過程と料紙の利用方法」（河音能平編『中世文書論の視座』東京堂出版、一九九六年）
岡田清一『鎌倉幕府と東国』（続群書類従完成会、二〇〇六年）
奥富敬之『吾妻鏡の謎』（吉川弘文館、二〇〇九年）
小山田義夫「承久の大内裏再建事業について」（『流通経済大学論集』一〇－四、一九七六年）
鎌倉佐保「和田合戦と横山氏」（『多摩市史』通史編第五編、一九九七年）
川合康『源平合戦の虚像を剝ぐ』（講談社、一九九六年）
川合康『鎌倉幕府成立史の研究』（校倉書房、二〇〇四年）
川合康「治承・寿永の内乱と鎌倉幕府の成立」（『中世1』〔『岩波講座 日本歴史』第6巻〕岩波書店、二〇一三年）
川合康「平清盛」（『保元・平治の乱と平氏の栄華』〔『中世の人物 京・鎌倉の時代編』第一巻〕清文堂出版、二〇一四年）
菊池紳一「北条泰時」（『公武権力の変容と仏教界』〔『中世の人物 京・鎌倉の時代編』第三巻〕清文堂出版、二〇一四年）
菊地大樹「慈円」（『公武権力の変容と仏教界』〔『中世の人物 京・鎌倉の時代編』第三巻〕清文堂出版、二〇一四年）
日下力『平家物語の誕生』（岩波書店、二〇〇一年）
日下力『いくさ物語の世界』（岩波書店、二〇〇八年）
久保田淳『藤原定家』（『王朝の歌人』9、集英社、一九八四年。のちにちくま学芸文庫、筑摩書房、一九九四年）
久保田淳『藤原定家とその時代』（岩波書店、一九九四年）
河内祥輔『日本中世の朝廷・幕府体制』（吉川弘文館、二〇〇七年）
五味文彦『増補　吾妻鏡の方法』（吉川弘文館、二〇〇〇年）

五味文彦「京・鎌倉の王権」（『京・鎌倉の王権』〔「日本の時代史」8〕吉川弘文館、二〇〇三年）
五味文彦「天皇と学問・芸能」（『表徴と芸能』〔「岩波講座　天皇と王権を考える」6〕岩波書店、二〇〇三年）
五味文彦『書物の中世史』（みすず書房、二〇〇三年）
五味文彦『後白河院』（山川出版社、二〇一一年）
五味文彦『後鳥羽上皇』（角川学芸出版、二〇一二年）
五味文彦『鴨長明伝』（山川出版社、二〇一三年）
五味文彦『源実朝』（角川学芸出版、二〇一五年）
近藤成一『鎌倉幕府と朝廷』（「シリーズ日本中世史」②、岩波書店、二〇一六年）
近藤好和「源義朝」（『保元・平治の乱と平氏の栄華』〔「中世の人物　京・鎌倉の時代編」第一巻〕清文堂出版、二〇一四年）
佐伯真一『平家物語遡源』（若草書房、一九九六年）
佐伯真一『戦場の精神史』（日本放送出版協会、二〇〇四年）
佐伯智広『中世前期の政治構造と王家』（東京大学出版会、二〇一五年）
佐伯智広「源通親」（『治承〜文治の内乱と鎌倉幕府の成立』〔「中世の人物　京・鎌倉の時代編」第二巻〕清文堂出版、二〇一四年）
坂井孝一「中世前期の文化」（『中世1』〔「岩波講座　日本歴史」第6巻〕岩波書店、二〇一三年）
坂井孝一『源実朝』（講談社、二〇一四年）
坂井孝一『曽我物語の史的研究』（吉川弘文館、二〇一四年）
坂井孝一「源実朝」（『公武権力の変容と仏教界』〔「中世の人物　京・鎌倉の時代編」第三巻〕清文堂出版、二〇一四年）
坂井孝一『源頼朝と鎌倉』（吉川弘文館、二〇一六年）

坂井孝一「平安時代の伊東」（伊東市編『伊東の歴史I』伊東市史通史編、二〇一八年）
櫻井陽子『「平家物語」本文考』（汲古書院、二〇一三年）
佐古愛己「藤原忠実」（『保元・平治の乱と平氏の栄華』〔「中世の人物　京・鎌倉の時代編」第一巻〕清文堂出版、二〇一四年）
佐藤進一『日本の中世国家』（岩波書店、一九八三年）
佐藤雄基「大江広元と三善康信（善信）」（『公武権力の変容と仏教界』〔「中世の人物　京・鎌倉の時代編」第三巻〕清文堂出版、二〇一四年）
佐野みどり「物語る力」（五味文彦・佐野みどり・松岡心平『中世文化の美と力』〔「日本の中世」7〕中央公論新社、二〇〇二年）
塩澤寛樹『鎌倉大仏の謎』（吉川弘文館、二〇一〇年）
白井克浩『「金槐和歌集」の政治的背景』（『藝林』五三―一、二〇〇四年）
白井克浩「承久の乱再考」（『ヒストリア』第一八九号、二〇〇四年）
白根靖大『中世の王朝社会と院政』（吉川弘文館、二〇〇〇年）
鈴木彰・樋口州男編『後鳥羽院のすべて』（新人物往来社、二〇〇九年）
関幸彦『承久の乱と後鳥羽院』（「敗者の日本史」6、吉川弘文館、二〇一二年）
高橋慎一朗『武家の古都、鎌倉』（「日本史リブレット」21、山川出版社、二〇〇五年）
高橋典幸『源頼朝』（「日本史リブレット　人」26、山川出版社、二〇一〇年）
高橋典幸「鎌倉幕府論」（『中世1』〔「岩波講座　日本歴史」第6巻〕岩波書店、二〇一三年）
高橋典幸「後白河院」（『保元・平治の乱と平氏の栄華』〔「中世の人物　京・鎌倉の時代編」第一巻〕清文堂出版、二〇一四年）
高橋秀樹「吾妻鏡と和田合戦」（神奈川県立図書館『郷土神奈川』四四、二〇〇六年）
高橋秀樹「鎌倉時代の三浦半島と三浦一族」（横須賀市編『新横須賀市史』通史編、二〇一二年）

高橋秀樹「藤原兼実」(『治承〜文治の内乱と鎌倉幕府の成立』〔「中世の人物　京・鎌倉の時代編」第二巻〕清文堂出版、二〇一四年)
高橋秀樹『三浦一族の研究』(吉川弘文館、二〇一六年)
高橋昌明編『院政期の内裏・大内裏と院御所』(「平安京・京都研究叢書」1、文理閣、二〇〇六年)
田辺旬「北条義時」(『公武権力の変容と仏教界』〔「中世の人物　京・鎌倉の時代編」第三巻〕清文堂出版、二〇一四年)
田渕句美子『新古今集』(角川学芸出版、二〇一〇年)
辻浩和『中世の〈遊女〉』(「プリミエ・コレクション」82、京都大学学術出版会、二〇一七年)
寺島恒世『後鳥羽院和歌論』(笠間書院、二〇一五年)
豊永聡美『天皇の音楽史』(吉川弘文館、二〇一七年)
永井晋『鎌倉源氏三代記』(吉川弘文館、二〇一〇年)
永井路子『つわものの賦』(文藝春秋、一九七八年)
長村祥知『中世公武関係と承久の乱』(吉川弘文館、二〇一五年)
長村祥知「藤原秀康」(『公武権力の変容と仏教界』〔「中世の人物　京・鎌倉の時代編」第三巻〕清文堂出版、二〇一四年)
野口実『武家の棟梁の条件』(中央公論社、一九九四年)
野口実「慈光寺本『承久記』の史料的評価に関する一考察」(京都女子大学宗教・文化研究所『研究紀要』第一八号、二〇〇五年)
野口実「承久の乱における三浦義村」(『明月記研究』一〇、二〇〇五年)
野口実『源氏と坂東武士』(吉川弘文館、二〇〇七年)
野口実『武門源氏の血脈』(中央公論新社、二〇一二年)
野口実「治承〜文治の内乱と鎌倉幕府の成立」(『治承〜文治の内乱と鎌倉幕府の成立』〔「中世の人物　京・

鎌倉の時代編」第二巻〕清文堂出版、二〇一四年）
野口実・長村祥知「承久宇治川合戦の再評価」（京都女子大学宗教・文化研究所『研究紀要』第二三号、二〇一〇年）
樋口健太郎「藤原忠通と基実」（『保元・平治の乱と平氏の栄華』〔「中世の人物　京・鎌倉の時代編」第一巻〕清文堂出版、二〇一四年）
樋口芳麻呂『校註 金槐和歌集』（新潮社、一九八一年）
樋口芳麻呂『後鳥羽院』（〔「王朝の歌人」10、集英社、一九八五年）
平岡豊「後鳥羽院西面について」（『日本史研究』三一六、一九八八年）
平岡豊「藤原秀康について」（『日本歴史』五一六、一九九一年）
平山浩三「一国平均役賦課における鎌倉幕府と荘園」（『日本歴史』五六五、一九九五年）
古澤直人「和田合戦と横山時兼」（『法政大学多摩論集』二三、二〇〇七年）
本郷和人『中世朝廷訴訟の研究』（東京大学出版会、一九九五年）
本郷恵子『京・鎌倉 ふたつの王権』（「日本の歴史」第六巻、小学館、二〇〇八年）
本郷恵子「院政論」（『中世1』〔「岩波講座　日本歴史」第6巻〕岩波書店、二〇一三年）
松島周一「和田合戦の展開と鎌倉幕府の権力状況」（『日本歴史』五一五、一九九一年）
真鍋淳哉「三浦義村」（『公武権力の変容と仏教界』〔「中世の人物　京・鎌倉の時代編」第三巻〕清文堂出版、二〇一四年）
丸谷才一『後鳥羽院』（「日本詩人選」10、筑摩書房、一九七三年。第二版は二〇〇四年）
美川圭「貴族たちの見た院と天皇」（『王を巡る視線』〔「岩波講座　天皇と王権を考える」10〕岩波書店、二〇〇二年）
美川圭「京・白河・鳥羽」（『院政の展開と内乱』〔「日本の時代史」7〕吉川弘文館、二〇〇二年）
美川圭『院政』（中央公論新社、二〇〇六年）

美川圭「後鳥羽院」(『公武権力の変容と仏教界』〔「中世の人物　京・鎌倉の時代編」第三巻〕清文堂出版、二〇一四年)
宮田敬三「「承久京方」表・分布小考」(『立命館史学』二二、二〇〇一年)
宮田敬三「承久の乱における京方の軍事動員」(『古代文化』六一―三、二〇〇九年)
目崎徳衛『史伝 後鳥羽院』(吉川弘文館、二〇〇一年)
元木泰雄『平清盛の闘い』(角川書店、二〇〇一年)
元木泰雄「院政の展開と内乱」(『院政の展開と内乱』〔日本の時代史7〕吉川弘文館、二〇〇二年)
元木泰雄『河内源氏』(中央公論新社、二〇一一年)
元木泰雄「保元・平治の乱と平氏の栄華」(『保元・平治の乱と平氏の栄華』〔「中世の人物　京・鎌倉の時代編」第一巻〕清文堂出版、二〇一四年)
山岡瞳「西園寺公経」(『公武権力の変容と仏教界』〔「中世の人物　京・鎌倉の時代編」第三巻〕清文堂出版、二〇一四年)
山田雄司『跋扈する怨霊』(吉川弘文館、二〇〇七年)
山本陽子『絵巻における神と天皇の表現』(中央公論美術出版、二〇〇六年)
弓削繁『六代勝事記の成立と展開』(風間書房、二〇〇三年)
横内裕人「藤原頼長」(『保元・平治の乱と平氏の栄華』〔「中世の人物　京・鎌倉の時代編」第一巻〕清文堂出版、二〇一四年)
吉野朋美『後鳥羽院』(コレクション日本歌人選、笠間書院、二〇一二年)
吉野朋美『後鳥羽院とその時代』(笠間書院、二〇一五年)
渡部泰明『中世和歌の生成』(若草書房、一九九九年)
渡部泰明『和歌とは何か』(岩波書店、二〇〇九年)
渡邉裕美子『最勝四天王院障子和歌全釈』(風間書房、二〇〇七年)

渡邉裕美子『新古今時代の表現方法』（笠間書院、二〇一〇年）
渡邉裕美子『歌が権力の象徴になるとき』（角川学芸出版、二〇一一年）

関係略年表

年号	西暦	事項
延久四年	一〇七二年	十二月、後三条天皇、貞仁親王（白河天皇）に譲位。
延久五年	一〇七三年	五月、後三条院（上皇）死去。
応徳三年	一〇八六年	十一月、白河天皇、善仁親王（堀河天皇）に譲位。白河院政開始。
嘉承二年	一一〇七年	七月、堀河天皇死去。宗仁親王（鳥羽天皇）践祚。白河院政本格化。
保安四年	一一二三年	一月、鳥羽天皇、顕仁親王（崇徳天皇）に譲位。
大治四年	一一二九年	七月、白河院死去。鳥羽院政開始。
永治元年	一一四一年	十二月、崇徳天皇、体仁親王（近衛天皇）に譲位。
久寿二年	一一五五年	七月、近衛天皇死去、雅仁親王（後白河天皇）践祚。
保元元年	一一五六年	七月、鳥羽院死去、保元の乱。
保元二年	一一五七年	二月、大内裏造営の事始。十月、後白河天皇、新造内裏に遷幸。
保元三年	一一五八年	八月、後白河天皇、守仁親王（二条天皇）に譲位。
平治元年	一一五九年	十二月、平治の乱。源頼朝、右兵衛権佐。
永暦元年	一一六〇年	三月、頼朝、伊豆に配流。
永万元年	一一六五年	六月、二条天皇、順仁親王（六条天皇）に譲位。七月、二条院死去。
仁安二年	一一六七年	二月、平清盛、従一位太政大臣。
仁安三年	一一六八年	二月、六条天皇、憲仁親王（高倉天皇）に譲位。後白河院政本格化。

安元三年	一一七七年	五月、鹿ヶ谷事件。
治承三年	一一七九年	十一月、平清盛、クーデター、後白河院の院政停止。
治承四年	一一八〇年	二月、高倉天皇、言仁親王（安徳天皇）に譲位。五月、以仁王の乱。七月、尊成親王誕生。八月、頼朝、伊豆で挙兵。十月、富士川合戦。
寿永二年	一一八三年	七月、平家、安徳天皇・三種の神器とともに都落ち。八月、尊成親王（後鳥羽天皇）践祚。十月、朝廷、頼朝の東国支配権を公認（「十月宣旨」）。
文治元年	一一八五年	三月、壇ノ浦合戦で平家滅亡。
建久三年	一一九二年	三月、後白河院死去。七月、頼朝、征夷大将軍。八月、源実朝誕生。
建久六年	一一九五年	十二月、為仁親王誕生。
建久八年	一一九七年	九月、守成親王誕生。
建久九年	一一九八年	一月、後鳥羽天皇、為仁親王（土御門天皇）に譲位、後鳥羽院政始動。八月、後鳥羽院、最初の熊野詣。
建久十年（正治元年）	一一九九年	一月、源頼朝死去。源頼家、頼朝の遺跡を継承。二月、三左衛門事件。四月、鎌倉幕府、頼家の親裁を停止、北条時政以下十三人の御家人による合議制。
建仁二年	一二〇二年	七月、頼家、征夷大将軍。
建仁三年	一二〇三年	六月、幕府、頼朝の異母弟阿野全成を誅殺。九月、幕府、比企能員および頼家の子一幡を討滅（比企の乱）。実朝、征夷大将軍。
元久元年	一二〇四年	七月、幕府、頼家を修善寺で誅殺。
元久二年	一二〇五年	三月、『新古今和歌集』奏覧、竟宴。六月、後鳥羽院、琵琶の最秘曲『啄木』を伝授。六月、幕府、畠山重忠を討滅。閏七月、時政と後妻牧方、娘婿平賀朝雅の

		将軍擁立を図り失敗（牧氏事件）。時政、伊豆に引退。北条義時、執権。
承元元年	一二〇七年	十一月、最勝四天王院造営、御堂供養。
承元二年	一二〇八年	四月、後鳥羽院、蹴鞠の長者。
承元三年	一二〇九年	四月、実朝、従三位。この年から政所を拠点に将軍親裁開始。
承元四年	一二一〇年	十一月、土御門天皇、守成親王（順徳天皇）に譲位。
建暦三年（建保元年）	一二一三年	五月、和田義盛、鎌倉で挙兵、敗死（和田合戦）。義時、侍所別当。この年後半、実朝、『金槐和歌集』を自撰・編集。
建保四年	一二一六年	四月以前に、実朝、政所別当を九人に増員、将軍親裁を強化。六月、実朝、権中納言。十一月、実朝、宋人陳和卿に唐船建造命令（渡宋計画）。
建保六年	一二一八年	一月、三寅誕生。二月、北条政子、上洛、卿二位藤原兼子と会見。三月、実朝、左近衛大将。十月、懐成親王誕生。実朝、内大臣。十二月、実朝、右大臣。
建保七年（承久元年）	一二一九年	一月、実朝、鶴岡八幡宮における右大臣拝賀で、甥の公暁により殺害。二月、阿野全成の子時元、駿河で挙兵、敗死。幕府、後鳥羽院の親王の鎌倉下向を要請。三月、後鳥羽院、幕府に摂津国長江・倉橋両荘の地頭改補を要求。幕府、北条時房を上洛させ、地頭改補を拒否、親王の鎌倉下向を再度要請。六月、西園寺公経の孫で、九条道家の子の三寅、将軍予定者として鎌倉に下向。七月、大内守護源頼茂の謀叛発覚。後鳥羽院、在京武士に命じて頼茂を討滅するも、大内裏焼失。八月、後鳥羽院、病床に伏す。十月、後鳥羽院、最勝四天王院で名所和歌会主催。この頃から造内裏の院宣発給。
承久二年	一二二〇年	一月、造内裏行事所発足。三月、造内裏木作始（事始）。その後、全国で造内裏

		役拒否。四月、幕府、頼家の遺児禅暁を誅殺。十月、内裏、立柱上棟。最勝四天王院、上棟。十一月、懐成親王、着袴の儀。十二月、三寅、着袴の儀。院近臣尊長、出羽国羽黒山総長吏。内裏、檜皮葺始。この頃、造内裏行事所解散。
承久三年	一二二一年	二月、後鳥羽院、最後の熊野詣。四月、順徳天皇、懐成親王（仲恭天皇）に譲位。九条道家、摂政。後鳥羽院、一千余騎を召集。五月、後鳥羽院、幕府の京都守護伊賀光季を討伐、北条義時追討の院宣と官宣旨を発給（承久の乱勃発）。尼将軍北条政子の演説。鎌倉方、東海道・東山道・北陸道に分かれて出撃。六月、鎌倉方、美濃の合戦で京方を撃破、宇治・瀬田の激戦も制して入京。七月、北条時房・泰時、三浦義村、京都の六波羅を拠点に戦後処理。仲恭天皇、茂仁親王（後堀河天皇）に譲位。守貞親王（後高倉院）、院政開始。近衛家実、摂政。後鳥羽院を隠岐に配流。順徳院を佐渡に配流。一条信能・中御門宗行・按察使光親・高倉範茂ら京方貴族たちを処刑。閏十月、土御門院、自ら土佐（のちに阿波）に遷幸。
貞応二年	一二二三年	五月、後高倉院死去。六月、幕府の要請により、宣旨で新補率法。
貞応三年	一二二四年	六月、北条義時死去。泰時、執権。
嘉禄元年	一二二五年	六月、大江広元死去。七月、北条政子死去。十二月、三寅元服（藤原頼経）。
嘉禄二年	一二二六年	一月、頼経、征夷大将軍。
寛喜二年	一二三〇年	この年から翌年にかけて、寛喜の飢饉。
寛喜三年	一二三一年	十月、土御門院、阿波で死去。十一月、朝廷、寛喜の新制。
貞永元年	一二三二年	八月、幕府、『御成敗式目』を制定。十月、後堀河天皇、秀仁親王（四条天皇）

		に譲位。
天福二年	一二三四年	後堀河院死去。
嘉禎二年	一二三六年	この頃、隠岐で『隠岐本新古今和歌集』成立。
延応元年	一二三九年	二月、後鳥羽院、隠岐で死去。五月、隠岐院に顕徳院の諡号。
仁治元年	一二四〇年	この頃『承久記』の原型成立。
仁治三年	一二四二年	一月、四条天皇死去。朝廷の諮問に対し、幕府、順徳院皇子忠成ではなく、土御門院皇子邦仁を立てるよう回答。邦仁(後嵯峨天皇)践祚。六月、北条泰時死去。七月、諡号を顕徳院から後鳥羽院に変更。九月、順徳院、佐渡で死去。
寛元四年	一二四六年	一月、後嵯峨天皇、久仁親王(後深草天皇)に譲位。後嵯峨院政開始。
宝治元年	一二四七年	四月、幕府、鶴岡八幡宮北西の山麓に新宮を建立、後鳥羽院の御霊を奉祀。
建長元年	一二四九年	七月、佐渡院に順徳院の諡号。
建長四年	一二五二年	四月、宗尊親王、鎌倉下向、征夷大将軍。

坂井孝一（さかい・こういち）

1958年（昭和33年），東京都に生まれる．東京大学文学部卒業．同大学大学院人文科学研究科博士課程単位取得．博士（文学）．専攻，日本中世史．現在，創価大学文学部教授．

著書『曽我物語の史実と虚構』（歴史文化ライブラリー）
『物語の舞台を歩く　曽我物語』（山川出版社）
『源実朝』（講談社選書メチエ）
『曽我物語の史的研究』（吉川弘文館）
『人をあるく　源頼朝と鎌倉』（吉川弘文館）

承久《じょうきゅう》の乱《らん》
中公新書 *2517*

2018年12月25日初版
2019年１月10日再版

著　者　坂井孝一
発行者　松田陽三

本文印刷　三晃印刷
カバー印刷　大熊整美堂
製　　本　小泉製本

発行所　中央公論新社
〒100-8152
東京都千代田区大手町 1-7-1
電話　販売 03-5299-1730
　　　編集 03-5299-1830
URL http://www.chuko.co.jp/

Published by CHUOKORON-SHINSHA, INC.
Printed in Japan　ISBN978-4-12-102517-3 C1221

中公新書刊行のことば

　いまからちょうど五世紀まえ、グーテンベルクが近代印刷術を発明したとき、書物の大量生産は潜在的可能性を獲得し、いまからちょうど一世紀まえ、世界のおもな文明国で義務教育制度が採用されたとき、書物の大量需要の潜在性が形成された。この二つの潜在性がはげしく現実化したのが現代である。

　いまや、書物によって視野を拡大し、変りゆく世界に豊かに対応しようとする強い要求を私たちは抑えることができない。この要求にこたえる義務を、今日の書物は背負っている。だが、その義務は、たんに専門的知識の通俗化をはかることによって果たされるものでもなく、通俗的好奇心にうったえて、いたずらに発行部数の巨大さを誇ることによって果たされるものでもない。現代を真摯に生きようとする読者に、真に知るに価いする知識だけを選びだして提供すること、これが中公新書の最大の目標である。

　私たちは、知識として錯覚しているものによってしばしば動かされ、裏切られる。私たちは、作為によってあたえられた知識のうえに生きることがあまりに多く、ゆるぎない事実を通して思索することがあまりにすくない。中公新書が、その一貫した特色として自らに課すものは、この事実のみの持つ無条件の説得力を発揮させることである。現代にあらたな意味を投げかけるべく待機している過去の歴史的事実もまた、中公新書によって数多く発掘されるであろう。

　中公新書は、現代を自らの眼で見つめようとする、逞しい知的な読者の活力となることを欲している。

一九六二年一一月

日本史

d2

- 608 613 中世の風景(上下) 阿部謹也・網野善彦・石井　進・樺山紘一
- 1503 古文書返却の旅 網野善彦
- 1392 中世都市鎌倉を歩く 松尾剛次
- 2336 源頼政と木曽義仲 永井　晋
- 2461 蒙古襲来と神風 服部英雄
- 1521 後醍醐天皇 森　茂暁
- 2463 兼好法師 小川剛生
- 776 室町時代 脇田晴子
- 2443 観応《かんのう》の擾乱《じょうらん》 亀田俊和
- 2179 足利義満 小川剛生
- 978 室町の王権 今谷　明
- 2401 応仁の乱 呉座勇一
- 2058 日本神判史 清水克行
- 2139 贈与の歴史学 桜井英治
- 2343 戦国武将の実力 小和田哲男
- 2084 戦国武将の手紙を読む 小和田哲男
- 2350 戦国大名の正体 鍛代敏雄
- 1625 織田信長合戦全録 谷口克広
- 1782 信長軍の司令官 谷口克広
- 1907 信長と消えた家臣たち 谷口克広
- 1453 信長の親衛隊 谷口克広
- 2421 織田信長の家臣団—派閥と人間関係 和田裕弘
- 2503 信長公記—戦国覇者の一級史料 和田裕弘
- 784 豊臣秀吉 小和田哲男
- 2146 秀吉と海賊大名 藤田達生
- 2265 天下統一 藤田達生
- 2241 黒田官兵衛 諏訪勝則
- 2372 後藤又兵衛 福田千鶴
- 2357 古田織部 諏訪勝則
- 642 関ヶ原合戦 二木謙一
- 711 大坂の陣 二木謙一
- 2481 戦国日本と大航海時代 平川　新
- 2517 承久の乱 坂井孝一

中公新書

日本史

d3

中公新書

日本史

中公新書

現代史

中公新書

現代史

2186 田中角栄　早野　透
1976 大平正芳　福永文夫
2351 中曽根康弘　服部龍二
2512 高坂正堯―戦後日本と現実主義　服部龍二
1574 海の友情　阿川尚之
1875 「国語」の近代史　安田敏朗
2075 歌う国民　渡辺　裕
2332 「歴史認識」とは何か　大沼保昭・江川紹子
1804 戦後和解　小菅信子
2406 毛沢東の対日戦犯裁判　大澤武司
1900 「慰安婦」問題とは何だったのか　大沼保昭
2359 竹島―もうひとつの日韓関係史　池内　敏
1990 「戦争体験」の戦後史　福間良明
1820 丸山眞男の時代　竹内　洋
2237 四大公害病　政野淳子
1821 安田講堂 1968-1969　島　泰三
2110 日中国交正常化　服部龍二
2385 革新自治体　岡田一郎
2137 国家と歴史　波多野澄雄
2150 近現代日本史と歴史学　成田龍一
2196 大原孫三郎―善意と戦略の経営者　兼田麗子
2317 歴史と私　伊藤　隆
2301 核と日本人　山本昭宏
2342 沖縄現代史　櫻澤　誠